서울교통공사

제1회 모의고사

성명		생년월일	
문제 수(배점)	80문항	풀이시간	/ 100분
영역	직업기초능력평가, 직무수행능력평가(전기일반)		
비고	객관식 5지선다형		

※ 유의사항

- 문제지 및 답안지의 해당란에 문제유형, 성명, 응시번호를 정확히 기재하세요.
- 모든 기재 및 표기사항은 "컴퓨터용 흑색 수성 사인펜"만 사용합니다.
- 예비 마킹은 중복 답안으로 판독될 수 있습니다.

제1회 서울교통공사 필기시험 모의고사

✎ 직업기초능력평가(40문항/50분)

1. 다음은 서울교통공사 공고문의 일부이다. 빈칸에 공통적으로 들어갈 단어로 가장 적절한 것은?

> 지하철 (　　)운행 안내
> 설 연휴를 맞아 귀경객의 교통편의를 위하여 서울지하철 1~8호선을 (　　)운행하오니 많은 이용 바랍니다.
> • 설 연휴 : 2019.2.2.(토)~2.6.(수)/ 5일간
> • 지하철 (　　)운행 : 2019.2.5.(화)~2.6.(수)/ 2일간
> ※ 종착역 도착기준 다음날 02시까지 (　　)운행

① 지연　　② 지속
③ 지체　　④ 연장
⑤ 연속

2. 다음 글과 어울리는 사자성어로 적절한 것은?

> 진나라의 사마위강은 자신이 모시는 도공에게 이런 말을 하였다. "전하, 나라가 편안할 때일수록 위기가 닥쳐올 것을 대비해야 합니다. 위기가 닥칠 것을 대비해 항상 만반의 준비를 하고 있어야 합니다. 미리 준비를 하고 있으면 걱정할 것이 아무 것도 없습니다." 이 말을 깊이 새겨들은 도강은 위기에 대처할 수 있도록 준비하였고, 마침내 천하통일을 이루었다.

① 토사구팽(兎死狗烹)　　② 유비무환(有備無患)
③ 와신상담(臥薪嘗膽)　　④ 선공후사(先公後私)
⑤ 맥수지탄(麥秀之嘆)

| 3~4 | 다음 지문을 읽고 이어지는 질문에 답하시오.

> 고객들에게 자사 제품과 브랜드를 최소의 비용으로 최대의 효과를 내며 알릴 수 있는 비법이 있다면, 마케팅 담당자들의 스트레스는 훨씬 줄어들 것이다. 이런 측면에서 웹 2.0 시대의 UCC를 활용한 마케팅 전략은 자사 제품의 사용 상황이나 대상에 따라 약간의 차이는 보이겠지만, 마케팅 활동에 있어 굉장한 기회가 될 것이다. 그러나 마케팅 교육을 담당하는 입장에서 보면, 아직까지는 인터넷 업종을 제외한 주요 기업 마케팅 담당자들의 UCC에 대한 이해 수준이 생각보다 깊지 않다. 우선 웹2.0에 대한 정확한 이해가 부족하고, 자사 제품이나 브랜드를 어떻게 적용할 것인가 하는 고민은 많지만, 활용 전략에서 많은 어려움을 겪는다. 그래서 후년부터 (　　　　　　)을(를) 주제로 강의를 할 예정이다. 이 강좌를 통해 국내 대표 인터넷 기업들의 웹2.0 비즈니스 성공 모델을 분석하면서 어떻게 활용할 것인가를 함께 고민하고자 한다.

3. 윗글의 예상 독자는 누구인가?

① UCC 제작 교육을 원하는 기업 마케터들
② UCC 활용 교육을 원하는 기업 마케터들
③ UCC 이해 교육을 원하는 기업 웹담당자들
④ UCC 전략 교육을 원하는 기업 웹담당자들
⑤ UCC를 마케팅에 활용하고 있는 인터넷 기업 대표들

4. 윗글의 괄호 안에 들어갈 강의 제목으로 가장 적절한 것은 무엇인가?

① 웹2.0 시대의 마케팅 담당자
② 웹2.0 시대의 비즈니스 성공 열쇠
③ 웹2.0 시대 비즈니스 성공 모델 완벽 분석
④ 웹2.0 시대 UCC를 통한 마케팅 활용 전략
⑤ 웹2.0 시대 국내 대표 인터넷 기업들

5. 다음 글의 주제로 가장 적절한 것을 고른 것은?

> 유럽의 도시들을 여행하다 보면 여기저기서 벼룩시장이 열리는 것을 볼 수 있다. 벼룩시장에서 사람들은 낡고 오래된 물건들을 보면서 추억을 되살린다. 유럽 도시들의 독특한 분위기는 오래된 것을 쉽게 버리지 않는 이런 정신이 반영된 것이다.
> 영국의 옥스팜(Oxfam)이라는 시민단체는 헌옷을 수선해 파는 전문 상점을 운영해, 그 수익금으로 제3세계를 지원하고 있다. 파리 시민들에게는 유행이 따로 없다. 서로 다른 시절의 옷들을 예술적으로 배합해 자기만의 개성을 연출한다.
> 땀과 기억이 배어 있는 오래된 물건은 실용적 가치만으로 따질 수 없는 보편적 가치를 지닌다. 선물로 받아서 10년 이상 써 온 손때 묻은 만년필을 잃어버렸을 때 느끼는 상실감은 새 만년필을 산다고 해서 사라지지 않는다. 그것은 그 만년필이 개인의 오랜 추억을 담고 있는 증거물이자 애착의 대상이 되었기 때문이다. 그러기에 실용성과 상관없이 오래된 것은 그 자체로 아름답다.

① 서양인들의 개성은 시대를 넘나드는 예술적 가치관으로부터 표현된다.
② 실용적 가치보다 보편적인 가치를 중요시해야 한다.
③ 만년필은 선물해 준 사람과의 아름다운 기억과 오랜 추억이 담긴 물건이다.
④ 오래된 물건은 실용적인 가치보다 더 중요한 가치를 지니고 있다.
⑤ 오래된 물건은 실용적 가치만으로 따질 수 없는 개인의 추억과 같은 보편적 가치를 지니기에 그 자체로 아름답다.

6. 다음 글은 「철도안전법」에 규정되어 있는 철도종사자의 안전교육 대상 등에 대한 내용이다. 이를 보고 잘못 이해한 사람은 누구인가?

> 철도종사자의 안전교육 대상 등〈「철도안전법 시행규칙」제41조의2〉
> ① 철도운영자 등이 철도안전에 관한 교육(이하 "철도안전교육"이라 한다)을 실시하여야 하는 대상은 다음과 같다.
> • 철도차량의 운전업무에 종사하는 사람(이하 "운전업무 종사자"라 한다)
> • 철도차량의 운행을 집중 제어·통제·감시하는 업무(이하 "관제업무"라 한다)에 종사하는 사람
> • 여객에게 승무(乘務) 서비스를 제공하는 사람(이하 "여객승무원"이라 한다)
> • 여객에게 역무(驛務) 서비스를 제공하는 사람(이하 "여객역무원"이라 한다)
> • 철도차량의 운행선로 또는 그 인근에서 철도시설의 건설 또는 관리와 관련된 작업의 현장감독업무를 수행하는 사람
> • 철도시설 또는 철도차량을 보호하기 위한 순회점검업무 또는 경비업무를 수행하는 사람
> • 정거장에서 철도신호기·선로전환기 또는 조작판 등을 취급하거나 열차의 조성업무를 수행하는 사람
> • 철도에 공급되는 전력의 원격제어장치를 운영하는 사람
> ② 철도운영자 등은 철도안전교육을 강의 및 실습의 방법으로 매 분기마다 6시간 이상 실시하여야 한다. 다만, 다른 법령에 따라 시행하는 교육에서 제3항에 따른 내용의 교육을 받은 경우 그 교육시간은 철도안전교육을 받은 것으로 본다.
> ③ 철도안전교육의 내용은 아래와 같으며, 교육방법은 강의 및 실습에 의한다.
> • 철도안전법령 및 안전관련 규정
> • 철도운전 및 관제이론 등 분야별 안전업무수행 관련 사항
> • 철도사고 사례 및 사고예방대책
> • 철도사고 및 운행장애 등 비상 시 응급조치 및 수습복구대책
> • 안전관리의 중요성 등 정신교육
> • 근로자의 건강관리 등 안전·보건관리에 관한 사항
> • 철도안전관리체계 및 철도안전관리시스템
> • 위기대응체계 및 위기대응 매뉴얼 등
> ④ 철도운영자 등은 철도안전교육을 법 제69조에 따른 안전전문기관 등 안전에 관한 업무를 수행하는 전문기관에 위탁하여 실시할 수 있다.
> ⑤ 제1항부터 제4항까지에서 규정한 사항 외에 철도안전교육의 평가방법 등에 필요한 세부사항은 국토교통부장관이 정하여 고시한다.

① 동수 : 운전업무 종사자, 관제업무 종사자, 여객승무원, 여객역무원은 철도안전교육을 받아야 하는구나.
② 영수 : 철도안전교육은 강의 및 실습의 방법으로 매 분기마다 6시간 이상 실시하는구나.
③ 미희 : 철도안전교육은 전문기관에 위탁하여 실시하기에는 너무나 어렵구나.
④ 지민 : 철도안전교육에 철도운전 및 관제이론 등 분야별 안전업무수행 관련 사항, 철도사고 사례 및 사고예방대책 등도 포함되는구나.
⑤ 현민 : 정거장에서 철도신호기·선로전환기 또는 조작판 등을 취급하거나 열차의 조성업무를 수행하는 사람도 철도안전교육을 받아야 하는구나.

7. 다음 글을 읽고 추론할 수 없는 내용은?

우리나라의 고분, 즉 무덤은 크게 나누어 세 가지 요소로 구성되어 있다. 첫째는 목관(木棺), 옹관(甕棺)과 같이 시신을 넣어두는 용기이다. 둘째는 이들 용기를 수용하는 내부 시설로 광(壙), 곽(槨), 실(室) 등이 있다. 셋째는 매장시설을 감싸는 외부 시설로 이에는 무덤에서 시상에 성토한, 즉 흙을 쌓아 올린 부분에 해당하는 분구(墳丘)와 분구 주위를 둘러 성토된 부분을 보호하는 호석(護石) 등이 있다.

일반적으로 고고학계에서는 무덤에 대해 '묘(墓)-분(墳)-총(塚)'의 발전단계를 상정한다. 이러한 구분은 성토의 정도를 기준으로 삼은 것이다. 매장시설이 지하에 설치되고 성토하지 않은 무덤을 묘라고 한다. 묘는 또 목관묘와 같이 매장시설, 즉 용기를 가리킬 때도 사용된다. 분은 지상에 분명하게 성토한 무덤을 가리킨다. 이 중 성토를 높게 하여 뚜렷하게 구분되는 대형 분구를 가리켜 총이라고 한다.

고분 연구에서는 지금까지 설명한 매장시설 이외에도 함께 묻힌 피장자(被葬者)와 부장품이 그 대상이 된다. 부장품에는 일상품, 위세품, 신분표상품이 있다. 일상품은 일상생활에 필요한 물품들로 생산 및 생활도구 등이 이에 해당한다. 위세품은 정치, 사회적 관계를 표현하기 위해 사용된 물품이다. 당사자 사이에만 거래되어 일반인이 입수하기 어려운 물건으로 피장자가 착장(着裝)하여 위세를 드러내던 것을 착장형 위세품이라고 한다. 생산도구나 무기 및 마구 등은 일상품이기도 하지만 물자의 장악이나 군사력을 상징하는 부장품이기도 하다. 이것들은 피장자의 신분이나 지위를 상징하는 물건으로 일상품적 위세품이라고 한다. 이러한 위세품 중에 6세기 중엽 삼국의 국가체제 및 신분질서가 정비되어 관등(官等)이 체계화된 이후 사용된 물품을 신분표상품이라고 한다.

① 묘에는 분구와 호석이 발견되지 않는다.
② 묘는 무덤의 구성요소뿐 아니라 무덤 발전단계를 가리킬 때에도 사용되는 말이다.
③ 피장자의 정치, 사회적 신분 관계를 표현하기 위해 장식한 칼을 사용하였다면 이는 위세품에 해당한다.
④ 생산도구가 물자의 장악이나 군사력을 상징하는 부장품에 사용되었다면, 이는 위세품이지 일상품은 아니다.
⑤ 성토를 높게 할수록 신분이 높다면, 같은 시대 같은 지역에 묻힌 두 피장자 중 분보다는 총에 묻힌 피장자의 신분이 높다.

8. 다음은 어느 시민사회단체의 발기 선언문이다. 이 단체에 대해 판단한 내용으로 적절하지 않은 것은?

> 우리 사회의 경제적 불의는 더 이상 방치할 수 없는 상태에 이르렀다. 도시 빈민가와 농촌에 잔존하고 있는 빈곤은 인간다운 삶의 가능성을 원천적으로 박탈하고 있으며, 경제력을 독점하고 있는 소수계층은 각계에 영향력을 행사하여 대다수 국민들의 의사에 반하는 결정들을 관철시키고 있다. 만연된 사치와 향락은 근면과 저축의욕을 감퇴시키고 손쉬운 투기와 불로소득은 기업들의 창의력과 투자의욕을 감소시킴으로써 경제성장의 토대가 와해되고 있다. 부익부빈익빈의 극심한 양극화는 국민 간의 균열을 심화시킴으로써 사회 안정 기반이 동요되고 있으며 공공연한 비윤리적 축적은 공동체의 기본 규범인 윤리 전반을 문란케 하여 우리와 우리 자손들의 소중한 삶의 터전인 이 땅을 약육강식의 살벌한 세상으로 만들고 있다.
>
> 부동산 투기, 정경유착, 불로소득과 탈세를 공인하는 차명계좌의 허용, 극심한 소득차, 불공정한 노사관계, 농촌과 중소기업의 피폐 및 이 모든 것들의 결과인 부와 소득의 불공정한 분배, 그리고 재벌로의 경제적 집중, 사치와 향락, 환경오염 등 이 사회에 범람하고 있는 경제적 불의를 척결하고 경제정의를 실천함은 이 시대 우리 사회의 역사적 과제이다.
>
> 이의 실천이 없이는 경제 성장도 산업 평화도 민주복지 사회의 건설도 한갓 꿈에 불과하다. 이 중에서도 부동산 문제의 해결은 가장 시급한 우리의 당면 과제이다. 인위적으로 생산될 수 없는 귀중한 국토는 모든 국민들의 복지 증진을 위하여 생산과 생활에만 사용되어야 함에도 불구하고 소수의 재산 증식 수단으로 악용되고 있다. 토지 소유의 극심한 편중과 투기화, 그로 인한 지가의 폭등은 국민생활의 근거인 주택의 원활한 공급을 극도로 곤란하게 하고 있을 뿐만 아니라 물가 폭등 및 노사 분규의 격화, 거대한 투기 소득의 발생 등을 초래함으로써 현재 이 사회가 당면하고 있는 대부분의 경제적 사회적 불안과 부정의의 가장 중요한 원인으로 작용하고 있다.
>
> 정부 정책에 대한 국민들의 자유로운 선택권이 보장되며 경제적으로 시장 경제의 효율성과 역동성을 살리면서 깨끗하고 유능한 정부의 적절한 개입으로 분배의 편중, 독과점 및 공해 등 시장 경제의 결함을 해결하는 민주복지사회를 실현하여야 한다. 그리고 이것이 자유와 평등, 정의와 평화의 공동체로서 우리가 지향할 목표이다.

① 이 단체는 극빈층을 포함한 사회적 취약계층의 객관적인 생활수준은 향상되었지만 불공정한 분배, 비윤리적 부의 축적 그리고 사치와 향락 분위기 만연으로 상대적 빈곤은 심각해지고 있다고 인식한다.
② 이 단체는 정책 결정 과정이 소수의 특정 집단에 좌우되고 있다고 보고 있으므로, 정책 결정 과정에 국민 다수의 참여 보장을 주장할 가능성이 크다.
③ 이 단체는 윤리 정립과 불의 척결 등의 요소도 경제 성장에 기여할 수 있다고 본다.
④ 이 단체는 '기업의 비사업용 토지소유 제한을 완화하는 정책'에 비판적일 것이다.
⑤ 이 단체는 경제 성장의 조건으로 저축과 기업의 투자 등을 꼽고 있다.

9. 두 기업 서원각, 소정의 작년 상반기 매출액의 합계는 91억 원이었다. 올해 상반기 두 기업 서원각, 소정의 매출액은 작년 상반기에 비해 각각 10%, 20% 증가하였고, 두 기업 서원각, 소정의 매출액 증가량의 비가 2 : 3이라고 할 때, 올해 상반기 두 기업 서원각, 소정의 매출액의 합계는?

① 96억 원　　　　② 100억 원
③ 104억 원　　　 ④ 108억 원
⑤ 112억 원

10. 다음은 한 통신사의 요금제별 요금 및 할인 혜택에 관한 표이다. 이번 달에 전화통화와 함께 100건 이상의 문자메시지를 사용하였는데, A요금제를 이용했을 경우 청구되는 요금은 14,000원, B요금제를 이용했을 경우 청구되는 요금은 16,250원이다. 이번 달에 사용한 문자메시지는 모두 몇 건인가?

요금제	기본료	통화요금	문자메시지 요금	할인 혜택
A	없음	5원/초	10원/건	전체 요금의 20% 할인
B	5,000원/월	3원/초	15원/건	문자메시지 월 100건 무료

① 125건　　② 150건
③ 200건　　④ 225건
⑤ 250건

11. 김정은과 시진핑은 양국의 우정을 돈독히 하기 위해 함께 서울에 방문하여 용산역에서 목포역까지 열차를 활용한 우정 휴가를 계획하고 있다. 아래의 표는 인터넷 사용법에 능숙한 김정은과 시진핑이 서울–목포 간 열차종류 및 이에 해당하는 요소들을 배치해 알아보기 쉽게 도표화한 것이다. 아래의 표를 참조하여 이 둘이 선택할 수 있는 대안(열차종류)을 보완적 방식을 통해 고르면 어떠한 열차를 선택하게 되겠는가? (단, 각 대안에 대한 최종결과 값 수치에 대한 반올림은 없는 것으로 한다.)

평가 기준	중요도	열차 종류				
		KTX 산천	ITX 새마을	무궁화호	ITX 청춘	누리로
경제성	60	3	5	4	6	6
디자인	40	9	7	2	4	5
서비스	20	8	4	3	4	4

① ITX 새마을　　② ITX 청춘
③ 무궁화호　　④ 누리로
⑤ KTX 산천

12. 다음 주어진 〈상황〉을 근거로 판단할 때, ○○씨가 지원받을 수 있는 주택보수비용의 최대 액수는?

- 주택을 소유하고 해당 주택에 거주하는 가구를 대상으로 주택 노후도 평가를 실시하여 그 결과(경·중·대보수)에 따라 다음과 같이 주택보수비용을 지원한다.

[주택보수비용 지원 내용]

구분	경보수	중보수	대보수
보수항목	도배 또는 장판	수도시설 또는 난방시설	지붕 또는 기둥
주택당 보수비용 지원한도액	350만 원	650만 원	950만 원

- 소득인정액에 따라 위 보수비용 지원한도액의 80~100% 차등 지원

구분	중위소득 25% 미만	중위소득 25% 이상 35% 미만	중위소득 35% 이상 43% 미만
지원율	100%	90%	80%

〈상황〉
○○씨는 현재 거주하고 있는 A주택의 소유자이며, 소득인정액이 중위 40%에 해당한다. A주택 노후도 평가 결과, 지붕의 수선이 필요한 주택보수비용 지원 대상에 선정되었다.

① 520만 원　　② 650만 원
③ 760만 원　　④ 855만 원
⑤ 950만 원

13. 다음 〈그림〉은 연도별 연어의 포획량과 회귀율을 나타낸 것이다. 이에 대한 설명 중 옳지 않은 것은?

※ 연어회귀율(%) = $\frac{당해년도\ 포획량}{3년전\ 방류량} \times 100$

① 2017년도와 2018년도의 연어방류량은 동일하다.
② 연어포획량이 가장 많은 해와 가장 적은 해의 차이는 20만 마리를 넘지 않는다.
③ 연어회귀율은 증감을 거듭하고 있다.
④ 2022년도 연어방류량은 1,500만 마리가 넘는다.
⑤ 2018년도는 연어포획량이 가장 적고, 연어회귀율도 가장 낮다.

14. 다음 표는 A지역 전체 가구를 대상으로 원자력발전소 사고 전·후 식수 조달원 변경에 대해 사고 후 설문조사한 결과이다. 사고 전에 비해 사고 후에 이용 가구 수가 감소한 식수 조달원의 수는 몇 개인가? (단, A지역 가구의 식수 조달원은 수돗물, 정수, 약수, 생수로 구성되며, 각 가구는 한 종류의 식수 조달원만 이용한다.)

〈원자력발전소 사고 전·후 A지역 조달원별 가구 수〉

(단위 : 가구)

사고 전 조달원 \ 사고 후 조달원	수돗물	정수	약수	생수
수돗물	40	30	20	30
정수	10	50	10	30
약수	20	10	10	40
생수	10	10	10	40

① 0개 ② 1개
③ 2개 ④ 3개
⑤ 4개

【15~16】 다음은 서울교통공사의 편의시설물 계약 현황에 관한 자료이다. 물음에 답하시오.

구분	계약자	계약기간	수량	계약방법
조례시설물	580	-	-	-
음료수 자판기	4명	21.12.23 ~27.01.20	4역 4대	공모 추첨
	9명	22.03.01 ~27.02.28	9역 9대	
	215명	22.10.01 ~27.09.30	112역 215대	
	185명	23.07.25 ~28.08.09	137역 185대	
	5명	22.03.01 ~27.02.28	5역 5대	
통합 판매대	5명	22.03.01 ~27.02.28	5역 5대	
	90명	22.10.01 ~27.09.30	60역 90대	
	40명	23.07.26 ~28.08.09	34역 40대	
스낵 자판기	25명	21.12.23 ~27.01.20	24역 25대	
	3명	23.08.03 ~28.08.09	3역 3대	
일반시설물	7명	-	5종 1219대	-
현금 인출기	㈜○○러스	24.01.22 ~29.01.21	114역 228대	공개 경쟁 입찰
	㈜○○링크	21.04.29 ~26.07.28	155역 184대	
위생용품 자동판매기	㈜○○실업	21.10.14 ~26.10.31	117역 129대	
		22.06.30 ~27.08.29	144역 149대	
스낵 자판기	㈜○○시스	22.01.02 ~27.01.01	106역 184대	
자동칼라 사진기	㈜○○양행	25.07.10 ~28.06.01	91역 91대	
		23.03.02 ~28.06.01	100역 100대	
무인택배 보관함	㈜○○새누	20.03.06 ~25.12.31	98역 154개소	
물품보관 ·전달함	㈜○○박스	23.11.10 ~26.11.09	151역 157개소	협상에 의한 계약

15. 공모추첨을 통해 계약한 시설물 중 가장 많은 계약자를 기록하고 있는 시설물은?

① 조례시설물 ② 음료수자판기
③ 통합판매대 ④ 스낵자판기
⑤ 일반시설물

16. 2027년에 계약이 만료되는 계약자는 총 몇 명인가? (단, 단일 계약자는 제외한다.)

① 353 ② 368
③ 371 ④ 385
⑤ 392

【17~18】 다음은 제주도의 수출에 대한 자료이다. 물음에 답하시오.

〈연도별 수출실적〉
(단위 : 천 달러, %)

구분	2024년	2025년
합계	128,994	155,292
1차 산품	68,685	61,401
농산물	24,530	21,441
수산물	41,996	38,555
축산물	2,159	1,405
공산품	60,309	93,891

〈부문별 수출실적〉
(단위 : 천 달러, %)

구분		농산물	수산물	축산물	공산품
2021년	금액	27,895	50,868	1,587	22,935
	비중	27.0	49.2	1.5	22.2
2022년	금액	23,905	41,088	1,086	40,336
	비중	22.5	38.6	1.0	37.9
2023년	금액	21,430	38,974	1,366	59,298
	비중	17.7	32.2	1.1	49.0
2024년	금액	24,530	41,996	2,159	60,309
	비중	19.0	32.6	1.7	46.7
2025년	금액	21,441	38,555	1,405	93,891
	비중	13.8	24.8	0.9	60.5

17. 위의 자료에 대한 올바른 설명을 〈보기〉에서 모두 고른 것은 어느 것인가?

〈보기〉
(가) 2024년과 2025년의 수산물 수출실적은 1차 산품에서 50%~60%의 비중을 차지한다.
(나) 2021년~2025년 기간 동안 수출실적의 증감 추이는 농산물과 수산물이 동일하다.
(다) 2021년~2025년 기간 동안 농산물, 수산물, 축산물, 공산품의 수출실적 순위는 매년 동일하다.
(라) 2021년~2025년 기간 동안 전체 수출실적은 매년 꾸준히 증가하였다.

① (가), (나)
② (나), (라)
③ (다), (라)
④ (가), (나), (다)
⑤ (나), (다), (라)

18. 다음 중 2021년 대비 2025년의 수출금액 감소율이 가장 큰 1차 산품부터 순서대로 올바르게 나열한 것은 어느 것인가?

① 농산물 > 축산물 > 수산물
② 농산물 > 수산물 > 축산물
③ 수산물 > 농산물 > 축산물
④ 수산물 > 축산물 > 농산물
⑤ 축산물 > 수산물 > 농산물

19. 다음 주어진 조건을 모두 고려했을 때 옳은 것은?

〈조건〉
- A, B, C, D, E의 월급은 각각 10만 원, 20만 원, 30만 원, 40만 원, 50만 원 중 하나이다.
- A의 월급은 C의 월급보다 많고, E의 월급보다는 적다.
- D의 월급은 B의 월급보다 많고, A의 월급도 B의 월급보다 많다.
- C의 월급은 B의 월급보다 많고, D의 월급보다는 적다.
- D는 가장 많은 월급을 받지는 않는다.

① 월급이 세 번째로 많은 사람은 A이다.
② E와 C의 월급은 20만 원 차이가 난다.
③ B와 E의 월급의 합은 A와 C의 월급의 합보다 많다.
④ 월급이 제일 많은 사람은 E이다.
⑤ 월급이 가장 적은 사람은 C이다.

20. 다음을 보고 옳은 것을 모두 고르면?

서울교통공사에서 문건 유출 사건이 발생하여 관련자 다섯 명을 소환하였다. 다섯 명의 이름을 편의상 갑, 을, 병, 정, 무라 부르기로 한다. 다음은 관련자들을 소환하여 조사한 결과 참으로 밝혀진 내용들이다.
㉠ 소환된 다섯 명이 모두 가담한 것은 아니다.
㉡ 갑이 가담했다면 을도 가담했고, 갑이 가담하지 않았다면 을도 가담하지 않았다.
㉢ 을이 가담했다면 병이 가담했거나 갑이 가담하지 않았다.
㉣ 갑이 가담하지 않았다면 정도 가담하지 않았다.
㉤ 정이 가담하지 않았다면 갑이 가담했고 병은 가담하지 않았다.
㉥ 갑이 가담하지 않았다면 무도 가담하지 않았다.
㉦ 무가 가담했다면 병은 가담하지 않았다.

① 가담한 사람은 갑, 을, 병 세 사람뿐이다.
② 가담하지 않은 사람은 무 한 사람뿐이다.
③ 가담한 사람은 을과 병 두 사람뿐이다.
④ 가담한 사람은 병과 정 두 사람뿐이다.
⑤ 가담한 사람은 갑, 을, 병, 무 이렇게 네 사람이다.

21. 다음 글의 내용과 날씨를 근거로 판단할 경우 종아가 여행을 다녀온 시기로 가능한 것은?

- 종아는 선박으로 '포항 → 울릉도 → 독도 → 울릉도 → 포항' 순으로 3박 4일의 여행을 다녀왔다.
- '포항 → 울릉도' 선박은 매일 오전 10시, '울릉도 → 포항' 선박은 매일 오후 3시에 출발하며, 편도 운항에 3시간이 소요된다.
- 울릉도에서 출발해 독도를 돌아보는 선박은 매주 화요일과 목요일 오전 8시에 출발하여 당일 오전 11시에 돌아온다.
- 최대 파고가 3m 이상인 날은 모든 노선의 선박이 운항되지 않는다.
- 종아는 매주 금요일에 술을 마시는데, 술을 마신 다음날은 멀미가 심해 선박을 탈 수 없다.
- 이번 여행 중 종아는 울릉도에서 호박엿 만들기 체험을 했는데, 호박엿 만들기 체험은 매주 월·금요일 오후 6시에만 할 수 있다.

〈날씨〉

(㉠ : 최대 파고)

日	月	火	水	木	金	土
16 ㉠ 1.0m	17 ㉠ 1.4m	18 ㉠ 3.2m	19 ㉠ 2.7m	20 ㉠ 2.8m	21 ㉠ 3.7m	22 ㉠ 2.0m
23 ㉠ 0.7m	24 ㉠ 3.3m	25 ㉠ 2.8m	26 ㉠ 2.7m	27 ㉠ 0.5m	28 ㉠ 3.7m	29 ㉠ 3.3m

① 19일(水) ~ 22일(土)
② 20일(木) ~ 23일(日)
③ 23일(日) ~ 26일(水)
④ 25일(火) ~ 28일(金)
⑤ 26일(水) ~ 29일(土)

【22~23】 다음은 C공공기관의 휴가 규정이다. 이를 보고 이어지는 물음에 답하시오.

휴가종류		휴가사유	휴가일수
연가		정신적, 육체적 휴식 및 사생활 편의	재직기간에 따라 3~21일
병가		질병 또는 부상으로 직무를 수행할 수 없거나 전염병으로 다른 직원의 건강에 영향을 미칠 우려가 있을 경우	-일반병가: 60일 이내 -공적병가: 180일 이내
공가		징병검사, 동원훈련, 투표, 건강검진, 헌혈, 천재지변, 단체교섭 등	공가 목적에 직접 필요한 시간
특별휴가	경조사 휴가	결혼, 배우자 출산, 입양, 사망 등 경조사	대상에 따라 1~20일
	출산 휴가	임신 또는 출산 직원	출산 전후 총 90일(한 번에 두 자녀 출산 시 120일)
	여성보건 휴가	매 생리기 및 임신한 여직원의 검진	매월 1일
	육아시간 및 모성보호시간 휴가	생후 1년 미만 유아를 가진 여직원 및 임신 직원	1일 1~2시간
	유산·사산 휴가	유산 또는 사산한 경우	임신기간에 따라 5~90일
	불임치료 휴가	불임치료 시술을 받는 직원	1일
	수업 휴가	한국방송통신대학에 재학 중인 직원 중 연가일수를 초과하여 출석 수업에 참석 시	연가일수를 초과하는 출석수업 일수
	재해 구호 휴가	풍수해, 화재 등 재해피해 직원 및 재해지역 자원봉사 직원	5일 이내
	성과우수자 휴가	직무수행에 탁월한 성과를 거둔 직원	5일 이내
	장기재직 휴가	10~19년, 20~29년, 30년 이상 재직자	10~20일
	자녀 입대 휴가	군 입대 자녀를 둔 직원	입대 당일 1일
	자녀 돌봄 휴가	어린이집~고등학교 재학 자녀를 둔 직원	2일(3자녀인 경우 3일)

※ 휴가일수의 계산
- 연가, 병가, 공가 및 특별휴가 등의 휴가일수는 휴가 종류별로 따로 계산
- 반일연가 등의 계산
  - 반일연가는 14시를 기준으로 오전, 오후로 사용, 1회 사용을 4시간으로 계산
  - 반일연가 2회는 연가 1일로 계산
  - 지각, 조퇴, 외출 및 반일연가는 별도 구분 없이 계산, 누계 8시간을 연가 1일로 계산하고, 8시간 미만의 잔여 시간은 연가일수 미산입

22. 다음 중 위의 휴가 규정에 대한 올바른 설명이 아닌 것은?

① 출산휴가와 육아시간 및 모성보호시간 휴가는 출산한 여성이 사용할 수 있는 휴가다.
② 15세 이상 자녀가 있는 경우에도 자녀를 돌보기 위하여 휴가를 사용할 수 있다.
③ 재직기간에 따라 휴가 일수가 달라지는 휴가 종류는 연가 밖에 없다.
④ 징병검사나 동원훈련에 따른 휴가 일수는 정해져 있지 않다.
⑤ 30년 이상 재직한 직원의 최대 장기재직 특별휴가 일수는 20일이다.

23. C공공기관에 근무하는 T대리는 지난 1년간 다음과 같은 근무 기록을 가지고 있다. 다음 기록만을 참고할 때, T대리의 연가 사용일수에 대한 올바른 설명은?

> T대리는 지난 1년간 개인적인 용도로 외출 16시간을 사용하였다. 또한, 반일연가 사용횟수는 없으며, 인사기록지에는 조퇴가 9시간, 지각이 5시간이 각각 기록되어 있다.

① 연가를 4일 사용하였다.
② 연가를 4일 사용하였으며, 외출이 1시간 추가되면 연가일수가 5일이 된다.
③ 연가를 3일 사용하였다.
④ 연가를 3일 사용하였으며, 외출이 2시간 추가되어도 연가일수가 추가되지 않는다.
⑤ 연가를 3일과 반일연가 1회를 사용하였다.

【24~25】 다음은 김치냉장고 매뉴얼 일부이다. 물음에 답하시오.

〈김치에 대한 잦은 질문〉

구분	확인 사항
김치가 얼었어요.	• 김치 종류, 염도에 따라 저장하는 온도가 다르므로 김치의 종류를 확인하여 주세요. • 저염김치나 물김치류는 얼기 쉬우므로 '김치저장-약냉'으로 보관하세요.
김치가 너무 빨리 시어요.	• 저장 온도가 너무 높지 않은지 확인하세요. 저염김치의 경우는 낮은 온도에서는 얼 수 있으므로 빨리 시어지더라도 '김치저장-약냉'으로 보관하세요더라도. • 김치를 담글 때 양념을 너무 많이 넣으면 빨리 시어질 수 있습니다.
김치가 변색되었어요.	• 김치를 담글 때 물빼기가 덜 되었거나 숙성되며 양념이 어우러지지 않아 발생할 수 있습니다. • 탈색된 김치는 효모 등에 의한 것이므로 걷어내고, 김치 국물에 잠기도록 하여 저장하세요.
김치 표면에 하얀 것이 생겼어요.	• 김치 표면이 공기와 접촉하면서 생길 수 있으므로 보관 시 공기가 닿지 않도록 우거지를 덮고 소금을 뿌리거나 위생비닐로 덮어주세요. • 김치를 젖은 손으로 꺼내지는 않으시나요? 외부 수분이 닿을 경우에도 효모가 생길 수 있으니 마른 손 혹은 위생장갑을 사용해 주시고, 남은 김치는 꾹꾹 눌러 국물에 잠기도록 해주세요. • 효모가 생긴 상태에서 그대로 방치하면 더 번질 수 있으며, 김치를 무르게 할 수 있으므로 생긴 부분은 바로 제거해 주세요. • 김치냉장고에서도 시간이 경과하면 발생할 수 있습니다.
김치가 물러졌어요.	• 물빼기가 덜 된 배추를 사용할 경우 혹은 덜 절여진 상태에서 공기에 노출되거나 너무 오래 절일 경우 발생할 수 있습니다. 저염 김치의 경우에서 빈번하게 발생하므로 적당히 간을 하는 것이 좋습니다. 또한 설탕을 많이 사용할 경우에도 물러질 수 있습니다. • 무김치의 경우는 무를 너무 오래 절이면 무에서 많은 양의 수분이 빠져나오게 되어 물러질 수 있습니다. 절임 시간은 1시간을 넘지 않도록 하세요. • 김치 국물에 잠긴 상태에서 저장하는 것이 중요합니다. 특히 저염 김치의 경우는 주의해주세요.
김치에서 이상한 냄새가 나요.	• 초기에 마늘, 젓갈 등의 양념에 의해 발생할 수 있으나 숙성되면서 점차 사라질 수 있습니다. 마늘, 양파, 파를 많이 넣으면 노린내나 군덕내가 날 수 있으니 적당히 넣어주세요. • 발효가 시작되지 않은 상태에서 김치냉장고에 바로 저장할 경우 발생할 수 있습니다. • 김치가 공기와 많이 접촉했거나 시어지면서 생기는 효모가 원인이 될 수 있습니다. • 김치를 담근 후 공기와의 접촉을 막고, 약간 맛들인 상태에서 저장하면 예방할 수 있습니다.
김치에서 쓴맛이 나요.	• 김치가 숙성되기 전에 나타날 수 있는 현상으로, 숙성되면 줄거나 사라질 수 있습니다. • 품질이 좋지 않은 소금이나 마그네슘 함량이 높은 소금으로 배추를 절였을 경우에도 쓴맛이 날 수 있습니다. • 열무김치의 경우, 절인 후 씻으면 쓴맛이 날 수 있으므로 주의하세요.
배추에 양념이 잘 배지 않아요.	• 김치를 담근 직후 바로 낮은 온도에 보관하면 양념이 잘 배지 못하므로 적당한 숙성을 거쳐 보관해 주세요.

24. 다음 상황에 적절한 확인 사항으로 보기 어려운 것은?

> 나영씨는 주말에 김치냉장고에서 김치를 꺼내고는 이상한 냄새에 얼굴을 찌푸렸다. 담근 지 세 달 정도 지났는데도 잘 익은 김치냄새가 아닌 꿉꿉한 냄새가 나서 어떻게 처리해야 할지 고민이다.

① 초기에 마늘, 양파, 파를 많이 넣었는지 확인한다.
② 발효가 시작되지 않은 상태에서 김치냉장고에 바로 넣었는지 확인한다.
③ 김치가 공기와 많이 접촉했는지 확인한다.
④ 김치를 젖은 손으로 꺼냈는지 확인한다.
⑤ 시어지면서 생기는 효모가 원인인지 확인한다.

25. 위 매뉴얼을 참고하여 확인할 수 없는 사례는?

① 쓴 맛이 나는 김치
② 양념이 잘 배지 않는 배추
③ 김치의 나트륨 문제
④ 물러진 김치
⑤ 겉면에 하얀 것이 생긴 김치

|26~27| 다음은 특정 시점 A국의 B국에 대한 주요 품목의 수출입 내역을 나타낸 것이다. 이를 보고 이어지는 물음에 답하시오.

(단위 : 천 달러)

수출		수입		합계	
품목	금액	품목	금액	품목	금액
섬유류	352,165	섬유류	475,894	섬유류	828,059
전자전기	241,677	전자전기	453,907	전자전기	695,584
잡제품	187,132	생활용품	110,620	생활용품	198,974
생활용품	88,354	기계류	82,626	잡제품	188,254
기계류	84,008	화학공업	38,873	기계류	166,634
화학공업	65,880	플라스틱/고무	26,957	화학공업	104,753
광산물	39,456	철강금속	9,966	플라스틱/고무	51,038
농림수산물	31,803	농림수산물	6,260	광산물	39,975
플라스틱/고무	24,081	잡제품	1,122	농림수산물	38,063
철강금속	21,818	광산물	519	철강금속	31,784

26. 다음 중 위의 도표에서 알 수 있는 A국 ↔ B국간의 주요 품목 수출입 내용이 아닌 것은? (단, 언급되지 않은 품목은 고려하지 않는다)

① A국은 B국과의 교역에서 수출보다 수입을 더 많이 한다.
② B국은 1차 산업의 생산 또는 수출 기반이 A국에 비해 열악하다고 볼 수 있다.
③ 양국의 상호 수출입 액 차이가 가장 적은 품목은 기계류이다.
④ A국의 입장에서, 총 교역액에서 수출액이 차지하는 비중이 가장 큰 품목은 광산물이다.
⑤ 수입보다 수출을 더 많이 하는 품목 수는 A국이 B국보다 많다.

27. A국에서 무역수지가 가장 큰 품목의 무역수지 액은 얼마인가? (단, 무역수지=수출액-수입액)

① 27,007천 달러
② 38,937천 달러
③ 186,010천 달러
④ 25,543천 달러
⑤ 11,852천 달러

28. 서울교통공사는 서울지하철 1~8호선, 9호선 2·3단계 구간(290역, 313.7km)을 운영하는 세계적 수준의 도시철도 운영기관으로서, 하루 600만 명이 넘는 시민에게 안전하고 편리한 도시철도 서비스를 제공하고 있는 공기업이다. 다음 중 서울교통공사에서 수행하는 사업의 범위에 해당하지 않는 것은?

① 도시철도 건설·운영에 따른 도시계획사업
② 「도시철도법」에 따른 도시철도부대사업
③ 시각장애인 등 교통약자를 위한 시설의 개선과 확충
④ 도시철도와 다른 교통수단의 연계수송을 위한 각종 시설의 건설·운영
⑤ 기존 버스운송사업자의 노선과 중복되는 버스운송사업

29. 다음에서 설명하고 있는 것은 서울교통공사의 공사이미지 중 무엇에 대한 내용인가?

> 누구나 안전하고 행복하게 이용할 수 있는 서울교통공사가 될 수 있도록 최선을 다하겠습니다.
> 장난꾸러기 지하철 친구
> "또타"
> 또, 또, 타고 싶은 서울지하철!
> 시민들에게 어떻게 웃음을 주나 늘 고민하는 장난꾸러기 친구, "또타"를 소개합니다.
>
> 서울교통공사의 공식 캐릭터 "또타"는 시민 여러분과 늘 함께하는 서울지하철의 모습을 밝고 유쾌한 이미지로 표현합니다.
>
> 전동차 측면 모양으로 캐릭터 얼굴을 디자인하여 일상적으로 이용하는 대중교통수단의 모습을 참신한 느낌으로 담아냈고, 메인 컬러로 사용한 파란색은 시민과 공사 간의 두터운 신뢰를 상징하고 있습니다.
>
> 안전하며 편리한 서울지하철, 개구쟁이 "또타"와 함께라면 자꾸만 타고 싶은 즐겁고 행복한 공간이 됩니다.

① 슬로건
② 캐릭터
③ 로고송
④ 홍보영화
⑤ 사이버홍보관

30. 다음은 「철도안전법」상 운전업무 종사자와 관제업무 종사자의 준수사항이다. 다음 자료를 참고할 때 희재(운전업무 종사자)와 수호(관제업무 종사자)에 대한 설명으로 옳은 것은?

> 〈운전업무 종사자의 준수사항〉
> ㉠ 철도차량이 차량정비기지에서 출발하는 경우 다음의 기능에 대하여 이상 여부를 확인할 것
> • 운전제어와 관련된 장치의 기능
> • 제동장치 기능
> • 그 밖에 운전 시 사용하는 각종 계기판의 기능
> ㉡ 철도차량이 역시설에서 출발하는 경우 여객의 승하차 여부를 확인할 것. 다만, 여객승무원이 대신하여 확인하는 경우에는 그러하지 아니하다.
> ㉢ 철도신호에 따라 철도차량을 운행할 것
> ㉣ 철도차량의 운행 중에 휴대전화 등 전자기기를 사용하지 아니할 것. 다만, 다음의 어느 하나에 해당하는 경우로서 철도운영자가 운행의 안전을 저해하지 아니하는 범위에서 사전에 사용을 허용한 경우에는 그러하지 아니하다.
> • 철도사고 등 또는 철도차량의 기능장애가 발생하는 등 비상상황이 발생한 경우
> • 철도차량의 안전운행을 위하여 전자기기의 사용이 필요한 경우
> • 그 밖에 철도운영자가 철도차량의 안전운행에 지장을 주지 아니한다고 판단하는 경우
> ㉤ 철도운영자가 정하는 구간별 제한속도에 따라 운행할 것
> ㉥ 열차를 후진하지 아니할 것. 다만, 비상상황 발생 등의 사유로 관제업무 종사자의 지시를 받는 경우에는 그러하지 아니하다.
> ㉦ 정거장 외에는 정차를 하지 아니할 것. 다만, 정지신호의 준수 등 철도차량의 안전운행을 위하여 정차를 하여야 하는 경우에는 그러하지 아니하다.
> ㉧ 운행구간의 이상이 발견된 경우 관제업무 종사자에게 즉시 보고할 것
> ㉨ 관제업무 종사자의 지시를 따를 것
> 〈관제업무 종사자의 준수사항〉
> ㉠ 관제업무 종사자는 다음의 정보를 운전업무 종사자, 여객승무원에게 제공하여야 한다.
> • 열차의 출발, 정차 및 노선변경 등 열차 운행의 변경에 관한 정보
> • 열차 운행에 영향을 줄 수 있는 다음의 정보
> - 철도차량이 운행하는 선로 주변의 공사·작업의 변경 정보

- 철도사고등에 관련된 정보
- 재난 관련 정보
- 테러 발생 등 그 밖의 비상상황에 관한 정보
ⓒ 철도사고 등이 발생하는 경우 여객 대피 및 철도차량 보호 조치 여부 등 사고현장 현황을 파악할 것
ⓒ 철도사고 등의 수습을 위하여 필요한 경우 다음의 조치를 할 것
- 사고현장의 열차운행 통제
- 의료기관 및 소방서 등 관계기관에 지원 요청
- 사고 수습을 위한 철도종사자의 파견 요청
- 2차 사고 예방을 위하여 철도차량이 구르지 아니하도록 하는 조치 지시
- 안내방송 등 여객 대피를 위한 필요한 조치 지시
- 전차선(電車線, 선로를 통하여 철도차량에 전기를 공급하는 장치를 말한다)의 전기공급 차단 조치
- 구원(救援)열차 또는 임시열차의 운행 지시
- 열차의 운행간격 조정

① 희재는 차량정비기지에서 자신이 운전하는 철도 차량의 2가지 기능의 이상여부를 확인 후 출발하였다.
② 철도차량의 기능 고장에 따른 비상상황에서도 희재는 핸드폰을 사용할 수 없다.
③ 철도사고의 수습을 위하여 필요한 경우 희재는 전차선의 전기공급 차단 조치를 해야 한다.
④ 수호는 운행구간의 이상이 발생하면 희재에게 보고해야 한다.
⑤ 비상상황에 따른 수호의 지시가 있을 경우 희재는 열차를 후진할 수 있다.

┃31~32┃ 다음은 서울교통공사의 조직도이다. 물음에 답하시오.

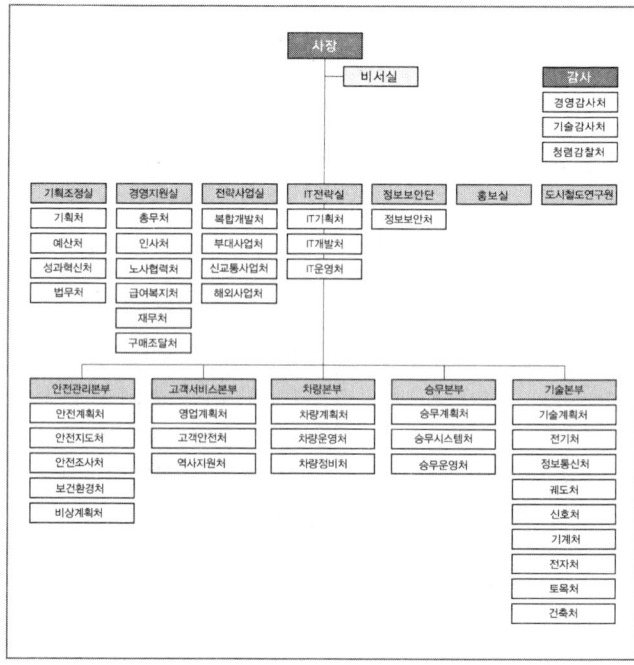

31. 위 조직도를 참고하여 다음 빈칸에 들어갈 말로 적절한 것은?

서울교통공사는 (㉠)개의 실과 5개의 본부, (㉡)개의 처로 이루어져 있다.

	㉠	㉡
①	8	42
②	7	43
③	6	44
④	5	45
⑤	4	46

32. 다음 중 조직도를 올바르게 이해한 사람을 고르면?

- ㉠ 진우 : 승무계획처, 역사지원처, 보건환경처는 본부 소속이다.
- ㉡ 수향 : 경영감사처, 기술감사처, 정보보안처는 같은 소속이다.
- ㉢ 진두 : 노사협력처, 급여복지처, 성과혁신처는 같은 소속이다.
- ㉣ 상우 : 도시철도연구원 아래 안전계획처와 안전지도처가 있다.
- ㉤ 연경 : 홍보실 아래 영업계획처, 해외사업처가 있다.

① 진우 ② 수향
③ 진두 ④ 상우
⑤ 연경

33. 다음은 엑셀 함수의 사용에 따른 결과 값을 나타낸 것이다. 옳은 값을 모두 고른 것은?

- ㉠ =ROUND(2.145, 2) → 2.15
- ㉡ =MAX(100, 200, 300) → 200
- ㉢ =IF(5 > 4, "보통", "미달") → 미달
- ㉣ =AVERAGE(100, 200, 300) → 200

① ㉠, ㉡ ② ㉠, ㉣
③ ㉡, ㉢ ④ ㉡, ㉣
⑤ ㉢, ㉣

34. 다음 파일/폴더에 관한 특징 중, 올바른 설명을 모두 고른 것은?

- ㈎ 파일은 쉼표(,)를 이용하여 파일명과 확장자를 구분한다.
- ㈏ 폴더는 일반 항목, 문서, 사진, 음악, 비디오 등의 유형을 선택하여 각 유형에 최적화된 폴더로 사용할 수 있다.
- ㈐ 파일/폴더는 새로 만들기, 이름 바꾸기, 삭제, 복사 등이 가능하며, 파일이 포함된 폴더도 삭제할 수 있다.
- ㈑ 파일/폴더의 이름에는 ₩, /, :, *, ?, ", <, > 등의 문자는 사용할 수 없으며, 255자 이내로(공백 미포함) 작성할 수 있다.
- ㈒ 하나의 폴더 내에 같은 이름의 파일이나 폴더가 존재할 수 없다.
- ㈓ 폴더의 '속성' 창에서 해당 폴더에 포함된 파일과 폴더의 개수를 확인할 수 있다.

① ㈏, ㈐, ㈑, ㈒ ② ㈎, ㈑, ㈒, ㈓
③ ㈏, ㈐, ㈒, ㈓ ④ ㈎, ㈏, ㈑, ㈒
⑤ ㈏, ㈑, ㈒, ㈓

35. 다음 자료는 '발전량' 필드를 기준으로 발전량과 발전량이 많은 순위를 엑셀로 나타낸 표이다. 태양광의 발전량 순위를 구하기 위한 함수식으로 'C3'셀에 들어가야 할 알맞은 것은 어느 것인가?

	A	B	C
1	<에너지원별 발전량(단위: Mwh)>		
2	에너지원	발전량	순위
3	태양광	88	2
4	풍력	100	1
5	수력	70	4
6	바이오	75	3
7	양수	65	5

① =ROUND(B3,$B$3:$B$7,0)
② =ROUND(B3,$B$3:$B$7,1)
③ =RANK(B3,$B$3:$B$7,1)
④ =RANK(B3,$B$2:$B$7,0)
⑤ =RANK(B3,$B$3:$B$7,0)

36. 다음은 B사의 어느 시점 경영 상황을 나타내고 있는 자료이다. 다음 자료를 보고 판단한 의견 중 적절하지 않은 것은?

계정과목		금액(단위: 백만 원)
1. 매출액		5,882
2. 매출원가		4,818
상품매출원가		4,818
3. 매출총이익		1,064
4. 판매/일반관리비		576
직접비용	직원급여	256
	복리후생비	56
	보험료	3.7
	출장비	5.8
	시설비	54
간접비용	지급임차료	44
	통신비	2.9
	세금과공과	77
	잡비	4.5
	여비교통비	3.8
	장비구매비	6
	사무용품비	0.3
	소모품비	1
	광고선전비	33
	건물관리비	28
5. 영업이익		488

① 영업이익이 해당 기간의 최종 순이익이라고 볼 수 없다.
② 여비교통비는 직접비용에 포함되어야 한다.
③ 위와 같은 표는 특정한 시점에서 그 기업의 자본 상황을 알 수 있는 자료이다.
④ 매출원가는 기초재고액에 당기 제조원가를 합하고 기말 재고액을 차감하여 산출한다.
⑤ 지급보험료는 간접비용에 포함되어야 한다.

|37~38| 다음은 명령어에 따른 도형의 변화에 관한 설명이다. 물음에 답하시오.

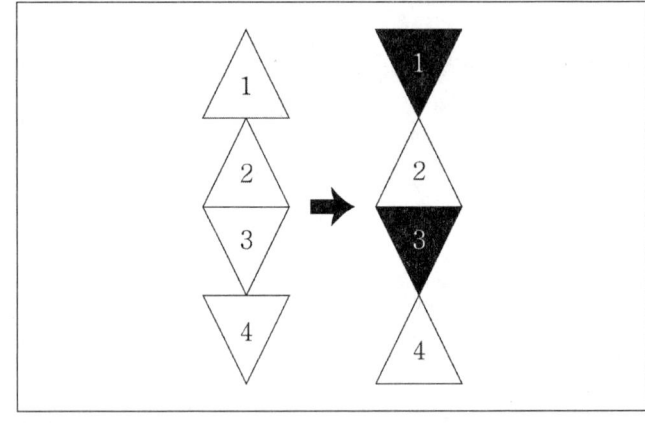

37. 도형이 다음과 같이 변하려면, 어떤 명령어를 입력해야 하는가?

① □◆○   ② ■◇●
③ ○◇◆   ④ ◆◇■
⑤ ◇■□

38. 다음 상태에서 명령어 ◆■●○을 입력한 경우의 결과로 적절한 것은?

①   ②

③   ④

⑤

39. 철도 관련 소기업 G사의 사장은 최근 경영상황이 악화되었으나 스마트 트레인과 관련하여 자사가 가지고 있는 기술을 활용할 수 있음을 확인하고 지금의 위기 상황을 탈출하기 위한 방침을 설명하며 절대 사기를 잃지 말 것을 주문하고자 한다. 다음 중 G사의 사장이 바람직한 리더로서 직원들에게 해야 할 연설의 내용으로 적절하지 않은 것은?

① "지금의 어려움뿐 아니라 항상 미래의 지향점을 잊지 않고 반드시 이 위기를 극복하겠습니다."
② "여러분들이 해 주어야 할 일들을 하나하나 제가 지시하기보다 모두가 자발적으로 우러나오는 마음을 가질 수 있는 길이 무엇인지 고민할 것입니다."
③ "저는 어떠한 일이 있어도 위험이 따르는 도전을 거부할 것이니 모두들 안심하고 업무에 만전을 기해주시길 바랍니다."
④ "우리 모두 지금 상황에 안주하지 말고 도전과 혁신을 위해 지속적으로 노력해야 합니다."
⑤ "저는 이 난관을 극복하기 위해 당면한 과제를 어떻게 해결할까 하는 문제보다 무엇을 해야 하는지에 집중하며 여러분을 이끌어 나가겠습니다."

40. 직장 내에서의 성희롱 문제는 많은 부분 성희롱의 판단 기준에 대한 확실한 인식 부족에서 기인하기도 한다. 다음 중, 성희롱에 대한 인식과 그 판단 기준으로 적절하지 않은 것은?

① 성희롱은 행위자가 성적 의도를 가지고 한 행동이냐 아니냐를 밝혀내는 것이 가장 중요한 판단 기준으로 인정된다.
② 피해자와 비슷한 조건과 상황에 있는 사람이 피해자의 입장이라면 문제가 되는 성적 언동에 대해 어떻게 반응했을까를 함께 고려하여야 한다.
③ 성적 수치심은 성적 언동 등으로 인해 피해자가 느끼는 불쾌한 감정으로 그 느낌은 행위자가 아닌 피해자의 관점을 기초로 판단되어야 한다.
④ 성적 언동 및 요구는 신체의 접촉이나 성적인 의사표현 뿐만 아니라 성적 함의가 담긴 모든 언행과 요구를 말한다.
⑤ 성희롱은 「남녀차별금지 및 구제에 관한 법률」과 「남녀고용평등법」 등에 명문화 되어 있다.

✏️ 직무수행능력평가_전기일반(40문항/50분)

1. 주어진 시간함수 $f(t)=3u(t)+2e^{-t}$ 일 때 라플라스 변환 $F(s)$는?

① $\dfrac{5s+1}{(s+1)s^2}$ ② $\dfrac{3s}{s^2+1}$

③ $\dfrac{5s+3}{s(s+1)}$ ④ $\dfrac{s+3}{s(s+1)}$

⑤ $\dfrac{5s+3}{s^2+1}$

2. 전위가 $V=xy^2z$로 표시될 때 이 원천인 전하밀도 ρ를 구하면?

① 0 ② 1
③ $-2xyz$ ④ $-2xz\epsilon_o$
⑤ $\dfrac{-2xy^2}{\epsilon_o}$

3. 다음 회로에서 10[Ω]의 저항에 흐르는 전류는?

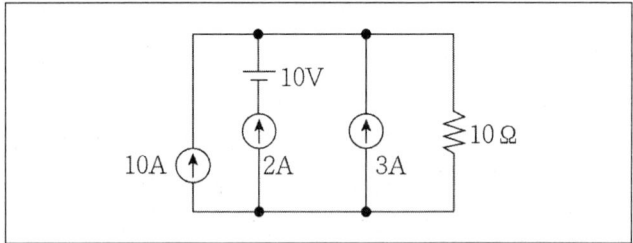

① 20[A] ② 15[A]
③ 10[A] ④ 8[A]
⑤ 5[A]

4. 콘덴서의 정전용량이 $8[\mu F]$이다. 이 콘덴서에 400[V]의 전압을 인가하였을 경우 충전된 전기에너지[J]는?

① 0.12 ② 0.16
③ 0.26 ④ 0.32
⑤ 0.64

5. 공심 솔레노이드의 내부 자기장의 세기가 5,000[AT/m]일 때 자속밀도는? (단, 비투자율 $\mu_R=1$)

① $5.02\times 10^{-3}[\text{Wb/m}^2]$
② $6.28\times 10^{-3}[\text{Wb/m}^2]$
③ $10.4\times 10^{-3}[\text{Wb/m}^2]$
④ $12.5\times 10^{-3}[\text{Wb/m}^2]$
⑤ $3.14\times 10^{-3}[\text{Wb/m}^2]$

6. 변압기에 사용하는 변압기유가 갖추어야 할 성질이 아닌 것은?

① 절연 내력이 클 것
② 인화점이 높을 것
③ 유동성이 풍부하고 비열이 커서 냉각 효과가 클 것
④ 응고점이 높을 것
⑤ 다른 재질에 화학 작용을 일으키지 않을 것

7. 100회 감은 코일과 쇄교하는 자속이 $\dfrac{1}{10}$초 동안에 0.5[Wb]에서 0.3[Wb]로 감소했다. 유도기전력은 얼마인가?

① 10[V] ② 20[V]
③ 80[V] ④ 200[V]
⑤ 800[V]

8. 기전력 2[V], 내부저항 0.5[Ω]인 전지 2개를 직렬로 연결한 후 다시 다른 전지 2개를 병렬로 연결한 양 끝에 1.5[Ω]의 외부저항을 접속하였을 경우 부하전류는?

① 1[A] ② 1.6[A]
③ 2[A] ④ 4[A]
⑤ 6[A]

9. 주파수 60[Hz], 전류 10[A]의 교류전류의 순시값은?

① $i = 10\sin 60\pi t$ ② $i = 10\sin 120\pi t$
③ $i = 141\sin \pi t$ ④ $i = 14.1\sin 120\pi t$
⑤ $i = 141\sin 60\pi t$

10. 역률 0.6인 300[kW]의 단상부하를 1시간 동안 사용할 경우 무효전력은?

① 200[Kvar] ② 300[Kvar]
③ 400[Kvar] ④ 500[Kvar]
⑤ 600[Kvar]

11. 대칭 3상전압을 공급한 유도 전동기가 있다. 전동기에 다음과 같이 2개의 전력계 W_1 및 W_2 전압계 V, 전류계 A를 접속하니 각 계기의 지시가 다음과 같다. $W_1 = 5.96$[kW], $W_2 = 1.31$[kW], $V = 200$[V], $A = 30$[A]. 이 전동기의 역률은 몇 [%]인가?

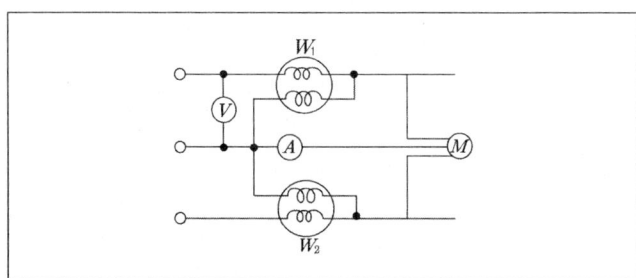

① 50 ② 60
③ 70 ④ 80
⑤ 90

12. 한 상의 임피던스가 $8 + j6$[Ω]인 Δ 부하에 200[V]를 인가할 때 3상전력 [kW]은?

① 0.5 ② 1.4
③ 3.2 ④ 4.8
⑤ 9.6

13. 임피던스 $Z(s)$가 $\dfrac{s+20}{s^2 + 2RLs + 2}$ [Ω]으로 주어지는 2단자 회로에 직류전원 20[A]를 가할 때 회로의 단자전압 [V]은?

① 100 ② 200
③ 300 ④ 400
⑤ 500

14. 비정현파 전압
$v = 200\sqrt{2}\sin\omega t + 100\sqrt{2}\sin 2\omega t + 50\sqrt{2}\sin 3\omega t$의 왜형률로 옳은 것은?

① 1 ② 0.56
③ 0.5 ④ 0.28
⑤ 0.14

15. 전계 $E = 2x^3 i + 3yz j + x^2 yz^2 k$에서 $div\,E$를 구하면?

① $2x^2 + 3yz + x^2yz^2$
② $3x^2 + 3yz + 4xyz$
③ $6x^2 + 3y + 4xz$
④ $6x^2 + 3z + 2x^2yz$
⑤ $6x^2 + 6z + 5xyz^2$

16. $F(s) = \dfrac{2s+3}{s^2+3s+2}$ 인 라플라스 함수를 시간 함수로 바르게 변환한 것은?

① $e^{-t} - 2e^{-2t}$
② $e^{-t} + te^{-2t}$
③ $e^{-t} + e^{-2t}$
④ $2t + e^{-t}$
⑤ $2t - e^{-2t}$

17. 다음 그림과 같은 T형 회로의 영상전달정수 θ는?

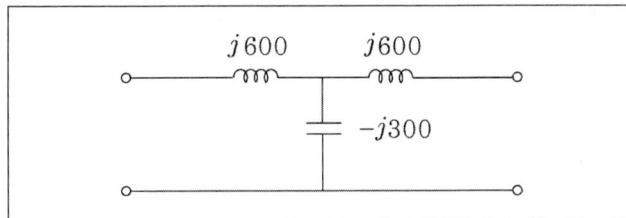

① 0
② 1
③ -1
④ -3
⑤ 3

18. 저항 4[Ω]과 유도 리액턴스 X_L[Ω]이 병렬로 접속된 회로에 12[V]의 교류전압을 가하니 5[A]의 전류가 흘렀다. 이 회로의 X_L[Ω]은?

① 8
② 6
③ 3
④ 1
⑤ 0.5

19. 다음 회로에서 콘덴서 C_1 양단의 전압[V]은?

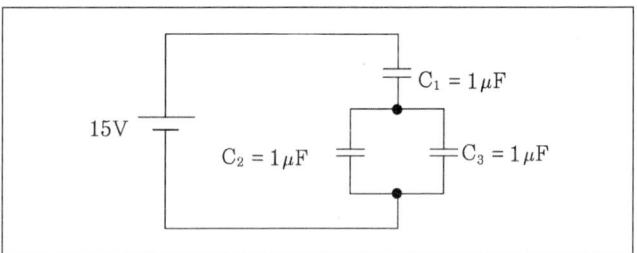

① 3
② 4
③ 6
④ 9
⑤ 10

20. 10[Ω]의 저항 3개를 Y로 결선한 것을 등가 △결선으로 환산한 저항의 크기는?

① 20[Ω]
② 30[Ω]
③ 40[Ω]
④ 60[Ω]
⑤ 90[Ω]

21. 다음 그림의 회로에서 단자 b-c에 나타나는 전압 V_{bc}는 몇 [V]인가?

① 4
② 6
③ 8
④ 10
⑤ 12

22. 자유공간에서 변위 전류는 무엇에 의해서 발생하는가?

① 전압　　　　② 자계
③ 전속밀도　　④ 자속밀도
⑤ 저항

23. 1[μA]의 전류가 흐르고 있을 때, 1초 동안 통과하는 전자수는 약 몇 개인가? (단, 전자 1개의 전하는 1.602×10^{-19}[C]이다.)

① 6.24×10^{10}
② 6.24×10^{11}
③ 6.24×10^{12}
④ 6.24×10^{13}
⑤ 6.24×10^{14}

24. π[A]가 흐르고 있는 무한장 직선 도체로부터 수직으로 10[cm] 떨어진 점의 자계 세기는 몇 [A/m]인가?

① 0.05　　　② 0.1
③ 0.5　　　 ④ 1
⑤ 5

25. 다음 그림에서 I[A]의 전류가 반지름 a[m]의 무한히 긴 원주 도체를 축에 대하여 대칭으로 흐를 때, 원주 외부의 자계 H를 구한 값은?

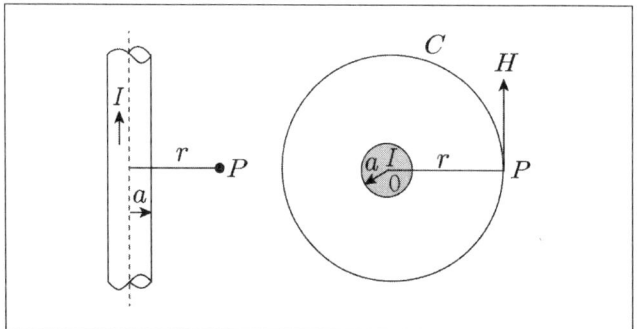

① $H = \dfrac{I}{4\pi r}$ [AT/m]

② $H = \dfrac{I}{4\pi r^2}$ [AT/m]

③ $H = \dfrac{I}{2\pi r}$ [AT/m]

④ $H = \dfrac{I}{2\pi r^2}$ [AT/m]

⑤ $H = \dfrac{I}{4\pi r^2}$ [AT/m]

26. 반지름 a[m]인 반원형 전류 I[A]에 의한 중심에서의 자계의 세기는 몇 [AT/m]인가?

① $\dfrac{I}{4a}$　　　　② $\dfrac{I}{a}$

③ $\dfrac{I}{2a}$　　　　④ $\dfrac{2I}{a}$

⑤ $\dfrac{4I}{a}$

27. 무한히 넓은 도체 평행판에 면밀도 $\sigma[C/m^2]$의 전하가 분포되어 있는 경우 전력선은 면에 수직으로 나와 평행하게 발산된다. 이 평면의 전계의 세기는 몇 [V/m]인가?

① $\dfrac{\sigma}{\epsilon_0}$ ② $\dfrac{\sigma}{2\epsilon_0}$

③ $\dfrac{\sigma}{2\pi\epsilon_0}$ ④ $\dfrac{\sigma}{4\epsilon_0}$

⑤ $\dfrac{\sigma}{4\pi\epsilon_0}$

28. 출력이 7.5[kW]인 3상 유도 전동기가 전부하 운전에서 2차 저항손이 200[W]일 때, 슬립은 약 몇 [%]인가?

① 6.6 ② 4.6
③ 2.6 ④ 1.6
⑤ 0.6

29. N회 감긴 환상코일의 단면적이 S [m²]이고 평균 길이가 L [m]이다. 이 코일의 권수를 반으로 줄이고 인덕턴스를 일정하게 하기 위한 방법으로 옳은 것은?

① 길이를 $\dfrac{1}{4}$배로 한다.
② 단면적을 2배로 한다.
③ 길이를 4배로 한다.
④ 단면적을 $\dfrac{1}{2}$배로 한다.
⑤ 길이를 $\sqrt{2}$배로 한다.

30. 전기자 반작용에 대한 설명으로 옳지 않은 것은?

① 전기자 중성축이 이동하여 주자속이 증가하고 정류자편 사이의 전압이 상승한다.
② 전기자 권선에 전류가 흘러서 생긴 기자력은 계자 기자력에 영향을 주어 자속의 분포가 기울어진다.
③ 직류 발전기에 미치는 영향으로는 중성축이 이동되고 정류자편 간의 불꽃 섬락이 일어난다.
④ 전기자 전류에 의한 자속이 계자 자속에 영향을 미치게 하여 자속 분포를 변화시키는 것이다.
⑤ 전기자 반작용을 방지하기 위해서는 보상 권선이나 보극을 설치한다.

31. 변압기 1차측 사용 탭이 6,300[V]인 경우, 2차측 전압이 110[V]였다면 2차측 전압을 약 120[V]로 하기 위해서는 1차측의 탭을 몇 [V]로 선택하여야 하는가?

① 6,000 ② 6,300
③ 6,600 ④ 6,900
⑤ 7,200

32. $i = I_m \sin\omega t$인 정현파에 있어서 순시값이 실횻값과 같을 때 ωt의 값은 얼마인가?

① $\dfrac{\pi}{2}$ ② $\dfrac{\pi}{3}$

③ $\dfrac{\pi}{4}$ ④ $\dfrac{\pi}{5}$

⑤ $\dfrac{\pi}{6}$

33. 주파수 50[Hz], 슬립 0.2인 경우 회전자 속도가 600[rpm]일 때 유도 전동기의 극수를 구하면?

① 6
② 8
③ 12
④ 16
⑤ 20

34. 변압기의 % 저항 강하와 % 누설 리액턴스 강하가 3%와 4%이다. 부하의 역률이 지상 60%일 때, 이 변압기의 전압 변동률[%]은?

① 3
② 4
③ 5
④ 7
⑤ 12

35. 수전단전압 66[kV], 전류 100[A], 선로저항 10[Ω], 선로 리액턴스 15[Ω]인 3상 단거리 송전선로의 전압강하율은 몇 [%]인가? (단, 수전단 역률은 0.8이다.)

① 2.46
② 2.74
③ 3.46
④ 4.25
⑤ 4.46

36. 직류송전방식이 교류송전방식에 비해 유리한 점이 아닌 것은?

① 선로의 절연이 용이하다.
② 통신선에 대한 유도잡음이 적다.
③ 표피효과에 의한 송전손실이 적다.
④ 정류가 필요 없고 승압 및 강압이 쉽다.
⑤ 비동기 전력계통의 상호 연계가 가능하다.

37. 다음과 같은 파형의 전류가 흐르고 있는 회로에 연결한 직류 전류계의 지시는 얼마인가?(단, 각 파형은 정현파(+)의 반주파이다)

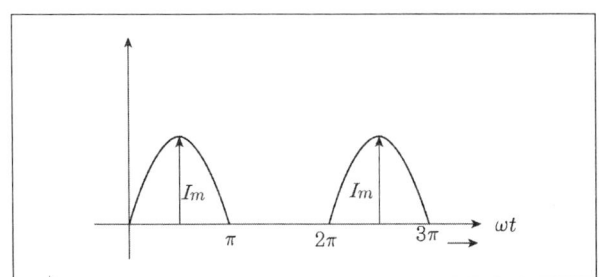

① $\dfrac{\sqrt{3}\, I_m}{\pi}$
② $I_m \pi$
③ $\dfrac{2 I_m}{\pi}$
④ $\dfrac{I_m}{\pi}$
⑤ $\dfrac{I_m}{2\pi}$

38. 100[V], 60[Hz]의 교류전원에 50[Ω]의 저항과 100[mH]의 자기 인덕턴스를 직렬로 연결한 회로가 있다. 이 회로의 리액턴스는?

① 30.7[Ω]
② 36.7[Ω]
③ 37.7[Ω]
④ 38.7[Ω]
⑤ 39.7[Ω]

39. 3상 3선식에서 일정한 거리에 일정한 전력을 송전할 경우 선로에서의 저항손은 어떻게 되는가?

① 선간전압에 비례한다.
② 선간전압에 반비례한다.
③ 선간전압의 2승에 비례한다.
④ 선간전압의 2승에 반비례한다.
⑤ 선간전압과 관계없이 일정하다.

40. 전력선과 통신선과의 상호 정전용량 및 상호 인덕턴스에 의하여 발생되는 유도장해로 옳은 것은?

① 정전 유도 장해 및 전자 유도 장해
② 전력 유도 장해 및 정전 유도 장해
③ 정전 유도 장해 및 고조파 유도 장해
④ 전자 유도 장해 및 고조파 유도 장해
⑤ 전력 유도 장해 및 고조파 유도 장해

서울교통공사 필기시험

서울교통공사

제2회 모의고사

성명		생년월일	
문제 수(배점)	80문항	풀이시간	/ 100분
영역	직업기초능력평가, 직무수행능력평가(전기일반)		
비고	객관식 5지선다형		

※ 유의사항

- 문제지 및 답안지의 해당란에 문제유형, 성명, 응시번호를 정확히 기재하세요.
- 모든 기재 및 표기사항은 "컴퓨터용 흑색 수성 사인펜"만 사용합니다.
- 예비 마킹은 중복 답안으로 판독될 수 있습니다.

제2회 서울교통공사 필기시험 모의고사

✏️ 직업기초능력평가(40문항/50분)

1. 다음 밑줄 친 외래어의 맞춤법이 틀린 것은?

① 서울시가 4차 산업혁명 <u>심포지움</u>을 성공적으로 마쳤다.
② IT기술의 발달로 홍보 및 투자 <u>트렌드</u>가 급격히 변하고 있다.
③ 미국산 <u>로브스터</u>를 캐나다산으로 속이고 판매해 온 온라인 유통업자가 붙잡혔다.
④ 새로 출시된 <u>모션</u> 베드는 국내외 IT 기업들의 기술이 결합된 걸작이다.
⑤ 서울 지하철역 중 가장 긴 <u>에스컬레이터</u>를 가지고 있는 역은 당산역이다.

2. 다음 빈칸에 들어갈 말로 가장 적절한 것은?

여름에 아이스케이크 장사를 하다가 가을바람만 불면 단팥죽 장사로 간판을 남 먼저 바꾸는 것을 누가 욕하겠는가. 장사꾼, 기술자, 사무원의 생활 방도는 이 길이 오히려 정도(正道)이기도 하다. 오늘의 변절자도 자기를 이 같은 사람이라 생각하고 또 그렇게 자처한다면 별문제다. 그러나 더러운 변절의 정당화를 위한 엄청난 공언(公言)을 늘어놓은 것은 분반(噴飯)할 일이다. 백성들이 그렇게 사람 보는 눈이 먼 줄 알아서는 안 된다. 백주 대로에 돌아앉아 볼기짝을 까고 대변을 보는 격이라면 점잖지 못한 표현이라 할 것인가.
( )를 지키기란 참으로 어려운 일이다. 자기의 신념에 어긋날 때면 목숨을 걸어 항거하여 타협하지 않고 부정과 불의한 권력 앞에는 최저의 생활, 최악의 곤욕을 무릅쓸 각오가 없으면 섣불리 ( )를 입에 담아서는 안 된다. 정신의 자존 자시(自尊自恃)를 위해서는 자학(自虐)과도 같은 생활을 견디는 힘이 없이는 ( )는 지켜지지 않는다.

① 용기
② 지조
③ 영지
④ 거래
⑤ 자조

3. 다음 제시된 내용을 토대로 관광회사 직원들이 추론한 내용으로 가장 적합한 것은?

세계여행관광협의회(WTTC)에 따르면 지난해인 2016년 전 세계 국내총생산(GDP) 총합에서 관광산업이 차지한 직접 비중은 2.7%이다. 여기에 고용, 투자 등 간접적 요인까지 더한 전체 비중은 9.1%로, 금액으로 따지면 6조 3,461억 달러에 이른다. 직접 비중만 놓고 비교해도 관광산업의 규모는 자동차 산업의 2배이고 교육이나 통신 산업과 비슷한 수준이다. 아시아를 제외한 전 대륙에서는 화학 제조업보다도 관광산업의 규모가 큰 것으로 나타났다.
서비스 산업의 특성상 고용을 잣대로 삼으면 그 차이는 더욱 더 벌어진다. 지난해 전세계 관광산업 종사자는 9,800만 명으로 자동차 산업의 6배, 화학 제조업의 5배, 광업의 4배, 통신 산업의 2배로 나타났다. 간접 고용까지 따지면 2억 5,500만 명이 관광과 관련된 일을 하고 있어, 전 세계적으로 근로자 12명 가운데 1명이 관광과 연계된 직업을 갖고 있는 셈이다. 이러한 수치는 향후 2~3년간은 계속 유지될 것으로 보인다. 실제 백만 달러를 투입할 경우, 관광산업에서는 50명분의 일자리가 추가로 창출되어 교육 부문에 이어 두 번째로 높은 고용 창출효과가 있는 것으로 조사되었다.

유엔세계관광기구(UNWTO)의 장기 전망에 따르면 관광산업의 성장은 특히 한국이 포함된 동북아시아에서 두드러질 것으로 예상된다. UNWTO는 2010년부터 2030년 사이 이 지역으로 여행하는 관광객이 연평균 9.7% 성장하여 2030년 5억 6,500명이 동북아시아를 찾을 것으로 전망했다. 전 세계 시장에서 차지하는 비율도 현 22%에서 2030년에는 30%로 증가할 것으로 예측했다.

그런데 지난해 한국의 관광산업 비중(간접 분야 포함 전체 비중)은 5.2%로 세계 평균보다 훨씬 낮다. 관련 고용자수(간접 고용 포함)도 50만 3,000여 명으로 전체의 2%에 불과하다. 뒤집어 생각하면 그만큼 성장의 여력이 크다고 할 수 있다.

① 상민 : 2016년 전 세계 국내총생산(GDP) 총합에서 관광산업이 차지한 직접 비중을 금액으로 따지면 2조 달러가 넘는다.
② 대현 : 2015년 전 세계 통신 산업의 종사자는 자동차 산업의 종사자의 약 3배 정도이다.
③ 동근 : 2017년 전 세계 근로자 수는 20억 명을 넘지 못한다.
④ 수진 : 한국의 관광산업 수준이 간접 고용을 포함하는 고용 수준에서 현재의 세계 평균 수준 비율과 비슷해지려면 3백억 달러 이상을 관광 산업에 투자해야 한다.
⑤ 영수 : 2020년에는 동북아시아를 찾는 관광객의 수가 연간 약 2억 8,000명을 넘을 것이다.

4. 다음 빈칸에 들어갈 말은?

모든 사회문제는 양면성을 가지고 있습니다. 한쪽 이야기만 듣고 그쪽 논리를 따라가면 오히려 속이 편하지만, 양쪽 이야기를 듣고 나면 머리가 아픕니다. 그런 헷갈리는 상황에서 기억할 만한 원칙이 바로 '의심스러울 때는 (   )의 이익으로' 해석하라는 것입니다. 전세 분쟁에서 세입자의 이익을 우선으로 하는 것이 그 예입니다.

① 행위자 ② 약자
③ 다수자 ④ 타자
⑤ 화자

5. 다음 글에 대한 이해로 적절하지 않은 것은?

외국 통화에 대한 자국 통화의 교환 비율을 의미하는 환율은 장기적으로 한 국가의 생산성과 물가 등 기초 경제 여건을 반영하는 수준으로 수렴된다. 그러나 단기적으로 환율은 이와 괴리되어 움직이는 경우가 있다. 만약 환율이 예상과는 다른 방향으로 움직이거나 또는 비록 예상과 같은 방향으로 움직이더라도 변동 폭이 예상보다 크게 나타날 경우 경제 주체들은 과도한 위험에 노출될 수 있다. 환율이나 주가 등 경제 변수가 단기에 지나치게 상승 또는 하락하는 현상을 오버슈팅(overshooting)이라고 한다. 이러한 오버슈팅은 물가 경직성 또는 금융 시장 변동에 따른 불안 심리 등에 의해 촉발되는 것으로 알려져 있다. 여기서 물가 경직성은 시장에서 가격이 조정되기 어려운 정도를 의미한다.

물가 경직성에 따른 환율의 오버슈팅을 이해하기 위해 통화를 금융 자산의 일종으로 보고 경제 충격에 대해 장기와 단기에 환율이 어떻게 조정되는지 알아보자. 경제에 충격이 발생할 때 물가나 환율은 충격을 흡수하는 조정 과정을 거치게 된다. 물가는 단기에는 장기 계약 및 공공요금 규제 등으로 인해 경직적이지만 장기에는 신축적으로 조정된다. 반면 환율은 단기에서도 신축적인 조정이 가능하다. 이러한 물가와 환율의 조정 속도 차이가 오버슈팅을 초래한다. 물가와 환율이 모두 신축적으로 조정되는 장기에서의 환율은 구매력 평가설에 의해 설명되는데, 이에 의하면 장기의 환율은 자국 물가 수준을 외국 물가 수준으로 나눈 비율로 나타나며, 이를 균형 환율로 본다. 가령 국내 통화량이 증가하여 유지될 경우 장기에서는 자국 물가도 높아져 장기의 환율은 상승한다. 이때 통화량을 물가로 나눈 실질 통화량은 변하지 않는다.

그런데 단기에는 물가의 경직성으로 인해 구매력 평가설에 기초한 환율과는 다른 움직임이 나타나면서 오버슈팅이 발생할 수 있다. 가령 국내 통화량이 증가하여 유지될 경우, 물가가 경직적이어서 실질 통화량은 증가하고 이에 따라 시장 금리는 하락한다. 국가 간 자본 이동이 자유로운 상황에서, 시장 금리 하락은 투자의 기대 수익률 하락으로 이어져, 단기성 외국인 투자 자금이 해외로 빠져나가거나 신규 해외 투자 자금 유입을 위축시키는 결과를 초래한다. 이 과정에서 자국 통화의 가치는 하락하고 환율은 상승한다. 통화량의 증가로 인한 효과는 물가가 신축적인 경우에 예상되는 환율 상승에, 금리 하락에 따른 자금의 해외 유출이 유발하는 추가적인 환율 상승이 더해진 것으로 나타난다. 이러한 추가적인 상승 현상이 환율의 오버슈팅인데, 오

> 버슈팅의 정도 및 지속성은 물가 경직성이 클수록 더 크게 나타난다. 시간이 경과함에 따라 물가가 상승하여 실질 통화량이 원래 수준으로 돌아오고 해외로 유출되었던 자금이 시장 금리의 반등으로 국내로 복귀하면서, 단기에 과도하게 상승했던 환율은 장기에는 구매력 평가설에 기초한 환율로 수렴된다.

① 환율의 오버슈팅이 발생한 상황에서 물가 경직성이 클수록 구매력 평가설에 기초한 환율로 수렴되는 데 걸리는 기간이 길어질 것이다.
② 환율의 오버슈팅이 발생한 상황에서 외국인 투자 자금이 국내 시장 금리에 민감하게 반응할수록 오버슈팅 정도는 커질 것이다.
③ 물가 경직성에 따른 환율의 오버슈팅은 물가의 조정 속도보다 환율의 조정 속도가 빠르기 때문에 발생하는 것이다.
④ 물가가 신축적인 경우가 경직적인 경우에 비해 국내 통화량 증가에 따른 국내 시장 금리 하락 폭이 작을 것이다.
⑤ 국내 통화량이 증가하여 유지될 경우 장기에는 실질 통화량이 변하지 않으므로 장기의 환율도 변함이 없을 것이다.

6. 다음은 스마트 트레인과 관련된 내용의 글이다. 다음 글에 대한 설명으로 옳은 것은?

> 부산국제철도기술산업전의 'Digital Railway' 부스에서는 현대로템 열차 운전 시스템의 현재와 발전 진행 상황을 알아볼 수 있었다. CBTC는 'Communication-Based Train Control'의 약자로 중앙관제센터에서 통신을 기반으로 열차를 중앙집중식으로 원격 제어하는 철도 신호시스템을 이야기하는데 한국에서는 RF-CBCT 타입인 KRTCS-1을 사용하고 있다. 현재 신분당선이나 우이신설선, 인천지하철 2호선 등 무인운전 차량들도 KRTCS-1을 탑재하고 있다.
> 차량에 탑재된 KRTCS-1 시스템은 지상 신호 장치인 WATC, 차상 신호 장치, 관제실로 구분되는데 관제실에서 명령 신호가 오면 지상 신호 장치 WATC는 경로가 운행 가능한 상태인지를 빠르게 판단하고 차량에게 이동 권한을 부여한다. 이를 받은 차량 신호 장치는 정해진 목적지까지 안전하고 빠르게 운행하며 지상 신호 장치와 관제실과 실시간으로 운행 데이터를 주고받을 수 있다. 이는 운전자 개입 없이 관제실에서 원격제어만으로 기동과 출발 전 워밍업, 본선 운행과 스케줄링까지 모두 자동으로 이루어지는 무인 시스템이며 영국의 국제공인 인증기관 '리카르도'로부터 ATP(Automatic Train Protection, 열차자동방호) 부분에 대해서 안전등급 중 최고인 SIL Level 4 인증까지 취득했다. 이뿐만 아니라, 출퇴근 시간 등 배차 간격이 좁은 시간대가 아닐 때는 친환경 모드인 '에코-드라이빙' 모드로 추진·제동제어, 출입문 자동 제어 등의 기능을 활용하여 최적의 운행패턴으로 운행 가능하도록 지원할 수 있다.
> 한편 현재 현대로템이 개발 중인 운전 시스템으로 KRTCS-2가 있다. KRTCS-1이 도시철도용 신호 시스템이었다면 KRTCS-2는 도시와 도시를 연결하는 간선형 철도나 고속철도용으로 개발되고 있는 것이 특징이다. KRTCS-2는 유럽 철도 표준인 ETCS-2에 기반을 두고 있으며 KTX나 SRT 등에 향후 ETCS-2 도입이 예정된 만큼, KRTCS-2 역시 적용 가능한 시스템으로 볼 수 있다.
> KRTCS-2 시스템은 차량과 지상, 관제실 통신에 초고속 무선 인터넷 LTE-R을 이용한다. KRTCS-1이 지상 센서만으로 차량의 이동을 감지하고 컨트롤했다면, KRTCS-2는 LTE-R 무선통신을 도입해 열차가 어느 구간(폐색)에 위치하는지를 실시간으로 감지하고 좀 더 효율적으로 스케줄링할 수 있다는 장점이 있다. KRTCS-2 역시 SIL Level 4등급을 독일의 시험인증 기관 'TUV-SUD'로부터 인증받아 그 안전성과 정확성을 입증했다. 현재 KRTCS-2에서 열차를 안전하게 보호하는 ATP 시스템이 개발을 마쳤고, 자동운전 기능을 추가하기 위한 작업에 박차를 가하고 있다. 따라서 가까운 시일 내에 한국의 고속철도에 KRTCS-2 시스템이 적용되어 도시철도뿐만 아니라 일반·고속철도에서도 무인운전이 현실화될 것으로 기대된다.

① KRTCS-1는 한국의 철도 신호시스템이며 현재 무인운전 차량에는 탑재되어 있지 있다.
② SIL Level 4 인증을 취득한 시스템은 KRTCS-2뿐이다.
③ KRTCS-2는 간선형 철도나 고속철도용으로 개발되고 있다.
④ KRTCS-1 시스템은 LTE-R 무선통신을 도입해 열차가 어느 구간에 위치하는지를 실시간으로 감지하고 좀 더 효율적으로 스케줄링할 수 있다는 장점이 있다.
⑤ 무인운전의 경우 고속철도에서는 현실화되기 어렵다.

[7~8] 다음 글을 읽고 이어지는 물음에 답하시오.

경쟁의 승리는 다른 사람의 재산권을 침탈하지 않으면서 이기는 경쟁자의 능력, 즉 경쟁력에 달려 있다. 공정경쟁에서 원하는 물건의 소유주로부터 선택을 받으려면 소유주가 원하는 대가를 치를 능력이 있어야 하고 남보다 먼저 신 자원을 개발하거나 신 발상을 창안하려면 역시 그렇게 해낼 능력을 갖추어야 한다. 다른 기업보다 더 좋은 품질의 제품을 더 값싸게 생산하는 기업은 시장경쟁에서 이긴다. 우수한 자질을 타고났고, 탐사 또는 연구개발에 더 많은 노력을 기울인 개인이나 기업은 새로운 자원이나 발상을 대체로 남보다 앞서서 찾아낸다.

개인의 능력은 천차만별한데 그 차이는 타고나기도 하고 후천적 노력에 의해 결정되기도 한다. 능력이 후천적 노력만의 소산이라면 능력의 우수성에 따라 결정되는 경쟁 결과를 불공정하다고 불평하기는 어렵다. 그런데 능력의 많은 부분은 타고난 것이거나 부모에게서 직간접적으로 물려받은 유무형적 재산에 의한 것이다. 후천적 재능 습득에서도 그 성과는 보통 개발자가 타고난 자질에 따라 서로 다르다. 타고난 재능과 후천적 능력을 딱 부러지게 구분하기도 쉽지 않은 것이다.

어쨌든 내가 능력 개발에 소홀했던 탓에 경쟁에서 졌다면 패배를 승복해야 마땅하다. 그러나 순전히 타고난 불리함 때문에 불이익을 당했다면 억울함이 앞선다. 이 점을 내세워 타고난 재능으로 벌어들이는 소득은 그 재능 보유자의 몫으로 인정할 수 없다는 필자의 의견에 동의하는 학자도 많다. 자신의 재능을 발휘하여 경쟁에서 승리하였다 하더라도 해당 재능이 타고난 것이라면 승자의 몫이 온전히 재능 보유자의 것일 수 없고 마땅히 사회에 귀속되어야 한다는 말이다.

그런데 재능도 노동해야 발휘할 수 있으므로 재능발휘를 유도하려면 그 노고를 적절히 보상해주어야 한다. 이론상으로는 재능발휘로 벌어들인 수입에서 노고에 대한 보상만큼은 재능 보유자의 소득으로 인정하고 나머지만 사회에 귀속시키면 된다.

---

7. 윗글을 읽고 나눈 다음 대화의 ㉠~㉤ 중, 글의 내용에 따른 합리적인 의견 제기로 볼 수 없는 것은?

A : "타고난 재능과 후천적 노력에 대하여 어떻게 보아야 할지에 대한 필자의 의견이 담겨 있는 글입니다."
B : "맞아요. 필자의 의견에 따르면 앞으로는 ㉠선천적인 재능에 대한 경쟁이 더욱 치열해질 것 같습니다."
A : "그런데 우리가 좀 더 확인해야 할 것은, ㉡과연 얼마만큼의 보상이 재능 발휘 노동의 제공에 대한 몫이냐 하는 점입니다."
B : "그와 함께, ㉢얻어진 결과물에서 어떻게 선천적 재능에 의한 부분을 구별해낼 수 있을까에 대한 물음 또한 과제로 남아 있다고 볼 수 있겠죠."
A : "그뿐이 아닙니다. ㉣타고난 재능이 어떤 방식으로 사회에 귀속되어야 공정한 것인지, ㉤특별나게 열심히 재능을 발휘할 유인은 어떻게 찾을 수 있을지에 대한 고민도 함께 이루어져야 하겠죠."

① ㉠
② ㉡
③ ㉢
④ ㉣
⑤ ㉤

8. 윗글에서 필자가 주장하는 내용과 견해가 다른 것은 어느 것인가?

① 경쟁에서 승리하기 위해서는 능력이 필요하다.
② 능력에 의한 경쟁 결과가 불공정하다고 불평할 수 없다.
③ 선천적인 능력이 우수한 사람은 경쟁에서 이길 수 있는 확률이 높다.
④ 후천적인 능력이 모자란 결과에 대해서는 승복해야 한다.
⑤ 타고난 재능에 의해 얻은 승자의 몫은 일정 부분 사회에 환원해야 한다.

9. 한 학년에 세 반이 있는 학교가 있다. 학생수가 A반은 20명, B반은 30명, C반은 50명이다. 수학 점수 평균이 A반은 70점, B반은 80점, C반은 60점일 때, 이 세 반의 평균은 얼마인가?

① 62점 ② 64점
③ 66점 ④ 68점
⑤ 70점

10. 바른 항공사는 서울-상해 직항 노선에 50명이 초과로 예약 승객이 발생하였다. 승객 모두는 비록 다른 도시를 경유해서라도 상해에 오늘 도착하기를 바라고 있다. 아래의 그림이 경유 항공편의 여유 좌석 수를 표시한 항공로일 때, 타 도시를 경유하여 상해로 갈 수 있는 최대의 승객 수는 구하면?

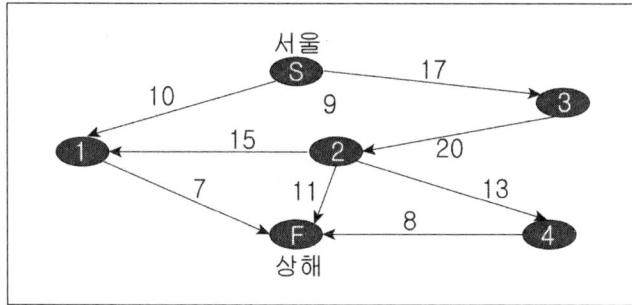

① 24 ② 29
③ 30 ④ 33
⑤ 37

11. 다음은 S공사에서 사원에게 지급하는 수당에 대한 자료이다. 2025년 7월 현재 부장 甲의 근무연수는 12년 2개월이고, 기본급은 300만 원이다. 2025년 7월 甲의 월급은 얼마인가? (단, S공사 사원의 월급은 기본급과 수당의 합으로 계산되고 제시된 수당 이외의 다른 수당은 없으며, 10년 이상 근무한 직원의 정근수당은 기본급의 50%를 지급한다)

구분	지급 기준	비고
정근수당	근무연수에 따라 기본급의 0~50% 범위 내 차등 지급	매년 1월, 7월 지급
명절휴가비	기본급의 60%	매년 2월(설), 10월(추석) 지급
가계지원비	기본급의 40%	매년 홀수 월에 지급
정액급식비	130,000원	매월 지급
교통보조비	• 부장 : 200,000원 • 과장 : 180,000원 • 대리 : 150,000원 • 사원 : 130,000원	매월 지급

① 5,830,000원 ② 5,880,000원
③ 5,930,000원 ④ 5,980,000원
⑤ 6,030,000원

12. 다음은 성인 남녀 1천 명을 대상으로 실시한 에너지원별 국민인식 조사 결과이다. 다음 자료를 올바르게 해석한 것은 어느 것인가?

〈에너지원별 국민인식 조사 결과〉
(단위 : %)

① 모든 에너지원에 대하여 줄여야 한다는 의견이 압도적으로 많다.
② 유지하거나 늘려야 한다는 의견은 모든 에너지원에서 절반 이상을 차지한다.
③ 한 가지 의견이 절반 이상의 비중을 차지하는 에너지원은 모두 4개이다.
④ 늘려야 한다는 의견이 더 많은 에너지원일수록 줄여야 한다는 의견도 더 많다.
⑤ LNG와 원자력에 대한 국민 인식 현황은 동일한 순서로 나타난다.

13. 다음은 소정연구소에서 제습기 A~E의 습도별 연간소비전력량을 측정한 자료이다. 이에 대한 설명 중 옳은 것끼리 바르게 짝지어진 것은?

〈제습기 A~E의 습도별 연간소비전력량〉
(단위 : kWh)

습도 제습기	40%	50%	60%	70%	80%
A	550	620	680	790	840
B	560	640	740	810	890
C	580	650	730	800	880
D	600	700	810	880	950
E	660	730	800	920	970

㉠ 습도가 70%일 때 연간소비전력량이 가장 적은 제습기는 A이다.
㉡ 각 습도에서 연간소비전력량이 많은 제습기부터 순서대로 나열하면, 습도 60%일 때와 습도 70%일 때의 순서를 동일하다.
㉢ 습도가 40%일 때 제습기 E의 연산소비전력량은 습도가 50%일 때 제습기 B의 연간소비전력량보다 많다.
㉣ 제습기 각각에서 연간소비전력량은 습도가 80%일 때가 40%일 때의 1.5배 이상이다.

① ㉠, ㉡
② ㉠, ㉢
③ ㉡, ㉣
④ ㉠, ㉢, ㉣
⑤ ㉡, ㉢, ㉣

[14~15] 다음은 서울교통공사에서 제공하고 있는 유아수유실 현황에 관한 자료이다. 물음에 답하시오.

⟨유아수유실 현황⟩

○ 1호선

역명	역명
종로3가역	동대문역

○ 2호선

역명	역명
시청역	성수역
강변역	잠실역
삼성역	강남역
신림역	대림역
신촌역	영등포구청역
신설동역	

○ 3호선

역명	역명
구파발역	독립문역
옥수역	고속터미널역
양재역	도곡역

○ 4호선

역명	역명
노원역	미아사거리역
길음역	동대문역사문화공원역
서울역	이촌역
사당역	

○ 5호선

역명	역명
김포공항역	우장산역
까치산역	목동역
영등포구청역	신길역
여의도역	여의나루역
충정로역	광화문역
동대문역사문화공원역	청구역
왕십리역	답십리역
군자역	아차산역
천호역	강동역
고덕역	올림픽공원역
거여역	

○ 6호선

역명	역명
응암역	불광역
월드컵경기장역	합정역
대흥역	공덕역
삼각지역	이태원역
약수역	상월곡역
동묘앞역	안암역

○ 7호선

역명	역명
수락산역	노원역
하계역	태릉입구역
상봉역	부평구청역
어린이대공원역	뚝섬유원지역
논현역	고속터미널역
이수역	대림역
가산디지털단지역	광명사거리역
온수역	까치울역
부천종합운동장역	춘의역
신중동역	부천시청역
상동역	삼산체육관역
굴포천역	

○ 8호선

역명	역명
모란역	몽촌토성역
잠실역	가락시장역
장지역	남한산성입구역

※ 해당 역에 하나의 유아수유실을 운영 중이다.

14. 다음 중 2호선 유아수유실이 전체에서 차지하는 비율은?

① 10.5%   ② 11.5%
③ 12.5%   ④ 13.5%
⑤ 14.5%

15. 다음 중 가장 많은 유아수유실을 운영 중인 지하철 호선 ㉮와 가장 적은 유아수유실을 운영 중인 지하철 호선 ㉯로 적절한 것은?

	㉮	㉯		㉮	㉯
①	7호선	1호선	②	6호선	2호선
③	5호선	3호선	④	4호선	4호선
⑤	3호선	5호선			

16. 다음의 (가), (나)는 100만 원을 예금했을 때 기간에 따른 이자에 대한 표이다. 이에 대한 설명으로 옳은 것은? (단, 예금할 때 약정한 이자율은 변하지 않는다)

구분	1년	2년	3년
(가)	50,000원	100,000원	150,000원
(나)	40,000원	81,600원	124,864원

㉠ (가)는 단순히 원금에 대한 이자만을 계산하는 이자율이 적용되었다.
㉡ (가)의 경우, 매년 물가가 5% 상승할 경우(원금+이자)의 구매력을 모든 기간에 같다.
㉢ (나)의 경우, 매년 증가하는 이자액은 기간이 길어질수록 커진다.
㉣ (나)와 달리 (가)와 같은 이자율 계산 방법은 현실에서는 볼 수 없다.

① ㉠, ㉢
② ㉠, ㉣
③ ㉡, ㉣
④ ㉡, ㉢
⑤ ㉠, ㉡, ㉢

17. 다음의 내용에 따라 두 번의 재배정을 한 결과, 병이 홍보팀에서 수습 중이다. 다른 신입사원과 최종 수습부서를 바르게 연결한 것은?

> 신입사원을 뽑아서 1년 동안의 수습 기간을 거치게 한 후, 정식사원으로 임명을 하는 한 회사가 있다. 그 회사는 올해 신입사원으로 2명의 여자 직원 갑과 을, 그리고 2명의 남자 직원 병과 정을 뽑았다. 처음 4개월의 수습기간 동안 갑은 기획팀에서, 을은 영업팀에서, 병은 총무팀에서, 정은 홍보팀에서 각각 근무하였다. 그 후 8개월 동안 두 번의 재배정을 통해서 신입사원들은 다른 부서에서도 수습 중이다. 재배정할 때마다 다음의 세 원칙 중 한 가지 원칙만 적용되었고, 같은 원칙은 다시 적용되지 않았다.

〈원칙〉
1. 기획팀에서 수습을 거친 사람과 총무팀에서 수습을 거친 사람은 서로 교체해야 하고, 영업팀에서 수습을 거친 사람과 홍보팀에서 수습을 거친 사람은 서로 교체한다.
2. 총무팀에서 수습을 거친 사람과 홍보팀에서 수습을 거친 사람만 서로 교체한다.
3. 여성 수습사원만 서로 교체한다.

① 갑 - 총무팀
② 을 - 영업팀
③ 을 - 총무팀
④ 정 - 영업팀
⑤ 정 - 총무팀

18. A, B, C, D, E, F가 달리기 경주를 하여 보기와 같은 결과를 얻었다. 1등부터 6등까지 순서대로 나열한 것은?

㉠ A는 D보다 먼저 결승점에 도착하였다.
㉡ E는 B보다 더 늦게 도착하였다.
㉢ D는 C보다 먼저 결승점에 도착하였다.
㉣ B는 A보다 더 늦게 도착하였다.
㉤ E가 F보다 더 앞서 도착하였다.
㉥ C보다 먼저 결승점에 들어온 사람은 두 명이다.

① A - D - C - B - E - F
② A - D - C - E - B - F
③ F - E - B - C - D - A
④ B - F - C - E - D - A
⑤ C - D - B - E - F - A

19. 다음 글의 내용이 참일 때, 반드시 참인 것만을 모두 고른 것은?

> 전통문화 활성화 정책의 일환으로 일부 도시를 선정하여 문화관광특구로 지정할 예정이다. 특구 지정 신청을 받아본 결과, A, B, C, D, 네 개의 도시가 신청하였다. 선정과 관련하여 다음 사실이 밝혀졌다.
> - A가 선정되면 B도 선정된다.
> - B와 C가 모두 선정되는 것은 아니다.
> - B와 D 중 적어도 한 도시는 선정된다.
> - C가 선정되지 않으면 B도 선정되지 않는다.

> ㉠ A와 B 가운데 적어도 한 도시는 선정되지 않는다.
> ㉡ B도 선정되지 않고, C도 선정되지 않는다.
> ㉢ D는 선정된다.

① ㉠
② ㉡
③ ㉠, ㉢
④ ㉡, ㉢
⑤ ㉠, ㉡, ㉢

20. 100명의 근로자를 고용하고 있는 ○○기관 인사팀에 근무하는 S는 고용노동법에 따라 기간제 근로자를 채용하였다. 제시된 법령의 내용을 참고할 때, 기간제 근로자로 볼 수 없는 경우는?

> **제10조**
> ① 이 법은 상시 5인 이상의 근로자를 사용하는 모든 사업 또는 사업장에 적용한다. 다만 동거의 친족만을 사용하는 사업 또는 사업장과 가사사용인에 대하여는 적용하지 아니한다.
> ② 국가 및 지방자치단체의 기관에 대하여는 상시 사용하는 근로자의 수에 관계없이 이 법을 적용한다.
>
> **제11조**
> ① 사용자는 2년을 초과하지 아니하는 범위 안에서(기간제 근로계약의 반복갱신 등의 경우에는 계속 근로한 총 기간이 2년을 초과하지 아니하는 범위 안에서) 기간제 근로자※를 사용할 수 있다. 다만 다음 각 호의 어느 하나에 해당하는 경우에는 2년을 초과하여 기간제 근로자로 사용할 수 있다.
>   1. 사업의 완료 또는 특정한 업무의 완성에 필요한 기간을 정한 경우
>   2. 휴직·파견 등으로 결원이 발생하여 당해 근로자가 복귀할 때까지 그 업무를 대신할 필요가 있는 경우
>   3. 전문적 지식·기술의 활용이 필요한 경우와 박사 학위를 소지하고 해당 분야에 종사하는 경우
> ② 사용자가 제1항 단서의 사유가 없거나 소멸되었음에도 불구하고 2년을 초과하여 기간제 근로자로 사용하는 경우에는 그 기간제 근로자는 기간의 정함이 없는 근로계약을 체결한 근로자로 본다.
>
> ※ 기간제 근로자라 함은 기간의 정함이 있는 근로계약을 체결한 근로자를 말한다.

① 수습기간 3개월을 포함하여 1년 6개월간 A를 고용하기로 근로계약을 체결한 경우
② 근로자 E의 휴직으로 결원이 발생하여 2년간 B를 계약직으로 고용하였는데, E의 복직 후에도 B가 계속해서 현재 3년 이상 근무하고 있는 경우
③ 사업 관련 분야 박사학위를 취득한 C를 계약직(기간제) 연구원으로 고용하여 C가 현재 3년간 근무하고 있는 경우
④ 국가로부터 도급받은 3년간의 건설공사를 완성하기 위해 D를 그 기간 동안 고용하기로 근로계약을 체결한 경우
⑤ 근로자 F가 해외 파견으로 결원이 발생하여 돌아오기 전까지 3년간 G를 고용하기로 근로계약을 체결한 경우

21. ◇◇자동차그룹 기술개발팀은 수소연료전지 개발과 관련하여 다음의 자료를 바탕으로 회의를 진행하고 있다. 잘못된 분석을 하고 있는 사람은?

① 甲 : 현재는 석유와 천연가스 등 화석연료에서 수소를 얻고 있지만, 미래에는 재생에너지나 원자력을 활용한 수소 제조법이 사용될 것이다.

② 乙 : 수소는 기체, 액체, 고체 등 저장 상태에 관계없이 연료전지에 활용할 수 있다는 장점을 갖고 있다.

③ 丙 : 수소저장기술은 기체나 액체 상태로 저장하는 방식과 고체(매체)로 저장하는 방식으로 나눌 수 있다.

④ 丁 : 수소를 제조하는 기술에는 화석연료를 전기분해하는 방법과 재생에너지를 이용하여 물을 열분해하는 두 가지 방법이 있다.

⑤ 戊 : 수소는 물, 석유, 천연가스 및 유기성 폐기물 등에 함유되어 있으므로, 다양한 원료로부터 생산할 수 있다는 장점을 갖고 있다.

22. 사람들은 살아가면서 많은 소비를 하게 되며, 그에 따른 의사 결정을 하게 된다. 이렇듯 소비자 의사 결정이라고 불리는 이 과정은 크게 문제 인식, 정보 탐색, 대안 평가 및 선택, 결정, 구매 및 평가의 순서로 진행된다. 하지만 모든 소비자가 이러한 과정을 준수하여 소비하지는 않으며, 순서가 바뀌거나 또는 건너뛰는 경우도 있다. 다음의 사례는 5명의 사람이 여름휴가철을 맞아 드넓은 동해바다 앞의 게스트 하우스를 예약하고 이를 찾아가기 위해 활용할 교통수단을 놓고 선택에 대한 고민을 하고 있다. 이 부분은 소비자 의사 결정과정 중 대안평가 및 선택에 해당하는 부분인데, 아래의 조건들은 대안을 평가하는 방식들을 나열한 것이다. 이들 중 ㉠의 내용을 참고하여 보완적 평가방식을 활용해 목적지까지 가는 동안의 이동수단으로 가장 적절한 것을 고르면?

Ⅰ. 조건
㉠ 보완적 평가방식이란 각각의 상표에 있어 어떤 속성의 약점을 다른 속성의 강점에 의해 보완하여 전반적인 평가를 내리는 방식을 말한다.
㉡ 사전편집식이란 가장 중요시하는 평가기준에서 최고로 평가되는 상표를 선택하는 방식을 말한다.
㉢ 순차적 제거식이란 중요하게 생각하는 특정 속성의, 최소 수용기준을 설정하고 난 뒤에 그 속성에서 수용 기준을 만족시키지 못하는 상표를 제거해 나가는 방식을 말한다.
㉣ 결합식이란, 상표 수용을 위한 최소 수용기준을 모든 속성에 대해 마련하고, 각 상표별로 모든 속성의 수준이 최소한의 수용 기준을 만족시키는가에 따라 평가하는 방식을 말한다.

Ⅱ. 내용

평가기준	중요도	이동수단들의 가치 값				
		비행기	고속철도	고속버스	오토바이	도보
속도감	40	9	8	2	1	1
경제성	30	2	5	8	9	1
승차감	20	4	5	6	2	1

① 고속철도
② 비행기
③ 오토바이
④ 고속버스
⑤ 도보

⑤

24. 다음 〈조건〉을 근거로 판단할 때, 〈보기〉에서 옳은 것만을 모두 고르면?

〈조건〉
- 인공지능 컴퓨터와 매번 대결할 때마다, 甲은 A, B, C전략 중 하나를 선택할 수 있다.
- 인공지능 컴퓨터는 대결을 거듭할수록 학습을 통해 각각의 전략에 대응하므로, 동일한 전략을 사용할수록 甲이 승리할 확률은 하락한다.
- 각각의 전략을 사용한 횟수에 따라 각 대결에서 甲이 승리할 확률은 아래와 같고, 甲도 그 사실을 알고 있다.
- 전략별 사용횟수에 따른 甲의 승률

(단위 : %)

전략별 사용횟수 전략종류	1회	2회	3회	4회
A전략	60	50	40	0
B전략	70	30	20	0
C전략	90	40	10	0

㉠ 甲이 총 3번의 대결을 하면서 각 대결에서 승리할 확률이 가장 높은 전략부터 순서대로 선택한다면, 3가지 전략을 각각 1회씩 사용해야 한다.
㉡ 甲이 총 5번의 대결을 하면서 각 대결에서 승리할 확률이 가장 높은 전략부터 순서대로 선택한다면, 5번째 대결에서는 B전략을 사용해야 한다.
㉢ 甲이 1개의 전략만을 사용하여 총 3번의 대결을 하면서 3번 모두 승리할 확률을 가장 높이려면, A전략을 선택해야 한다.
㉣ 甲이 1개의 전략만을 사용하여 총 2번의 대결을 하면서 2번 모두 패배할 확률을 가장 낮추려면, A전략을 선택해야 한다.

① ㉠, ㉡ ② ㉠, ㉢
③ ㉡, ㉣ ④ ㉠, ㉢, ㉣
⑤ ㉡, ㉢, ㉣

25. 어느 날 진수는 직장선배로부터 '직장 내에서 서열과 직위를 고려한 소개의 순서'를 정리하라는 요청을 받았다. 진수는 다음의 내용처럼 정리하고 직장선배에게 보여 주었다. 하지만 직장선배는 세 가지 항목이 틀렸다고 지적하였다. 지적을 받은 세 가지 항목은 무엇인가?

㉠ 연소자를 연장자보다 먼저 소개한다.
㉡ 같은 회사 관계자를 타 회사 관계자에게 먼저 소개한다.
㉢ 상급자를 하급자에게 먼저 소개한다.
㉣ 동료임원을 고객, 방문객에게 먼저 소개한다.
㉤ 임원을 비임원에게 먼저 소개한다.
㉥ 되도록 성과 이름을 동시에 말한다.
㉦ 상대방이 항상 사용하는 경우라면 Dr. 등의 칭호를 함께 언급한다.
㉧ 과거 정부 고관일지라도, 전직인 경우 호칭사용은 결례이다.

① ㉠, ㉡, ㉥ ② ㉢, ㉤, ㉧
③ ㉣, ㉤, ㉥ ④ ㉣, ㉤, ㉧
⑤ ㉣, ㉦, ㉧

26. 다음 조직도를 잘못 이해한 사람은 누구인가?

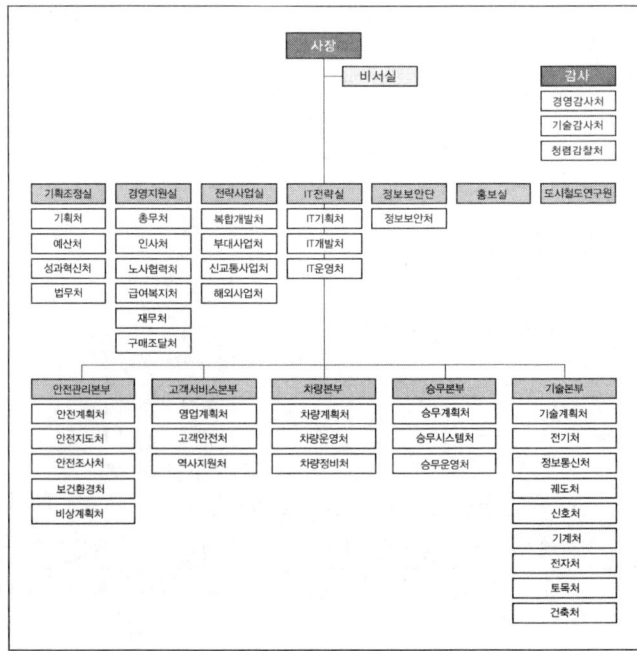

① 경영감사처는 사장 직속이 아니라 감사 산하에 별도로 소속되어 있다.
② 5본부가 사장 직속으로 구성되어 있다.
③ 7실 44처로 구성되어 있다.
④ 사장, 감사, 본부, 실, 단, 원, 처로 분류할 수 있다.
⑤ 기술본부는 9개의 처로 구성되어 있다.

┃27~28┃ 다음은 '갑'사의 내부 결재 규정에 대한 설명이다. 다음 글을 읽고 이어지는 물음에 답하시오.

제○○조(결재)
① 기안한 문서는 결재권자의 결재를 받아야 효력이 발생한다.
② 결재권자는 업무의 내용에 따라 이를 위임하여 전결하게 할 수 있으며, 이에 대한 세부사항은 따로 규정으로 정한다. 결재권자가 출장, 휴가, 기타의 사유로 상당한 기간 동안 부재중일 때에는 그 직무를 대행하는 자가 대결할 수 있되, 내용이 중요한 문서는 결재권자에게 사후에 보고(후열)하여야 한다.
③ 결재에는 완결, 전결, 대결이 있으며 용어에 대한 정의와 결재방법은 다음과 같다.
  1. 완결은 기안자로부터 최종 결재권자에 이르기까지 관계자가 결재하는 것을 말한다.
  2. 전결은 사장이 업무내용에 따라 각 부서장에게 결재권을 위임하여 결재하는 것을 말하며, 전결하는 경우에는 전결하는 자의 서명 란에 '전결'표시를 하고 맨 오른쪽 서명 란에 서명하여야 한다.
  3. 대결은 결재권자가 부재중일 때 그 직무를 대행하는 자가 하는 결재를 말하며, 대결하는 경우에는 대결하는 자의 서명 란에 '대결'표시를 하고 맨 오른쪽 서명 란에 서명하여야 한다.

제○○조(문서의 등록)
① 문서는 당해 마지막 문서에 대한 결재가 끝난 즉시 결재일자순에 따라서 번호를 부여하고 처리과별로 문서등록대장에 등록하여야 한다. 동일한 날짜에 결재된 문서는 조직 내부 원칙에 의해 우선순위 번호를 부여한다. 다만, 비치문서는 특별한 규정이 있을 경우를 제외하고는 그 종류별로 사장이 정하는 바에 따라 따로 등록할 수 있다.
② 문서등록번호는 일자별 일련번호로 하고, 내부결재문서인 때에는 문서등록대장의 수신처란에 '내부결재'표시를 하여야 한다.
③ 처리과는 당해 부서에서 기안한 모든 문서, 기안형식 외의 방법으로 작성하여 결재권자의 결재를 받은 문서, 기타 처리과의 장이 중요하다고 인정하는 문서를 제1항의 규정에 의한 문서등록대장에 등록하여야 한다.
④ 기안용지에 의하여 작성하지 아니한 보고서 등의 문서는 그 문서의 표지 왼쪽 위의 여백에 부서기호, 보존기간, 결재일자 등의 문서등록 표시를 한 후 모든 내용을 문서등록대장에 등록하여야 한다.

27. 다음 중 '갑'사의 결재 및 문서의 등록 규정을 올바르게 이해하지 못한 것은?
① '대결'은 결재권자가 부재중일 경우 직무대행자가 행하는 결재 방식이다.
② 최종 결재권자는 여건에 따라 상황에 맞는 전결권자를 지정할 수 있다.
③ '전결'과 '대결'은 문서 양식상의 결재방식이 동일하다.
④ 문서등록대장은 매년 1회 과별로 새롭게 정리된다.
⑤ 기안문과 보고서 등 모든 문서는 결재일자가 기재되며 그 일자에 따라 문서등록대장에 등록된다.

28. '갑'사에 근무하는 직원의 다음과 같은 결재 문서 관리 및 조치 내용 중 규정에 따라 적절하게 처리한 것은?
① A 대리는 같은 날짜에 결재된 문서 2건을 같은 문서번호로 분류하여 등록하였다.
② B 대리는 중요한 내부 문서에는 '내부결재'를 표시하였고, 그 밖의 문서에는 '일반문서'를 표시하였다.
③ C 과장은 부하 직원에게 문서등록대장에 등록된 문서 중 결재 문서가 아닌 것도 포함될 수 있다고 알려주었다.
④ D 사원은 문서의 보존기간은 보고서에 필요한 사항이며 기안 문서에는 기재할 필요가 없다고 판단하였다.
⑤ 본부장이 최종 결재권자로 위임된 문서를 본부장 부재 시에 팀장이 최종 결재하게 되면, 팀장은 '전결' 처리를 한 것이다.

29. 다음 시트의 [D10]셀에서 =DCOUNT(A2:F7,4,A9:B10)을 입력했을 때 결과 값으로 옳은 것은?

① 0   ② 1
③ 2   ④ 3
⑤ 4

30. 원모와 친구들은 여름휴가를 와서 바다에 입수하기 전 팬션 1층에 모여 날씨가 궁금해 인터넷을 통해 날씨를 보고 있다. 이때 아래에 주어진 조건을 참조하여 원모와 친구들 중 주어진 날씨 데이터를 잘못 이해한 사람을 고르면?

(조건 1) 현재시간은 월요일 오후 15시이다.
(조건 2) 5명의 휴가기간은 월요일 오후 15시(팬션 첫날)부터 금요일 오전 11시(팬션 마지막 날)까지이다.

① 원모 : 우리 팬션 퇴실하는 날에는 우산을 준비 해야야겠어.
② 형일 : 내일 오전에는 비가 와서 우산 없이는 바다를 보며 산책하기는 어려울 것 같아.
③ 우진 : 우리들이 휴가 온 이번 주 날씨 중에서 수요일 오후 온도가 가장 높아.
④ 연철 : 자정이 되면 지금보다 온도가 더 높아져서 열대야 현상으로 인해 오늘밤 잠을 자기가 힘들 거야.
⑤ 규호 : 오늘 미세먼지는 보통수준이야.

31. 다음의 알고리즘에서 인쇄되는 S는?

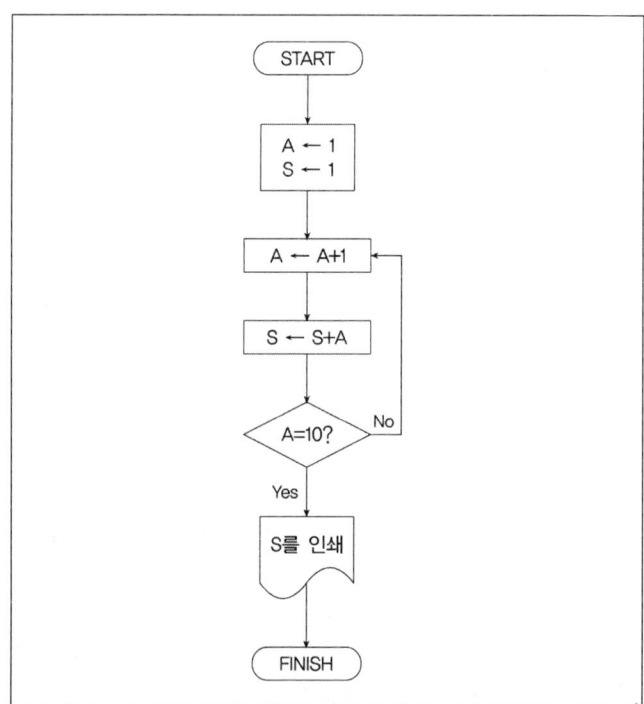

① 36   ② 45
③ 55   ④ 66
⑤ 75

32. 다음은 총무팀 오 과장이 팀장으로부터 지시받은 이번 주 업무 내역이다. 팀장은 오 과장에게 가급적 급한 일보다 중요한 일을 먼저 처리해 줄 것을 당부하며 아래의 일들에 대한 시간 분배를 잘 해 줄 것을 지시하였는데, 팀장의 지시사항을 참고로 오 과장이 처리해야 할 업무를 순서대로 바르게 나열한 것은?

I 긴급하면서 중요한 일	II 긴급하지 않지만 중요한 일
- 부서 손익실적 정리(A) - 개인정보 유출 방지책 마련(B) - 다음 주 부서 야유회 계획 수립(C)	- 월별 총무용품 사용현황 정리(D) - 부산 출장계획서 작성(E) - 내방 고객 명단 작성(F)
III 긴급하지만 중요하지 않은 일	IV 긴급하지 않고 중요하지 않은 일
- 민원 자료 취합 정리(G) - 영업부 파티션 교체 작업 지원(H) - 출입증 교체 인원 파악(I)	- 신입사원 신규 출입증 배부(J) - 프린터기 수리 업체 수배(K) - 정수기 업체 배상 청구 자료 정리(L)

① (D) – (A) – (G) – (K)
② (B) – (E) – (J) – (H)
③ (A) – (G) – (E) – (K)
④ (B) – (F) – (G) – (L)
⑤ (I) – (E) – (C) – (J)

33. 다음과 같은 상황에서 길동이가 '맛나 음식점'에서 계속 일하기 위한 최소한의 연봉은 얼마인가?

　현재 '맛나 음식점'에서 일하고 있는 길동이는 내년도 연봉 수준에 대해 '맛나 음식점' 사장과 협상을 하고 있다. 길동이는 협상이 결렬될 경우를 대비하여 퓨전 음식점 T의 개업을 고려하고 있다. 시장 조사 결과는 다음과 같다.
- 보증금 3억 원(은행에서 연리 7.5%로 대출 가능)
- 임대료 연 3,000만 원
- 연간 영업비용
　- 직원 인건비 8,000만 원
　- 음식 재료비 7,000만 원
　- 기타 경비 6,000만 원
- 연간 기대 매출액 3.5억 원

① 8,600만 원　　② 8,650만 원
③ 8,700만 원　　④ 8,750만 원
⑤ 8,800만 원

34. 다음 표는 E통신사에서 시행하는 이동 통화 요금제 방식이다. 다음과 같은 방식으로 통화를 할 경우, 한 달 평균 이동전화 사용 시간이 몇 분 초과일 때부터 B요금제가 유리한가?

요금제	기본 요금(원)	1분당 전화 요금(원)
A	15,000	180
B	18,000	120

① 35분　　② 40분
③ 45분　　④ 50분
⑤ 55분

35. 다음은 장식품 제작 공정을 나타낸 것이다. 이에 대한 설명으로 옳은 것만을 〈보기〉에서 있는 대로 고른 것은? (단, 주어진 조건 이외의 것은 고려하지 않는다)

〈조건〉
- A~E의 모든 공정 활동을 거쳐 제품이 생산되며, 제품 생산은 A 공정부터 시작된다.
- 각 공정은 공정 활동별 한 명의 작업자가 수행하며, 공정 간 부품의 이동 시간은 고려하지 않는다.

〈작업순서〉

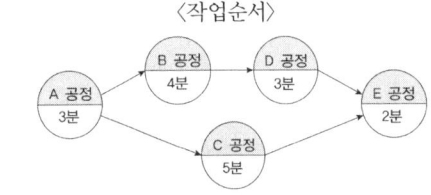

※ →는 작업의 선후 관계를 나타냄.

〈보기〉
㉠ 첫 번째 완제품은 생산 시작 12분 후에 완성된다.
㉡ 제품은 최초 생산 후 매 3분마다 한 개씩 생산될 수 있다.
㉢ C 공정의 소요 시간이 2분 지연되어도 첫 번째 완제품을 생산하는 총소요시간은 변화가 없다.

① ㉠　　② ㉡
③ ㉠, ㉢　　④ ㉡, ㉢
⑤ ㉠, ㉡, ㉢

36. 다음은 ㈜달라의 휴대폰 매뉴얼 중 주의사항 일부를 나타낸 것이다. 아래의 내용을 참조하여 서술한 내용으로 가장 적절하지 않은 것을 고르면?

㈜달라의 휴대폰 사용 시 주의사항

본 기기 사용 전 아래의 지시사항을 지키지 않을 경우 사용자는 심각한 상해를 입거나 사망할 수 있으므로 주의를 요합니다.

☐ 화재주의
- 충전단자나 외부접속단자 (microUSB 접속단자)에 전도성 이물질 (금속 조각, 연필심 등)을 접촉시키거나 내부로 넣지 마세요.
- 사용 중이나 충전 중에 이불 등으로 덮거나 또는 감싸지 마세요.
- 배터리가 새거나 냄새가 날 때는 즉시 사용을 중지하고 화기에서 멀리 두세요. 새어 나온 액체에 불이 붙거나 발화, 파열의 원인이 될 수 있습니다.
- 일반 쓰레기와 같이 버리지 마세요. 발화 및 환경파괴의 원인이 됩니다.

☐ 피부손상 주의
- 휴대전화의 인터넷, 동영상, 게임 등을 장시간 사용 시에 제품 표면의 온도가 올라갈 수 있으므로 사용을 잠시 중단하세요.
- 신체의 일부가 오랜 시간 휴대전화에 닿지 않도록 하세요. 휴대전화 장시간 사용 중 오랫동안 피부에 접촉 시 피부가 약한 분들은 저온화상의 우려가 있기 때문에 사용에 있어서 주의를 요합니다.

☐ 충전 시 주의
- USB 아이콘이 위로 향한 채 꽂으세요. 반대로 하게 되면 제품에 치명적인 손상을 줄 수 있습니다.
- 충전 중에 사용 시 감전의 우려가 있을 수 있으니 반드시 충전기와 분리 후에 사용하세요.
- 충전기 또는 배터리 단자 등에 이상이 있을 시에 무리한 충전을 하지 말고 ㈜달라 고객 상담실 (Tel : 1544-1234)로 문의하신 후에 가까운 ㈜달라 서비스센터로 가셔서 제품을 확인 받으시기 바랍니다. (화재의 위험이 있습니다.)

---

① 해당 제품은 환경파괴의 원인으로 작용하므로 일반 쓰레기하고 같이 버리면 안 된다.
② 해당 제품의 오랜 사용으로 인해 피부에 장시간 맞닿아 있게 되면 피부가 약한 사람의 경우 저온화상을 입을 수 있다.
③ 핸드폰 충전 시 치명적인 손상을 방지하기 위해 USB 아이콘이 위로 향하는 방향으로 꽂아야 한다.
④ 해당 제품인 핸드폰을 게임이나 동영상 등에 오래 사용할 경우 제품에 온도가 높아질 수 있으므로 이러한 경우에는 핸드폰의 사용을 중단해야 한다.
⑤ 핸드폰 사용 시에 배터리 부분에서 냄새가 나게 되는 경우에 핸드폰 전원을 꺼야 한다.

37. 다음은 A, B 사원의 직업 기초 능력을 평가한 결과이다. 이에 대한 설명으로 가장 적절한 것은?

① A는 B보다 스스로를 관리하고 개발하는 능력이 우수하다.
② A는 B보다 조직의 체제와 경영을 이해하는 능력이 우수하다.
③ A는 B보다 업무 수행 시 만나는 사람들과 원만하게 지내는 능력이 우수하다.
④ B는 A보다 정보를 검색하고 정보 기기를 활용하는 능력이 우수하다.
⑤ B는 A보다 업무 수행에 필요한 시간, 자본 등의 자원을 예측 계획하여 할당하는 능력이 우수하다.

38. 다음 중 팀워크에 관한 설명에 부합하는 사례로 옳은 것은?

> 팀워크란 팀 구성원이 공동의 목적을 달성하기 위해 상호 관계성을 가지고 서로 협력하여 일을 해나가는 것을 말한다. 좋은 팀워크를 유지한다고 해서 의견충돌이나 갈등이 없는 것이 아니지만 구성원은 상호 신뢰하고 존중하고 각자 역할과 책임을 다하므로 의견충돌이나 갈등상황이 지속되지 않고 효율적으로 업무를 추진한다. 이러한 조직에서는 이기주의 또는 자의식 과잉 등 개인을 우선하는 분위기, 팀 내 분열을 조장하는 파벌주의, 비효율적 업무처리 등 팀워크를 저해하는 요소를 찾을 수 없다.

〈사례〉
㉠ 평소 구성원 간 협동 또는 교류보다는 경쟁을 모토로 삼는 A팀은 올 상반기 매출실적이 사내 1위였다.
㉡ B팀은 지난주 회의 때 ○○제품의 출시일자를 두고 의견이 갈려 결론을 내지 못했지만, 이번 회의에서는 토론 및 설득을 통해 출시일자를 늦추자는 방안을 만장일치로 채택하였다.
㉢ C팀은 팀원 간 사적으로 친밀하고 단합을 중시하여 화기애애한 분위기이지만 사적인 관계로 인해 업무처리 속도가 다른 팀에 비하여 떨어지고 실수가 잦다.

① ㉠   ② ㉡
③ ㉢   ④ ㉠, ㉢
⑤ ㉡, ㉢

39. 스마트 트레인과 관련하여 CBM 시스템을 설명하는 甲과 乙의 말에서 알 수 있는 직업윤리의 덕목은 무엇인가?

> 甲: "CBM(Condition Based Maintenance) 시스템은 4차산업 혁명의 핵심인 ABC 산업으로 불리는 AI, Big Data, Cloud 이 세 가지가 모두 집약되어 최적의 차량 유지보수를 가능하게 합니다. CBM 시스템과 연결된 운전실 디스플레이나 운영자 및 정비자에게 태블릿 PC로 열차상태를 실시간으로 확인할 수 있습니다. 이런 경우, 정해진 방법에 따라 운전자는 조속한 고장 조치를 취할 수 있으며, 이러한 정보는 서버를 통해 자동으로 운영자 및 유지보수자에게 전달되어 열차의 운행일정과 유지보수 일정의 효율적인 계획을 수립할 수 있습니다. 저는 이러한 CBM 시스템을 개발하는 것이 누구나 할 수 있는 것은 아니며 교육을 통한 지식과 경험을 갖추어야만 가능한 것임을 알고 있기에 제가 알고 있는 지식을 총 동원하여 최고의 시스템을 개발하기 위해 앞으로 더욱 노력할 것입니다."
>
> 乙: "CBM 시스템은 차량과 지상 양쪽에서 모두 열차 상태에 대해 실시간 모니터링이 가능합니다. 현재 운행되는 열차는 유지보수 매뉴얼 등 별도의 문서 없이는 정비 인력이 설계도나 유지보수 방법을 모두 파악하기 어렵습니다. 여기서 CBM 시스템을 이용하면 이러한 문제도 쉽게 해결할 수 있습니다. CBM 시스템에 연결된 모바일 장비 또는 사무실의 PC에서 웹 기반의 빅데이터 분석 플랫폼에 접속하여 각 고장에 대한 유지보수 메뉴를 클릭하면 고장과 관련된 데이터와 작업 지시서를 확인할 수 있습니다. 작업지시서에는 작업 매뉴얼과 관련 부품 재고, 위치 등 유지보수 작업에 필요한 모든 정보가 표시되어 엔지니어가 차량의 고장에 효율적으로 대처할 수 있습니다. 차량의 부품에도 각각 센서를 부착해 마모 상태 등을 측정한 후 정말 문제가 있을 때에 한해서 교체하게 되면 불필요한 비용을 절감할 수 있게 됩니다. 저는 평소에도 스마트 트레인 분야에 관심이 많았는데 이러한 시스템을 개발하는 것은 저에게 딱 맞는 일이라고 생각합니다. 앞으로도 긍정적인 생각을 갖고 업무 수행을 원활히 하도록 노력할 것입니다."

	甲	乙
①	전문가의식	천직의식
②	전문가의식	직분의식
③	천직의식	전문가의식
④	천직의식	소명의식
⑤	소명의식	직분의식

40. 당신은 서울교통공사 입사 지원자이다. 서류전형 통과 후, NCS 기반의 면접을 보기 위해 면접장에 들어가 있는데, 면접관이 당신에게 다음과 같은 질문을 하였다. 다음 중 면접관의 질문에 대한 당신의 대답으로 가장 적절한 것은?

> 면접관 : 최근 많은 회사들이 윤리경영을 핵심 가치로 내세우며, 개혁을 단행하고 있습니다. 그건 저희 회사도 마찬가지입니다. 윤리경영을 단행하고 있는 저희 회사에 도움이 될 만한 개인 사례를 말씀해 주시기 바랍니다.
> 당신 : (   )

① 저는 시간관념이 철저하므로 회의에 늦은 적이 한 번도 없습니다.
② 저는 총학생회장을 역임하면서, 맡은 바 책임이라는 것이 무엇인지 잘 알고 있습니다.
③ 저는 상담사를 준비한 적이 있어서, 타인의 말을 귀 기울여 듣는 것이 얼마나 중요한지 알고 있습니다.
④ 저는 동아리 생활을 할 때, 항상 동아리를 사랑하는 마음으로 남들보다 먼저 동아리실을 청소하고, 시설을 유지하기 위해 노력했습니다.
⑤ 저는 모든 일이 투명하게 이뤄져야 한다고 생각합니다. 그래서 어린 시절 반에서 괴롭힘을 당하는 친구가 있으면 일단 선생님께 말씀드리곤 했습니다.

✎ 직무수행능력평가_전기일반(40문항/50분)

1. 3상 회로의 영상분, 정상분, 역상분을 각각 I_0, I_1, I_2이라 하고 선전류를 I_a, I_b, I_c라 할 때 I_b는?

$$\left(\text{단, } a = -\frac{1}{2} + j\frac{\sqrt{3}}{2} \text{이다.}\right)$$

① $I_0 + I_1 + I_2$
② $\frac{1}{3}(I_0 + I_1 + I_2)$
③ $I_0 + a^2 I_1 + a I_2$
④ $\frac{1}{3}(I_0 + a I_1 + a^2 I_2)$
⑤ $I_0 + a I_1 + a^2 I_2$

2. 다음 중 정전기의 전기력선에 대한 설명으로 옳지 않은 것은?
① 전기력선은 양전하에서 나와 음전하에서 끝난다.
② 전기력선의 방향과 등전위면의 방향은 평행이다.
③ 전기력선에 수직한 단면적 1[m²]당 전기력선의 수는 그 곳 전장의 세기와 같다.
④ 전체 전하량의 Q[C]에서 나온 전기력선의 수는 $\frac{Q}{\epsilon}$이다.
⑤ 도체 내부에는 존재하지 않는다.

3. $C_1 = 2[\mu F]$과 $C_2 = 3[\mu F]$인 두 개의 콘덴서가 병렬로 연결되었을 경우 $C_1 : C_2$의 전류 분배비율로 옳은 것은?
① 동일비율
② 3 : 2
③ 2 : 3
④ 5 : 1
⑤ 전류가 흐르지 않는다.

4. 보극이 없는 직류기에서 브러시를 부하에 따라 이동시키는 이유로 적합한 것은?

① 공극 자속의 일그러짐을 없애기 위하여
② 유기 기전력을 없애기 위하여
③ 전기자 반작용의 감자 분력을 없애기 위하여
④ 정류 작용을 잘 되게 하기 위하여
⑤ 단자 전압을 높이기 위하여

5. 공기 중에서 길이 1[m]의 두 도선이 1[m]의 거리에서 평행으로 놓였을 때 작용하는 힘이 18×10^{-7}[N]이었다. 두 도선에 같은 크기의 전류가 흐르고 있다면 전류는 몇 [A]인가?

① 1[A] ② 2[A]
③ 3[A] ④ 4[A]
⑤ 5[A]

6. 환상 철심에 권수 100회인 A코일과 권수 400회인 B코일이 있을 때, A의 자기 인덕턴스가 4[H]라면 두 코일의 상호 인덕턴스는 몇 [H]인가?

① 16 ② 12
③ 8 ④ 6
⑤ 4

7. 1차 코일의 권수가 400회, 2차 코일의 권수가 50회인 변압기의 1차 코일에 100[V], 60[Hz]의 전압을 가했을 때 2차 코일에 유기되는 전압은?

① 12.5[V] ② 25[V]
③ 37.5[V] ④ 40[V]
⑤ 50[V]

8. 최대눈금 300[V], 내부저항 30[kΩ], 최대눈금 150[V], 내부저항 18[kΩ]인 두 전압계를 직렬로 접속하면 최대 몇 [V]까지 측정할 수 있는가?

① 450[V]
② 400[V]
③ 300[V]
④ 250[V]
⑤ 200[V]

9. 다음과 같은 병렬회로가 공진되었다면 a, b간의 임피던스 Z는 몇 [Ω]인가?

① $Z = R$[Ω]
② $Z = CR$[Ω]
③ $Z = \dfrac{wCR}{L}$[Ω]
④ $Z = \dfrac{CR}{L}$[Ω]
⑤ $Z = \dfrac{L}{CR}$[Ω]

10. $Z = 4 + j3$의 회로에 120[V]의 교류전압을 인가할 경우 무효전력 및 피상전력은 얼마인가?

① 576[Var], 960[VA]
② 1,152[Var], 1,920[VA]
③ 1,296[Var], 2,160[VA]
④ 1,728[Var], 2,880[VA]
⑤ 2,108[Var], 1,440[VA]

11. 다음과 같이 회로의 단자 a, b, c에 대칭 3상전압을 가하여 각 선전류를 같게 하려면 R은 몇 [Ω]이어야 하는가?

① 2　　　② 8
③ 16　　④ 26
⑤ 32

12. 다음과 같은 회로가 정저항 회로가 되기 위해서는 C를 몇 [μF]로 하면 좋은가? (단, R = 100[Ω], L = 10[mH])

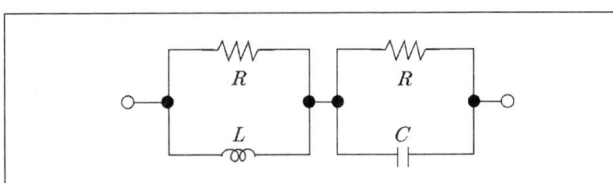

① 0.1　　② 1
③ 10　　 ④ 100
⑤ 1,000

13. 다음과 같은 회로가 정저항 회로가 되려면 L의 값 [H]은?

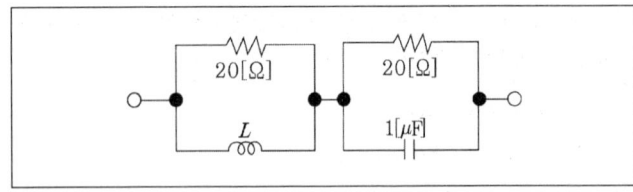

① 3×10^{-2}　　② 3×10^{-3}
③ 3×10^{-4}　　④ 4×10^{-3}
⑤ 4×10^{-4}

14. 다음 비정현파 교류 전압과 전류 간의 역률은?

$$v = 30\sin\omega t + 40\sin 3\omega t \text{ [V]}$$
$$i = 40\sin\omega t + 30\sin 3\omega t \text{ [A]}$$

① 0.96　　② 0.72
③ 0.48　　④ 0.24
⑤ 0.14

15. $10t^3$의 라플라스 변환은?

① $\dfrac{10}{s^4}$　　② $\dfrac{20}{s^4}$

③ $\dfrac{40}{s^4}$　　④ $\dfrac{60}{s^4}$

⑤ $\dfrac{80}{s^4}$

16. 교류회로에서 역률은 무엇을 의미하는가?
① 전압과 전류의 위상차의 정현
② 전압과 전류의 위상차의 여현
③ 임피던스와 리액턴스의 위상차의 여현
④ 임피던스와 저항의 위상차의 정현
⑤ 임피던스와 저항의 위상차의 여현

17. 어떤 회로에 $e = 50\sin\omega t$[V]를 인가 시 $i = 4\sin(\omega t - 30°)$[A]가 흘렀다면 유효전력은 몇 [W]인가?

① 173.2　　② 105.3
③ 86.6　　 ④ 62.2
⑤ 55.3

18. 두 벡터 $A = 2i+2j+4k$, $B = 4i-2j+6k$일 때 $A \times B$는? (단, i, j, k는 x, y, z 방향의 단위 벡터이다.)

① 28
② $6i+j+10k$
③ $8i-4j+24k$
④ $8i+12j+24k$
⑤ $20i+4j-12k$

19. 기전력 3[V], 내부저항 0.5[Ω]의 전지 9개가 있다. 이것을 3개씩 직렬로 하여 3조 병렬 접속한 것에 부하저항 1.5[Ω]을 접속하면 부하전류[A]는?

① 2.5
② 3.5
③ 4.5
④ 5.5
⑤ 6.5

20. 구형파의 파형률과 파고율로 옳은 것은?

	파형률	파고율
①	1	0
②	1	1
③	1.11	1.414
④	1.155	1.732
⑤	1.118	1.34

21. 저항 R과 인덕턴스 L 및 커패시턴스 C를 직렬로 접속한 회로에서 최대 전류를 흐르게 하는 조건은?

① $\omega L + \dfrac{1}{\omega C} = 1$
② $\omega L - \dfrac{1}{\omega C} = 0$
③ $\omega L + \dfrac{1}{\omega C} = 0$
④ $\dfrac{1}{\omega C} = 1$
⑤ $\dfrac{1}{wL} = 1$

22. 전기력선의 성질에 대한 설명으로 옳지 않은 것은?

① 전계가 0이 아닌 곳에서는 2개의 전기력선은 교차하는 일이 없다.
② 전기력선은 도체 내부에 존재한다.
③ 전하가 없는 곳에서는 전기력선의 발생, 소멸이 없다.
④ 전기력선은 그 자신만으로 폐곡선을 만들지 않는다.
⑤ 전기력선의 접선 방향은 전계의 방향을 나타낸다.

23. 유전체의 분극률이 x일 때 분극 벡터 $P = xE$의 관계가 있다고 한다. 비유전율 4인 유전체의 분극률은 진공의 유전율 ϵ_0의 몇 배인가?

① 1
② 3
③ 9
④ 12
⑤ 16

24. 다음 그림과 같이 정전용량이 C_0[F]가 되는 평행판 공기 콘덴서에 판면적의 $\dfrac{1}{2}$ 되는 공간에 비유전율이 ϵ_s인 유전체를 채웠을 때, 정전용량은 몇 [F]인가?

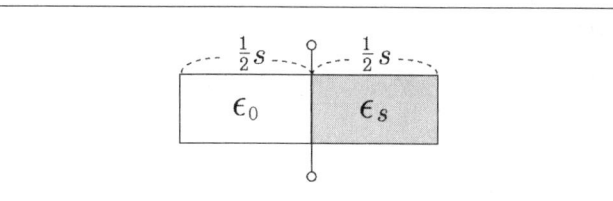

① $\dfrac{1}{3}(1+\epsilon_s)C_0$
② $\dfrac{1}{2}(1+\epsilon_s)C_0$
③ $\dfrac{2}{3}(1+\epsilon_s)C_0$
④ $(1+\epsilon_s)C_0$
⑤ C_0

25. 20[A]가 흐르는 코일에 축적되는 에너지가 4[J]일 때 이 코일의 인덕턴스[mH]는?

① 200
② 20
③ 2
④ 40
⑤ 400

26. 선전하 밀도가 λ[C/m]로 균일한 무한 직선 도선의 전하로부터 거리가 r[m]인 점의 전계 E는 몇 [V/m]인가?

① $E = \dfrac{1}{4\pi\epsilon_0} \cdot \dfrac{\lambda}{r^2}$
② $E = \dfrac{1}{2\pi\epsilon_0} \cdot \dfrac{\lambda}{r^2}$
③ $E = \dfrac{1}{2\pi\epsilon_0} \cdot \dfrac{\lambda}{r}$
④ $E = \dfrac{1}{4\pi\epsilon_0} \cdot \dfrac{\lambda}{r}$
⑤ $E = \dfrac{1}{8\pi\epsilon_0} \cdot \dfrac{\lambda}{r}$

27. 정전류가 흐르고 있는 무한 직선 도체로부터 수직으로 0.1[m] 떨어진 점의 자계의 크기가 100[A/m]이면 0.4[m]만큼 떨어진 점의 자계의 크기는?

① 10
② 25
③ 30
④ 50
⑤ 60

28. $e = A\sin\omega t + B\cos\omega t$ [V]인 교류전압의 주파수 [Hz]는?

① π
② $\dfrac{\omega}{2\pi}$
③ $2\pi r$
④ $\dfrac{2\pi}{\omega}$
⑤ πr

29. $Z = 3 + j4$ [Ω]에 80[V]의 전압을 가할 경우 흐르는 전류는?

① $3.2 - j4.2$ [A]
② $4.8 - j6.4$ [A]
③ $6.4 - j8.5$ [A]
④ $9.6 - j6.4$ [A]
⑤ $9.6 - j12.8$ [A]

30. 사이리스터의 래칭(latching) 전류에 대한 설명으로 옳은 것은?

① 게이트를 개방한 상태에서 사이리스터 도통 상태를 유지하기 위한 최소 전류
② 게이트 전압을 인가한 후 급히 제거한 상태에서 도통 상태가 유지되는 최소의 순전류
③ 사이리스터의 게이트를 개방한 상태에서 전압이 상승하면 급히 증가하게 되는 순전류
④ 사이리스터가 턴온하기 시작하는 전류
⑤ 사이리스터를 온(On) 상태에서 오프(Off) 상태로 스위치하기 위해 필요한 최소 전류

31. 동기 전동기에 설치된 제동 권선의 효과로 옳지 않은 것은?

① 송전선 불평형 단락시 이상 전압 방지
② 과부하 내량의 증대
③ 기동 토크의 발생
④ 난조 방지
⑤ 회전속도의 주기적인 변화를 방지

32. 공기 콘덴서에 전압을 인가하여 충전한 다음 전극간에 유전체를 넣어 정전용량을 5배로 하였다면 축적된 정전에너지는 몇 배로 되는가?

① $\frac{1}{5}$ 배
② $\frac{1}{25}$ 배
③ $\sqrt{5}$ 배
④ 5배
⑤ 25배

33. 직류 분권 전동기의 정격 전압이 300[V], 전부하 전기자 전류가 50[A], 전기자 저항이 0.2[Ω]일 때, 이 전동기의 기동전류를 전부하 전류의 120[%]로 제한시키기 위한 기동 저항값은 몇 [Ω]인가?

① 3.5
② 4.8
③ 5.5
④ 6.8
⑤ 7.2

34. 다음 중 변압기에서 철손을 알 수 있는 시험은?

① 유도 시험
② 단락 시험
③ 부하 시험
④ 무부하 시험
⑤ 절연내력시험

35. 변류기 개방 시 2차측을 단락하는 이유로 가장 옳은 것은?

① 1차측 과전류 방지
② 1차측 절연 보호
③ 측정 오차 방지
④ 2차측 과전류 보호
⑤ 2차측 절연 보호

36. 초고압 장거리 송전선로에 접속되는 1차 변전소에 병렬 리액터를 설치하는 목적으로 옳은 것은?

① 페란티 효과 방지
② 코로나 손실 경감
③ 전압강하 경감
④ 선로 손실 경감
⑤ 설비용량 여유도 증가

37. 리클로저에 대한 설명으로 옳은 것은?

① 배전선로용은 고장구간을 고속 차단하여 제거한 후 다시 수동조작에 의해 배전이 되도록 설계된 것이다.
② 재폐로계전기와 함께 설치하여 계전기가 고장을 검출하고 이를 차단기에 통보, 차단하도록 된 것이다.
③ 3상 재폐로차단기는 1상의 차단이 가능하고 무전압시간을 약 20~30초로 정하여 재폐로하도록 되어 있다.
④ 배전선로의 고장구간을 고속 차단하고 재송전하는 조작을 자동적으로 시행하는 재폐로차단장치를 장비한 자동차단기이다.
⑤ 자동으로 차단기 동작 후 재송전이 되면 완전 정전상태로 만든다.

38. 횡축에 대칭인 삼각파 교류전압의 평균값[V]은?

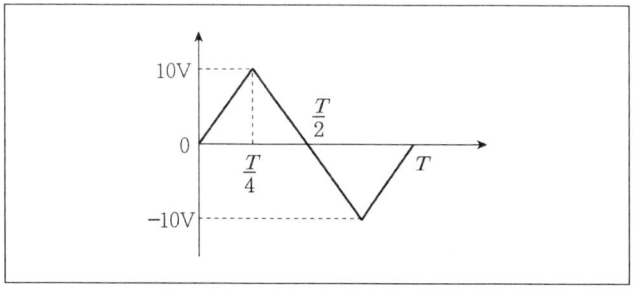

① 3
② 5
③ 7
④ 10
⑤ 12

39. 송배전선로에 사용하는 직렬콘덴서에 대한 설명으로 옳은 것은?

① 최대 송전전력이 감소하고 정태안정도가 감소된다.
② 부하의 변동에 따른 수전단의 전압변동률은 증대한다.
③ 장거리선로의 유도리액턴스를 보상하고 전압강하를 감소시킨다.
④ 송·수 양단의 전달임피던스가 증가하고 안정 극한전력이 감소한다.
⑤ 발진회로, 유도로 등의 고조파를 흡수한다.

40. 지중 전선로와 가공 전선로를 비교했을 때 지중 전선로의 장점에 해당하는 것이 아닌 것은?

① 경과지 확보가 가공 전선로에 비해 쉽다.
② 다회선 설치가 가공 전선로에 비해 쉽다.
③ 외부 기상 여건 등의 영향을 받지 않는다.
④ 송전 용량이 가공 전선로에 비해 크다.
⑤ 화재로부터 송전선로를 보호할 수 있다.

서울교통공사 필기시험

서울교통공사

제3회 모의고사

성명		생년월일	
문제 수(배점)	80문항	풀이시간	/ 100분
영역	직업기초능력평가, 직무수행능력평가(전기일반)		
비고	객관식 5지선다형		

※ 유의사항
- 문제지 및 답안지의 해당란에 문제유형, 성명, 응시번호를 정확히 기재하세요.
- 모든 기재 및 표기사항은 "컴퓨터용 흑색 수성 사인펜"만 사용합니다.
- 예비 마킹은 중복 답안으로 판독될 수 있습니다.

제3회 서울교통공사 필기시험 모의고사

✏️ 직업기초능력평가(40문항/50분)

1. 밑줄 친 부분의 표기가 가장 적절한 것은?
① 엄마는 첫째를 <u>각별이</u> 아꼈다.
② 강사원은 정대리와 유부장의 지시가 달라 입장이 <u>곤난해졌다</u>.
③ 새신발이 잘 맞지 않는지 <u>발뒷꿈치가</u> 온통 까져서 걷기가 힘들다.
④ 열이 끓는 아이의 엉덩이에 주사를 <u>맞혔다</u>.
⑤ 머리를 한올한올 <u>반드시</u> 넘기고 무대로 올랐다.

2. 다음 중 밑줄 친 단어와 같은 의미로 사용된 문장은?

> 종묘(宗廟)는 조선시대 역대 왕과 왕비, 그리고 추존(追尊)된 왕과 왕비의 신주(神主)를 봉안하고 제사를 <u>지내는</u> 왕실의 사당이다. 신주는 사람이 죽은 후 하늘로 돌아간 신혼(神魂)이 의지하는 것으로, 왕과 왕비의 사후에도 그 신혼이 의지할 수 있도록 신주를 제작하여 종묘에 봉안했다. 조선 왕실의 신주는 우주(虞主)와 연주(練主) 두 종류가 있는데, 이 두 신주는 모양은 같지만 쓰는 방식이 달랐다. 먼저 우주는 묘호(廟號), 상시(上諡), 대왕(大王)의 순서로 붙여서 썼다. 여기에서 묘호와 상시는 임금이 승하한 후에 신위(神位)를 종묘에 봉안할 때 올리는 것으로서, 묘호는 '태종', '세종', '문종' 등과 같은 추존 칭호이고 상시는 8글자의 시호로 조선의 신하들이 정해 올렸다.
> 한편 연주는 유명증시(有明贈諡), 사시(賜諡), 묘호, 상시, 대왕의 순서로 붙여서 썼다. 사시란 중국이 조선의 승하한 국왕에게 내려준 시호였고, 유명증시는 '명나라 왕실이 시호를 내린다'는 의미로 사시 앞에 붙여 썼던 것이었다. 하지만 중국 왕조가 명나라에서 청나라로 바뀐 이후에는 연주의 표기 방식이 바뀌었는데, 종래의 표기 순서 중에서 유명증시와 사시를 빼고 표기하게 되었다. 유명증시를 뺀 것은 더 이상 시호를 내려줄 명나라가 존재하지 않았기 때문이었고, 사시를 뺀 것은 청나라가 시호를 보냈음에도 불구하고 조선이 청나라를 오랑캐의 나라로 치부하여 그것을 신주에 반영하지 않았기 때문이었다.

① 그는 산속에서 <u>지내면서</u> 혼자 공부를 하고 있다.
② 둘은 전에 없이 친하게 <u>지내고</u> 있었다.
③ 그는 이전에 시장을 <u>지내고</u> 지금은 시골에서 글을 쓰며 살고 있다.
④ 비가 하도 오지 않아 기우제를 <u>지내기로</u> 했다.
⑤ 아이들은 휴양지에서 여름 방학을 <u>지내기를</u> 소원하였다.

3. 다음 서식을 보고 빈칸에 들어갈 알맞은 단어를 고른 것은?

납품(장착) 확인서

1. 제　　　품　명 : 슈퍼터빈(연료과급기)
2. 회　　　사　명 : 서원각
3. 사업자등록번호 : 123-45-67890
4. 주　　　　　소 : 경기도 고양시 일산서구 가좌동 846
5. 대　　　표　자 : 정 확 한
6. 공 급 받 는 자 : ㈜소정 코리아
7. 납품(계약)단가 : 일금 이십육만원정(₩ 260,000)
8. 납품(계약)금액 : 일금 이백육십만원정(₩ 2,600,000)
9. 장착차량 현황

차종	연식	차량번호	사용연료	규격(size)	수량	비고
스타렉스			경유	72mm	4	
카니발			경유		2	
투싼			경유	56mm	2	
야무진			경유		1	
이스타나			경유		1	
합계					10	₩2,600,000

　귀사 제품 슈퍼터빈을 테스트한 결과 연료절감 및 매연저감에 효과가 있으므로 당사 차량에 대해 (　　) 장착하였음을 확인합니다.

　　　　납　품　처 : ㈜소정 코리아
　　　사업자등록번호 : 987-65-43210
　　　　상　　　호 : ㈜소정 코리아
　　　　주　　　소 : 서울시 강서구 가양동 357-9
　　　　대　표　자 : 장 착 해

---

① 일절
② 일체
③ 전혀
④ 반품
⑤ 환불

4. 다음 글을 읽고 이 글을 뒷받침할 수 있는 주장으로 가장 적합한 것은?

　X선 사진을 통해 폐질환 진단법을 배우고 있는 의과대학 학생을 생각해 보자. 그는 암실에서 환자의 가슴을 찍은 X선 사진을 보면서, 이 사진의 특징을 설명하는 방사선 전문의의 강의를 듣고 있다. 그 학생은 가슴을 찍은 X선 사진에서 늑골뿐만 아니라 그 밑에 있는 폐, 늑골의 음영, 그리고 그것들 사이에 있는 아주 작은 반점들을 볼 수 있다. 하지만 처음부터 그럴 수 있었던 것은 아니다. 첫 강의에서는 X선 사진에 대한 전문의의 설명을 전혀 이해하지 못했다. 그가 가리키는 부분이 무엇인지, 희미한 반점이 과연 특정질환의 흔적인지 전혀 알 수가 없었다. 전문의가 상상력을 동원해 어떤 가상적 이야기를 꾸며내는 것처럼 느껴졌을 뿐이다. 그러나 몇 주 동안 이론을 배우고 실습을 하면서 지금은 생각이 달라졌다. 그는 문제의 X선 사진에서 이제는 늑골 뿐 아니라 폐와 관련된 생리적인 변화, 흉터나 만성 질환의 병리학적 변화, 급성질환의 증세와 같은 다양한 현상들까지도 자세하게 경험하고 알 수 있게 될 것이다. 그는 전문가로서 새로운 세계에 들어선 것이고, 그 사진의 명확한 의미를 지금은 대부분 해석할 수 있게 되었다. 이론과 실습을 통해 새로운 세계를 볼 수 있게 된 것이다.

---

① 관찰은 배경지식에 의존한다.
② 과학에서의 관찰은 오류가 있을 수 있다.
③ 과학 장비의 도움으로 관찰 가능한 영역은 확대된다.
④ 관찰정보는 기본적으로 시각에 맺혀지는 상에 의해 결정된다.
⑤ X선 사진의 판독은 과학데이터 해석의 일반적인 원리를 따른다.

5. 다음 A~F에 대한 평가로 적절하지 못한 것은?

어느 때부터 인간으로 간주할 수 있는가와 관련된 주제는 인문학뿐만 아니라 자연과학에서도 흥미로운 주제이다. 특히 태아의 인권 취득과 관련하여 이러한 주제는 다양하게 논의되고 있다. 과학적으로 볼 때, 인간은 수정 후 시간이 흐름에 따라 수정체, 접합체, 배아, 태아의 단계를 거쳐 인간의 모습을 갖추게 되는 수준으로 발전한다. 수정 후에 태아가 형성되는 데까지는 8주 정도가 소요되는데 배아는 2주 경에 형성된다. 10달의 임신 기간은 태아 형성기, 두뇌의 발달 정도 등을 고려하여 4기로 나뉘는데, 1~3기는 3개월 단위로 나뉘고 마지막 한 달은 4기에 해당한다. 이러한 발달 단계의 어느 시점에서부터 그 대상을 인간으로 간주할 것인지에 대해서는 다양한 견해들이 있다.

A에 따르면 태아가 산모의 뱃속으로부터 밖으로 나올 때 즉 태아의 신체가 전부 노출이 될 때부터 인간에 해당한다. B에 따르면 출산의 진통 때부터는 태아가 산모로부터 독립해 생존이 가능하기 때문에 그때부터 인간에 해당한다. C는 태아가 형성된 후 4개월 이후부터 인간으로 간주한다. 지각력이 있는 태아는 보호받아야 하는데 지각력이 있어서 필수 요소인 전뇌가 2기부터 발달하기 때문이다. D에 따르면 정자와 난자가 합쳐졌을 때, 즉 수정체부터 인간에 해당한다. 그 이유는 수정체는 생물학적으로 인간으로 태어날 가능성을 갖고 있기 때문이다. E에 따르면 합리적 사고를 가능하게 하는 뇌가 생기는 시점 즉 배아에 해당하는 때부터 인간에 해당한다. F는 수정될 때 영혼이 생기기 때문에 수정체부터 인간에 해당한다고 본다.

① A가 인간으로 간주하는 대상은 B도 인간으로 간주한다.
② C가 인간으로 간주하는 대상은 E도 인간으로 간주한다.
③ D가 인간으로 간주하는 대상은 E도 인간으로 간주한다.
④ D가 인간으로 간주하는 대상은 F도 인간으로 간주하지만, 그렇게 간주하는 이유는 다르다.
⑤ 접합체에도 영혼이 존재할 수 있다는 연구결과를 얻더라도 F의 견해는 설득력이 떨어지지 않는다.

| 6~7 | (가)는 카드 뉴스, (나)는 신문 기사이다. 물음에 답하시오.

(나)

― 교통약자석, 본래의 기능 다하고 있나? ―
좌석에 대한 올바른 인식 필요

요즘 대중교통 교통약자석이 논란이 되고 있다. 실제로 서울 지하철 교통약자석 관련 민원이 2014년 117건에서 2016년 400건 이상으로 대폭 상승했다. 다음은 교통약자석과 관련된 인터뷰 내용이다.

"저는 출근 전 아이를 시댁에 맡길 때 지하철을 이용해요. 가끔 교통약자석에 앉곤 하는데, 그 자리가 어르신들을 위한 자리 같아 마음이 불편해요. 자리다툼이 있었다는 뉴스를 본 후 앉는 것이 더 망설여져요." (회사원 김○○ 씨(여, 32세))

'교통약자의 이동편의 증진법'에 따라 설치된 교통약자석은 장애인, 고령자, 임산부, 영유아를 동반한 사람, 어린이 등 일상생활에서 이동에 불편을 느끼는 사람이라면 누구나 이용할 수 있다. 그러나 위 인터뷰에서처럼 시민들이 교통약자석에 대해 제대로 알지 못해 교통약자석이 본래의 기능을 다하고 있지 못하는 실정이다. 교통약자석이 제 기능을 다하기 위해서는 이에 대한 시민들의 올바른 인식이 필요하다.

― 2017. 10. 24. ○○신문, □□□기자

6. (가)에 대한 이해로 적절하지 않은 것은?

① 의문을 드러내고 그에 답하는 방식을 통해 교통약자석에 대한 잘못된 통념을 환기하고 있다.
② 교통약자석과 관련된 법을 제시하여 글의 정확성과 신뢰성을 높이고 있다.
③ 용어에 대한 설명을 통해 '교통약자'의 의미를 이해하도록 돕고 있다.
④ 교통약자석에 대한 인식 부족으로 인해 발생하는 문제점들을 원인에 따라 분류하고 있다.
⑤ 교통약자석의 설치 의의를 언급함으로써 글의 주제에 대해 공감할 수 있도록 유도하고 있다.

7. (가)와 (나)를 비교한 내용으로 적절한 것은?

① (가)와 (나)는 모두 다양한 통계 정보를 활용하여 주제를 뒷받침하고 있다.
② (가)는 (나)와 달리 글과 함께 그림들을 비중 있게 제시하여 의미 전달을 용이하게 하고 있다.
③ (가)는 (나)와 달리 제목을 표제와 부제의 방식으로 제시하여 뉴스에 담긴 의미를 강조하고 있다.
④ (나)는 (가)와 달리 비유적이고 함축적인 표현들을 주로 사용하여 주제 전달의 효과를 높이고 있다.
⑤ (나)는 (가)와 달리 표정이나 몸짓 같은 비언어적 요소를 활용하여 내용을 실감 나게 전달하고 있다.

8. 응시자가 모두 30명인 시험에서 20명이 합격하였다. 이 시험의 커트라인은 전체 응시자의 평균보다 5점이 낮고, 합격자의 평균보다는 30점이 낮았으며, 또한 불합격자의 평균 점수의 2배보다는 2점이 낮았다. 이 시험의 커트라인을 구하면?

① 90점　　② 92점
③ 94점　　④ 96점
⑤ 98점

9. 어느 인기 그룹의 공연을 준비하고 있는 기획사는 다음과 같은 조건으로 총 1,500장의 티켓을 판매하려고 한다. 티켓 1,500장을 모두 판매한 금액이 6,000만 원이 되도록 하기 위해 판매해야 할 S석 티켓의 수를 구하면?

(가) 티켓의 종류는 R석, S석, A석 세 가지이다.
(나) R석, S석, A석 티켓의 가격은 각각 10만 원, 5만 원, 2만 원이고, A석 티켓의 수는 R석과 S석 티켓의 수의 합과 같다.

① 450장
② 600장
③ 750장
④ 900장
⑤ 1,050장

10. 다음은 이 대리가 휴가 기간 중 할 수 있는 활동 내역을 정리한 표이다. 집을 출발한 이 대리가 활동을 마치고 다시 집으로 돌아올 경우 전체 소요시간이 가장 짧은 것은 어느 것인가?

활동	이동수단	거리	속력	목적지 체류시간
당구장	전철	12km	120km/h	3시간
한강공원 라이딩	자전거	30km	15km/h	-
파워워킹	도보	5.4km	3km/h	-
북카페 방문	자가용	15km	50km/h	2시간
강아지와 산책	도보	3km	3km/h	1시간

① 당구장
② 한강공원 라이딩
③ 파워워킹
④ 북카페 방문
⑤ 강아지와 산책

11. 다음은 산업재산권 유지를 위한 등록료에 관한 자료이다. 다음 중 권리 유지비용이 가장 많이 드는 것은? (단, 특허권, 실용신안권의 기본료는 청구범위의 항 수와는 무관하게 부과되는 비용으로 청구범위가 1항인 경우 기본료와 1항에 대한 가산료가 부과된다)

(단위 : 원)

구분 권리		설정등록료 (1~3년분)	연차등록료			
			4~6 년차	7~9 년차	10~12 년차	13~15 년차
특허권	기본료	81,000	매년 60,000	매년 120,000	매년 240,000	매년 480,000
	가산료 (청구범위의 1항마다)	54,000	매년 25,000	매년 43,000	매년 55,000	매년 68,000
실용 신안권	기본료	60,000	매년 40,000	매년 80,000	매년 160,000	매년 320,000
	가산료 (청구범위의 1항마다)	15,000	매년 10,000	매년 15,000	매년 20,000	매년 25,000
디자인권		75,000	매년 35,000	매년 70,000	매년 140,000	매년 280,000
상표권		211,000 (10년분)	10년 연장 시 256,000			

① 청구범위가 3항인 특허권에 대한 3년간의 권리 유지
② 청구범위가 1항인 특허권에 대한 4년간의 권리 유지
③ 청구범위가 3항인 실용신안권에 대한 5년간의 권리 유지
④ 한 개의 디자인권에 대한 7년간의 권리 유지
⑤ 한 개의 상표권에 대한 10년간의 권리 유지

12. 다음은 물품 A~E의 가격에 대한 자료이다. 아래 조건에 부합하는 물품의 가격으로 가장 가능한 것은?

(단위 : 원/개)

물품	가격
A	24,000
B	㉠
C	㉡
D	㉢
E	16,000

[조건]
- 갑, 을, 병이 가방에 담긴 물품은 각각 다음과 같다.
 - 갑 : B, C, D
 - 을 : A, C
 - 병 : B, D, E
- 가방에는 해당 물품이 한 개씩만 담겨 있다.
- 가방에 담긴 물품 가격의 합이 높은 사람부터 순서대로 나열하면 갑 > 을 > 병 순이다.
- 병의 가방에 담긴 물품 가격의 합은 44,000원이다.

	㉠	㉡	㉢
①	11,000	23,000	14,000
②	12,000	14,000	16,000
③	12,000	19,000	16,000
④	13,000	19,000	15,000
⑤	13,000	23,000	15,000

13. 다음은 ○○그룹의 2014년도와 2025년도 7개 계열사의 영업이익률이다. 자료 분석 결과로 옳은 것은?

① B계열사의 2025년 영업이익률은 나머지 계열사의 영업이익률의 합보다 많다.
② 2014년도에 가장 높은 영업이익률을 낸 계열사는 2025년에도 가장 높은 영업이익률을 냈다.
③ 2025년 G계열사의 영업이익률은 2014년 E계열사의 영업이익률의 2배가 넘는다.
④ 7개 계열사 모두 2014년 대비 2025년의 영업이익률이 증가하였다.
⑤ 2014년과 2025년 모두 영업이익률이 10%을 넘은 계열사는 3곳이다.

|14~15| 다음은 우리나라의 연도별 지역별 수출입액을 나타낸 자료이다. 물음에 답하시오.

※ 무역수지는 수출액에서 수입액을 뺀 것을 의미한다. 무역수지가 양수이면 흑자, 음수이면 적자를 나타내며, 무역수지의 수치가 작아질수록 무역수지가 '악화'된 것이다.

14. 위 내용을 참고할 때, 연도별 무역수지 증감내역을 올바르게 설명한 것은 어느 것인가?

① 무역수지 악화가 지속적으로 심해진 무역 상대국(지역)은 일본뿐이다.
② 매년 무역수지 흑자를 나타낸 무역 상대국(지역)은 2개국(지역)이다.
③ 무역수지 흑자가 매년 감소한 무역 상대국(지역)은 미국과 중국이다.
④ 무역수지가 흑자에서 적자 또는 적자에서 흑자로 돌아선 무역 상대국(지역)은 1개국(지역)이다.
⑤ 매년 무역수지 적자규모가 가장 큰 무역 상대국(지역)은 일본이다.

15. 2026년 동남아 수출액은 전년대비 20% 증가하고 EU 수입액은 20% 감소하였다면, 2026년 동남아 수출액과 EU 수입액의 차이는 얼마인가?

① 1,310억 불
② 1,320억 불
③ 1,330억 불
④ 1,340억 불
⑤ 1,350억 불

16. 수인이와 혜인이는 주말에 차이나타운(인천역)에 가서 자장면도 먹고 쇼핑도 할 계획이다. 지하철노선도를 보고 계획을 짜고 있는 상황에서 아래의 노선도 및 각 조건에 맞게 상황을 대입했을 시에 두 사람의 개인 당 편도 운임 및 역의 수가 바르게 짝지어진 것은? (단, 출발역과 도착역의 수를 포함한다)

(조건 1) 두 사람의 출발역은 청량리역이며, 환승하지 않고 직통으로 간다. (1호선)
(조건 2) 추가요금은 기본운임에 연속적으로 더한 금액으로 한다. 청량리~서울역 구간은 1,250원(기본운임)이며, 서울역~구로역까지 200원 추가, 구로역~인천역까지 300원씩 추가된다.

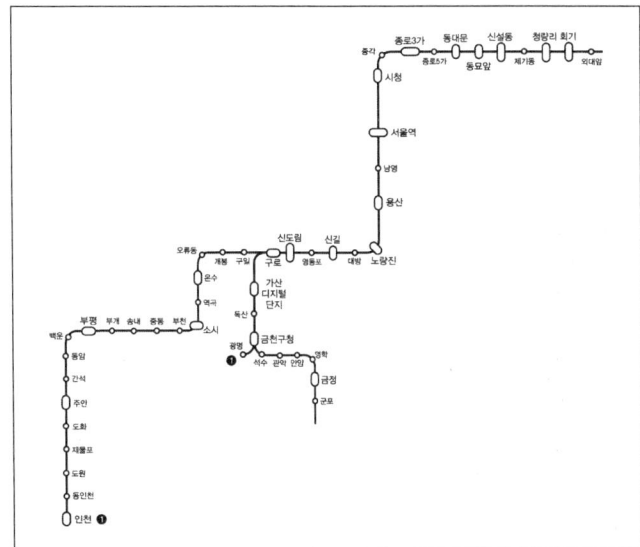

	편도 금액	역의 수
①	㉠ 1,600원	㉡ 33개 역
②	㉠ 1,650원	㉡ 38개 역
③	㉠ 1,700원	㉡ 31개 역
④	㉠ 1,750원	㉡ 38개 역
⑤	㉠ 1,800원	㉡ 35개 역

17. 갑, 을, 병, 정, 무 다섯 사람은 일요일부터 목요일까지 5일 동안 각각 이틀 이상 아르바이트를 한다. 다음 조건을 모두 충족시켜야 할 때, 다음 중 항상 옳지 않은 것은?

㉠ 가장 적은 수가 아르바이트를 하는 요일은 수요일뿐이다.
㉡ 갑은 3일 이상 아르바이트를 하는데 병이 아르바이트를 하는 날에는 쉰다.
㉢ 을과 정 두 사람만이 아르바이트 일수가 같다.
㉣ 병은 평일에만 아르바이트를 하며, 연속으로 이틀 동안만 한다.
㉤ 무는 항상 갑이나 병과 같은 요일에 함께 아르바이트를 한다.

① 어느 요일이든 아르바이트 인원수는 확정된다.
② 갑과 을, 병과 정의 아르바이트 일수를 합한 값은 같다.
③ 두 사람만이 아르바이트를 하는 요일이 확정된다.
④ 어떤 요일이든 아르바이트를 하는 인원수는 짝수이다.
⑤ 일요일에 아르바이트를 하는 사람은 항상 같다.

18. 다음 글에서 추론할 수 있는 내용만을 바르게 나열한 것은?

빌케와 블랙은 얼음이 녹는점에 있다 해도 이를 완전히 물로 녹이려면 상당히 많은 열이 필요함을 발견하였다. 당시 널리 퍼진 속설은 얼음이 녹는점에 이르면 즉시 녹는다는 것이었다. 빌케는 쌓여있는 눈에 뜨거운 물을 끼얹어 녹이는 과정에서 이 속설에 오류가 있음을 알게 되었다. 눈이 녹는점에 있음에도 불구하고 많은 양의 뜨거운 물은 눈을 조금밖에 녹이지 못했기 때문이다.

블랙은 1757년에 이 속설의 오류를 설명할 수 있는 실험을 수행하였다. 블랙은 따뜻한 방에 두 개의 플라스크 A와 B를 두었는데, A에는 얼음이, B에는 물이 담겨 있었다. 얼음과 물은 양이 같고 모두 같은 온도, 즉 얼음의 녹는점에 있었다. 시간이 지남에 따라 B에 있는 물의 온도는 계속해서 올라갔다. 하지만 A에서는 얼음이 녹으면서 생긴 물과 녹고 있는 얼음의 온도가 녹는점에서 일정하게 유지되었는데 이 상태는 얼음이 완전히 녹을 때까지 지속되었다. 얼음을 녹이는 데 필요한 열량은 같은 양의 물의 온도를 녹는점에서 화씨 140도까지 올릴 수 있는 정도의 열량과 같았다. 블랙은 이 열이 실제로 온도계에 변화를 주지 않기 때문에 이를 '잠열(潛熱)'이라 불렀다.

㉠ A의 온도계로는 잠열을 직접 측정할 수 없었다.
㉡ 얼음이 녹는점에 이르러도 완전히 녹지 않는 것은 잠열 때문이다.
㉢ A의 얼음이 완전히 물로 바뀔 때까지, A의 얼음물 온도는 일정하게 유지된다.

---

① ㉠
② ㉡
③ ㉠, ㉢
④ ㉡, ㉢
⑤ ㉠, ㉡, ㉢

19. 다음은 L공사의 토지판매 알선장려금 산정 방법에 대한 표와 알선장려금을 신청한 사람들의 정보이다. 이를 바탕으로 지급해야 할 알선장려금이 잘못 책정된 사람을 고르면?

[토지판매 알선장려금 산정 방법]

□ 일반토지(산업시설용지 제외) 알선장려금(부가가치세 포함된 금액)

계약기준금액	수수료율(중개알선장려금)	한도액
4억 원 미만	계약금액 × 0.9%	360만 원
4억 원 이상~ 8억 원 미만	360만 원 + (4억 초과 금액 × 0.8%)	680만 원
8억 원 이상~ 15억 원 미만	680만 원 + (8억 초과 금액 × 0.7%)	1,170만 원
15억 원 이상~ 40억 원 미만	1,170만 원 + (15억 초과 금액 × 0.6%)	2,670만 원
40억 원 이상	2,670만 원 + (40억 초과 금액 × 0.5%)	3,000만 원 (최고한도)

□ 산업·의료시설용지 알선장려금(부가가치세 포함된 금액)

계약기준금액	수수료율(중개알선장려금)	한 도 액
해당 없음	계약금액 × 0.9%	5,000만 원 (최고한도)

□ 알선장려금 신청자 목록
- 김유진 : 일반토지 계약금액 3억 5천만 원
- 이영희 : 산업용지 계약금액 12억 원
- 심현우 : 일반토지 계약금액 32억 8천만 원
- 이동훈 : 의료시설용지 계약금액 18억 1천만 원
- 김원근 : 일반용지 43억 원

① 김유진 : 315만 원
② 이영희 : 1,080만 원
③ 심현우 : 2,238만 원
④ 이동훈 : 1,629만 원
⑤ 김원근 : 3,000만 원

| 20~21 | 다음 자료를 보고 이어지는 물음에 답하시오.

<각 교통편 운행 노선>

※ 전체 노선의 길이는 모든 교통편이 500km이며, 각 지점 간의 거리는 모두 동일하다.
※ A~I는 정차하는 지점을 의미하며 B~H 지점마다 공히 15분씩의 정차 시간이 소요된다.

<교통편별 운행 정보 내역>

구분	평균속도(km/h)	연료	연료비/리터	연비(km/L)
교통편 1	60	무연탄	1,000	4.2
교통편 2	80	중유	1,200	4.8
교통편 3	120	디젤	1,500	6.2
교통편 4	160	가솔린	1,600	5.6

20. 다음 중 A 지점에서 I 지점까지 이동할 경우, 총 연료비가 가장 적게 드는 교통편과 가장 많이 드는 교통편이 순서대로 올바르게 짝지어진 것은 어느 것인가?

① 교통편 2, 교통편 3
② 교통편 1, 교통편 2
③ 교통편 3, 교통편 2
④ 교통편 1, 교통편 4
⑤ 교통편 2, 교통편 4

21. 교통편 1~4를 이용하는 교통수단이 같은 시각에 A 지점을 출발하여 I 지점까지 이동할 경우, 가장 빨리 도착하는 교통편과 가장 늦게 도착하는 교통편과의 시간 차이는 얼마인가? (단, 시간의 계산은 반올림하여 소수 첫째 자리까지 표시하며, 0.1시간은 6분으로 계산한다.)

① 5시간 50분　　② 6시간 5분
③ 6시간 15분　　④ 6시간 30분
⑤ 6시간 45분

| 22~23 | 다음 SWOT 분석에 대한 설명과 사례를 보고 이어지는 물음에 답하시오.

<SWOT 분석방법>

구분		내부환경요인	
		강점 (Strengths)	약점 (Weaknesses)
외부환경요인	기회 (Opportunities)	SO 내부강점과 외부기회 요인을 극대화	WO 외부기회를 이용하여 내부약점을 강점으로 전환
	위협 (Threats)	ST 강점을 이용한 외부환경 위협의 대응 및 전략	WT 내부약점과 외부위협을 최소화

<사례>

S	편의점 운영 노하우 및 경험 보유, 핵심 제품 유통채널 차별화로 인해 가격 경쟁력 있는 제품 판매 가능
W	아르바이트 직원 확보 어려움, 야간 및 휴일 등 시간에 타 지역 대비 지역주민 이동이 적어 매출 증가 어려움
O	주변에 편의점 개수가 적어 기본 고객 확보 가능, 매장 앞 휴게 공간 확보로 소비 유발 효과 기대
T	지역주민의 생활패턴에 따른 편의점 이용률 저조, 근거리에 대형 마트 입점 예정으로 매출 급감 우려 존재

22. 다음 중 위의 SWOT 분석방법을 올바르게 설명하지 못한 것은 어느 것인가?

① 외부환경요인 분석 시에는 자신을 제외한 모든 것에 대한 요인을 기술하여야 한다.
② 구체적인 요인부터 시작하여 점차 객관적이고 상식적인 내용으로 기술한다.
③ 같은 데이터도 자신에게 미치는 영향에 따라 기회요인과 위협요인으로 나눌 수 있다.
④ 외부환경요인 분석에는 SCEPTIC 체크리스트가, 내부환경요인 분석에는 MMMITI 체크리스트가 활용될 수 있다.
⑤ 내부환경 요인은 경쟁자와 비교한 나의 강점과 약점을 분석하는 것이다.

23. 다음 중 위의 SWOT 분석 사례에 따른 전략으로 적절하지 않은 것은 어느 것인가?

① 가족들이 남는 시간을 투자하여 인력 수급 및 인건비 절감을 도모하는 것은 WT 전략으로 볼 수 있다.
② 저렴한 제품을 공급하여 대형 마트 등과의 경쟁을 극복하고자 하는 것은 SW 전략으로 볼 수 있다.
③ 다년간의 경험을 활용하여 지역 내 편의점 이용 환경을 더욱 극대화시킬 수 있는 방안을 연구하는 것은 SO 전략으로 볼 수 있다.
④ 매장 앞 공간을 쉼터로 활용해 지역 주민 이동 시 소비를 유발하도록 하는 것은 WO 전략으로 볼 수 있다.
⑤ 고객 유치 노하우를 바탕으로 사은품 등 적극적인 홍보활동을 통해 편의점 이용에 대한 필요성을 부각시키는 것은 ST 전략으로 볼 수 있다.

24. 조직문화에 관한 다음 글의 말미에서 언급한 밑줄 친 '몇 가지 기능'에 해당한다고 보기 어려운 것은 어느 것인가?

개인의 능력과 가능성을 판단하는데 개인의 성격이나 특성이 중요하듯이 조직의 능력과 가능성을 판단할 때 조직문화는 중요한 요소가 된다. 조직문화는 주어진 외부환경 속에서 오랜 시간 경험을 통해 형성된 기업의 고유한 특성을 말하며, 이러한 기업의 나름대로의 특성을 조직문화란 형태로 표현하고 있다. 조직문화에 대한 연구가 활발하게 전개된 이유 가운데 하나는 '조직문화가 기업경쟁력의 한 원천이며, 조직문화는 조직성과에 영향을 미치는 중요한 요인'이라는 기본 인식에 바탕을 두고 있다.

조직문화는 한 개인의 독특한 성격이나 한 사회의 문화처럼 조직의 여러 현상들 중에서 분리되어질 수 있는 성질의 것이 아니라, 조직의 역사와 더불어 계속 형성되고 표출되며 어떤 성과를 만들어 나가는 종합적이고 총체적인 현상이다. 또한 조직문화의 수준은 조직문화가 조직 구성원들에게 어떻게 전달되어 지각하는가를 상하부구조로서 설명하는 것이다. 조직문화의 수준은 그것의 체계성으로 인하여 조직문화를 쉽게 이해하는데 도움을 준다.

한편, 세계적으로 우수성이 입증된 조직들은 그들만의 고유의 조직문화를 조성하고 지속적으로 다듬어 오고 있다. 그들에게 조직문화는 언제나 중요한 경영자원의 하나였으며 일류조직으로 성장할 수 있게 하는 원동력이었던 것이다. 사업의 종류나 사회 및 경영환경, 그리고 경영전략이 다른데도 불구하고 일류조직은 나름의 방식으로 조직문화적인 특성을 공유하고 있는 것으로 확인되었다.

기업이 조직문화를 형성, 개발, 변화시키려고 노력하는 것은 조직문화가 기업경영에 효율적인 작용과 기능을 하기 때문이다. 즉, 조직문화는 기업을 경영함에 있어 매우 중요한 <u>몇 가지 기능</u>을 수행하고 있다.

① 조직의 영역을 정의하여 구성원에 대한 정체성을 제공한다.
② 이직률을 낮추고 외부 조직원을 흡인할 수 있는 동기를 부여한다.
③ 조직의 성과를 높이고 효율을 제고할 수 있는 역할을 한다.
④ 개인적 이익보다는 조직을 위한 몰입을 촉진시킨다.
⑤ 조직 내의 사회적 시스템의 안정을 도모한다.

25. 다음 S사의 업무분장표이다. 업무분장표를 참고할 때, 창의력과 분석력을 겸비한 경영학도인 신입사원이 배치되기에 가장 적합한 팀은 다음 중 어느 것인가?

팀	주요 업무	필요 자질
영업관리	영업전략 수립, 단위조직 손익 관리, 영업인력 관리 및 지원	마케팅/유통/회계 지식, 대외 섭외력, 분석력
생산관리	원가/재고/외주 관리, 생산계획 수립	제조공정/회계/통계/제품 지식, 분석력, 계산력
생산기술	공정/시설 관리, 품질 안정화, 생산 검증, 생산력 향상	기계/전기 지식, 창의력, 논리력, 분석력
연구개발	신제품 개발, 제품 개선, 원재료 분석 및 기초 연구	연구 분야 전문지식, 외국어 능력, 기획력, 시장분석력, 창의/집중력
기획	중장기 경영전략 수립, 경영정보 수집 및 분석, 투자사 관리, 손익 분석	재무/회계/경제/경영 지식, 창의력, 분석력, 전략적 사고
영업 (국내/해외)	신시장 및 신규고객 발굴, 네트워크 구축, 거래선 관리	제품지식, 협상력, 프리젠테이션 능력, 정보력, 도전정신
마케팅	시장조사, 마케팅 전략수립, 성과 관리, 브랜드 관리	마케팅/제품/통계지식, 분석력, 통찰력, 의사결정력
총무	자산관리, 문서관리, 의전 및 비서, 행사 업무, 환경 등 위생관리	책임감, 협조성, 대외 섭외력, 부동산 및 보험 등 일반지식
인사/교육	채용, 승진, 평가, 보상, 교육, 인재개발	조직구성 및 노사 이해력, 교육학 지식, 객관성, 사회성
홍보/광고	홍보, 광고, 언론/사내 PR, 커뮤니케이션	창의력, 문장력, 기획력, 매체의 이해

① 연구개발팀
② 홍보/광고팀
③ 마케팅팀
④ 기획팀
⑤ 영업팀

|26~27| 다음 한국 주식회사의 〈조직도〉 및 〈전결규정〉을 보고 이어지는 물음에 답하시오.

26. 한국 주식회사의 업무 조직도로 보아 사장에게 직접 보고를 할 수 있는 조직원은 모두 몇 명인가?

① 1명
② 2명
③ 3명
④ 4명
⑤ 5명

27. 한국 주식회사 임직원들의 다음과 같은 업무 처리 내용 중 사내 규정에 비추어 적절한 행위로 볼 수 있는 것은 어느 것인가?

① C본부장은 해외 출장을 위해 사장 부재 시 비서실장에게 최종 결재를 득하였다.
② B본부장과 E팀 직원의 동반 출장 시 각각의 출장신청서에 대해 사장에게 결재를 득하였다.
③ D팀에서는 50만 불 예산이 소요되는 프로젝트의 최종 결재를 위해 부사장 부재 시 본부장의 결재를 득하였고, 중요한 결재 서류인 만큼 결재 후 곧바로 문서보관함에 보관하였다.
④ E팀에서는 그간 심혈을 기울여 온 300만 불의 예산이 투입되는 해외 프로젝트의 최종 계약 체결을 위해 사장에게 동반 출장을 요청하기로 하였다.
⑤ F팀 직원 甲은 해외 출장을 위해 사장 부재 시 부사장에게 최종 결재를 득한 후 후결로 보완하였다.

28. [조건]을 참고하여 스프레드시트(엑셀) 문서를 작성하였다. (가)에 사용된 함수와 (나)의 결과를 바르게 연결한 것은?

[조건]
• 성별은 주민등록번호의 8번째 문자가 '1'이면 '남자', '2'이면 '여자'로 출력한다.
• [G5]셀의 수식은 아래와 같다.
 =IF(AND(D5〉=90,OR(E5〉=80,F5〉=90)),"합격","불합격")

	(가)	(나)
①	=IF(MID(B4,8,1)="1","남자","여자")	합격
②	=IF(MID(B4,8,1)="1","여자","남자")	불합격
③	=IF(RIGHT(B4,8)="1","남자","여자")	합격
④	=IF(RIGHT(B4,8)="1","여자","남자")	불합격
⑤	=IF(LEFT(B4,8)="1","남자","여자")	합격

29. 다음 [조건]에 따라 작성한 [함수식]에 대한 설명으로 옳은 것을 〈보기〉에서 고른 것은?

[조건]
• 품목과 수량에 대한 위치는 행과 열로 표현한다.

행 \ 열	A	B
1	품목	수량
2	설탕	5
3	식초	6
4	소금	7

예) 열→행 B2

[함수 정의]
• IF(조건식, ㉠, ㉡) : 조건식이 참이면 ㉠ 내용을 출력하고, 거짓이면 ㉡ 내용을 출력한다.
• MIN(B2, B3, B4) : B2, B3, B4 중 가장 작은 값을 반환한다.

[함수식]
= IF(MIN(B2, B3, B4) > 3, "이상 없음", "부족")

〈보기〉
㉠ 반복문이 사용되고 있다.
㉡ 조건문이 사용되고 있다.
㉢ 출력되는 결과는 '부족'이다.
㉣ 식초의 수량(B3) 6을 1로 수정할 때 출력되는 결과는 달라진다.

① ㉠, ㉡ ② ㉠, ㉢
③ ㉡, ㉢ ④ ㉡, ㉣
⑤ ㉢, ㉣

|30~31| 다음 글을 읽고 이어지는 물음에 답하시오.

A사와 B사는 동일한 S제품을 생산하는 경쟁 관계에 있는 두 기업이며, 다음과 같은 각기 다른 특징을 가지고 마케팅을 진행하였다.

A사
 후발 주자로 업계에 뛰어든 A사는 우수한 품질과 생산 설비의 고급화를 이루어 S제품 공급을 고가 정책에 맞추어 진행하기로 하였다. 이미 S제품의 개발이 완료되기 이전부터 A사의 잠재력을 인정한 해외의 K사로부터 장기 공급계약을 체결하는 등의 실적을 거두며 대내외 언론으로부터 조명을 받았다. A사는 S제품의 개발 단계에서, 인건비 등 기타 비용을 포함한 자체 마진을 설비 1대당 1천만 원, 연구개발비를 9천만 원으로 책정하고 총 1억 원에 K사와 계약을 체결하였으나 개발 완료 시점에서 알게 된 실제 개발에 투입된 연구개발비가 약 8천 5백만 원으로 집계되어 추가의 이익을 보게 되었다.

B사
 A사보다 먼저 시장에 진입한 B사는 상대적으로 낮은 인건비의 기술 인력을 확보할 수 있어서 동일한 S제품을 생산하는 데 A사보다 다소 저렴한 가격 구조를 형성할 수 있었다. B사는 당초 설비 1대당 5백만 원의 자체 마진을 향유하며 연구개발로 약 8천만 원이 소요될 것으로 예상, 총 8천 5백만 원으로 공급가를 책정하고, 저가 정책에 힘입어 개발 완료 이전부터 경쟁자들을 제치고 많은 거래선들과 거래 계약을 체결하게 되었다. 그러나 S제품 개발이 완료된 후 비용을 집계해 본 결과, 당초 예상과는 달리 A사와 같은 8천 5백만 원의 연구개발비가 투입되었음을 알게 되어 개발 단계에서 5백만 원의 추가 손실을 보게 되었다.

---

30. 다음 중 위와 같은 상황 속에서 판단할 수 있는 설명으로 적절하지 않은 것은?

① A사는 결국 높은 가격으로 인하여 시장점유율이 하락할 것이다.
② B사는 물건을 만들면 만들수록 계속 손실이 커지게 될 것이다.
③ A사가 경쟁력을 확보하려면 가격을 인하하여야 한다.
④ 비용을 가급적 적게 책정한다고 모두 좋은 것은 아니다.
⑤ 결국 실제 들어가는 비용보다 조금 높은 개발비를 책정하여야 한다.

31. 예산자원 관리의 측면에서 볼 때, 윗글이 암시하고 있는 예산관리의 특징으로 적절하지 않은 것은?

① 예산만 정확하게 수립되면 실제 활동이나 사업 진행하는 과정상 관리가 크게 개입될 필요가 없다.
② 개발 비용 > 실제 비용의 경우 결국 해당 기업은 경쟁력을 상실하게 된다.
③ 실제 비용 > 개발 비용의 경우 결국 해당 기업은 지속 적자가 발생한다.
④ 실제 비용 = 개발 비용으로 유지하는 것이 가장 바람직하다.
⑤ 예산관리는 최소의 비용으로 최대의 이익을 얻기 위해 요구되는 능력이다.

32. 신입사원 甲은 각 부서별 소모품 구매업무를 맡게 되었다. 아래 자료를 참고할 때, 가장 저렴한 가격에 소모품을 구입할 수 있는 곳은 어디인가?

〈소모품별 1회 구매수량 및 구매 제한가격〉

구분	A 물품	B 물품	C 물품	D 물품	E 물품
1회 구매수량	2 묶음	3 묶음	2 묶음	2 묶음	2 묶음
구매 제한가격	25,000원	5,000원	5,000원	3,000원	23,000원

※ 물품 신청 시 1회 구매수량은 부서에 상관없이 매달 일정하다. 예를 들어, A 물품은 2 묶음, B 물품은 3 묶음 단위이다.
※ 물품은 제한된 가격 내에서 구매해야 하며, 구매 제한가격을 넘는 경우에는 구매할 수 없다. 단, 총 구매 가격에는 제한이 없다.

〈소모품 구매 신청서〉

구분	A 물품	B 물품	C 물품	D 물품	E 물품
부서 1	○		○		○
부서 2		○	○	○	
부서 3	○		○	○	○
부서 4		○	○	○	
부서 5	○		○	○	○

〈업체별 물품 단가〉

구분	A 물품	B 물품	C 물품	D 물품	E 물품
가 업체	12,400	1,600	2,400	1,400	11,000
나 업체	12,200	1,600	2,450	1,400	11,200
다 업체	12,400	1,500	2,550	1,500	11,500
라 업체	12,500	1,500	2,400	1,300	11,300

(물품 단가는 한 묶음당 가격)

① 가 업체
② 나 업체
③ 다 업체
④ 라 업체
⑤ 모두 동일하다

33. 다음은 프린터의 에러표시과 이에 대한 조치사항을 설명한 것이다. 에러표시에 따른 조치로 적절하지 못한 것은?

에러 표시	원인 및 증상	조치
Code 02	용지 걸림	프린터를 끈 후, 용지나 이물질을 제거하고 프린터의 전원을 다시 켜십시오.
	용지가 급지되지 않거나 한 번에 두 장 이상의 용지가 급지됨	용지를 다시 급지하고 ◎버튼을 누르십시오.
	조절레버 오류	급지된 용지에 알맞은 위치와 두께로 조절레버를 조정하십시오.
Code 03	잉크 잔량이 하단선에 도달	새 잉크 카트리지로 교체하십시오.
	잉크 잔량 부족	잉크 잔량이 하단선에 도달할 때까지 계속 사용할 것을 권장합니다.
	잉크카트리지가 인식되지 않음	• 잉크 카트리지의 보호 테이프가 제거되었는지 확인하십시오. • 잉크 카트리지를 아래로 단단히 눌러 딸깍 소리가 나는 것을 확인하십시오.
	지원하지 않는 잉크 카트리지가 설치됨	프린터와 카트리지 간의 호환 여부를 확인하십시오.
	잉크패드의 수명이 다 되어감	잉크패드를 고객지원센터에서 교체하십시오. ※ 잉크패드는 사용자가 직접 교체할 수 없습니다.
Code 04	메모리 오류	• 메모리에 저장된 데이터를 삭제하십시오. • 해상도 설정을 낮추십시오. • 스캔한 이미지의 파일 형식을 변경하십시오.

① Code 02 : 프린터를 끈 후 용지가 제대로 급지되었는지 확인하였다.
② Code 03 : 잉크 카트리지 잔량이 부족하지만 그대로 사용하였다.
③ Code 03 : 카트리지의 보호테이프가 제거되었는지 확인 후 다시 단단히 결합하였다.

④ Code 03 : 잉크패드 수명이 다 되었으므로 고객지원센터에서 정품으로 구매하여 교체하였다.
⑤ Code 04 : 스캔한 이미지를 낮은 메모리방식의 파일로 변경하였다.

34. 다음은 새로운 맛의 치킨을 개발하는 과정이다. 단계 1~5를 프로그래밍 절차에 비유했을 경우, 이에 대한 설명으로 옳은 것을 모두 고른 것은?

> 단계 1 : 소비자가 어떤 맛의 치킨을 선호하는지 온라인으로 설문 조사한 결과 ○○ 소스 맛을 가장 좋아한다는 것을 알게 되었다.
> 단계 2 : ○○ 소스 맛 치킨을 만드는 과정을 이해하기 쉽도록 약속된 기호로 작성하였다.
> 단계 3 : 단계 2의 결과에 따라 ○○ 소스를 개발하여 새로운 맛의 치킨을 완성하였다.
> 단계 4 : 새롭게 만든 치킨을 손님들에게 무료로 시식할 수 있도록 제공하였다.
> 단계 5 : 시식 결과 손님들의 반응이 좋아 새로운 메뉴로 결정하였다.

> ㉠ 단계 1은 '문제 분석' 단계이다.
> ㉡ 단계 2는 '코딩·입력' 단계이다.
> ㉢ 단계 4는 '논리적 오류'를 발견할 수 있는 단계이다.
> ㉣ 단계 5는 '프로그램 모의 실행' 단계이다.

① ㉠, ㉡
② ㉠, ㉢
③ ㉡, ㉢
④ ㉡, ㉣
⑤ ㉢, ㉣

35. 다음 매뉴얼의 종류는 무엇인가?

> • 물기나 습기가 없는 건조한 곳에 두세요.
> - 습기 또는 액체 성분은 부품과 회로에 손상을 줄 수 있습니다.
> - 물에 젖은 경우 전원을 켜지 말고(켜져 있다면 끄고, 꺼지지 않는다면 그대로 두고, 배터리가 분리될 경우 배터리를 분리하고) 마른 수건으로 물기를 제거한 후 서비스 센터에 가져가세요.
> - 제품 또는 배터리가 물이나 액체 등에 젖거나 잠기면 제품 내부에 부착된 침수 라벨의 색상이 바뀝니다. 이러한 원인으로 발생한 고장은 무상 수리를 받을 수 없으므로 주의하세요.
> • 제품을 경사진 곳에 두거나 보관하지 마세요. 떨어질 경우 충격으로 인해 파손될 수 있으며 고장의 원인이 됩니다.
> • 제품을 동전, 열쇠, 목걸이 등의 금속 제품과 함께 보관하지 마세요.
> - 제품이 변형되거나 고장 날 수 있습니다.
> - 배터리 충전 단자에 금속이 닿을 경우 화재의 위험이 있습니다.
> • 걷거나 이동 중에 제품을 사용할 때 주의하세요. 장애물 등에 부딪혀 다치거나 사고가 날 수 있습니다.
> • 제품을 뒷주머니에 넣거나 허리 등에 차지 마세요. 제품이 파손되거나 넘어졌을 때 다칠 수 있습니다.

① 제품 매뉴얼　　② 업무 매뉴얼
③ 외식 매뉴얼　　④ 부품 매뉴얼
⑤ 작업량 매뉴얼

36. 아래의 기사는 기자와 어느 국회의원과의 일문일답 중 한 부분을 발췌한 것이다. 다음 중 인터뷰에 응하는 A 국회의원이 중요하게 여기는 리더십에 대한 설명으로 옳은 것을 고르면?

> 기자 : 역대 대통령들은 지역 기반이 확고했습니다. A 의원님처럼 수도권이 기반이고, 지역 색이 옅은 정치인은 대권에 도전하기 쉽지 않다는 지적이 있습니다. 이에 대해 어떻게 생각 하시는지요
> A 의원 : 여러 가지 면에서 수도권 후보는 새로운 시대정신에 부합한다고 생각합니다.
> 기자 : 통일은 언제쯤 가능하다고 보십니까. 남북이 대치한 상황에서 남북 간 관계는 어떻게 운용해야 한다고 생각하십니까?
> A 의원 : 누가 알겠습니까? 통일이 언제 갑자기 올지…. 다만 언제가 될지 모르는 통일에 대한 준비와 함께, 통일을 앞당기려는 노력이 필요하다고 생각합니다.
> 기자 : 최근 읽으신 책 가운데 인상적인 책이 있다면 두 권만 꼽아주십시오.
> A 의원 : 댄 세노르, 사울 싱어의 「창업국가」와 최재천 교수의 「손잡지 않고 살아남은 생명은 없다」입니다. 「창업국가」는 이전 정부의 창조경제 프로젝트 덕분에 이미 많은 분들이 접하셨을 것이라 생각하는데요. 이 책에는 정부 관료와 기업인들은 물론 혁신적인 리더십이 필요한 사람들이 참고할만한 내용들이 풍부하게 담겨져 있습니다. 특히 인텔 이스라엘 설립자 도브 프로먼의 '리더의 목적은 저항을 극대화시키는 일이다. 그래야 의견차이나 반대를 자연스럽게 드러낼 수 있기 때문이다' 라는 말에서, 서로의 의견 차이를 존중하면서도 끊임없는 토론을 자극하는 이스라엘 문화의 특징이 인상 깊었습니다. 뒤집어 생각해보면, 다양한 사람들의 반대 의견까지 청취하고 받아들이는 리더의 자세가, 제가 중요하게 여기는 '경청의 리더십, 서번트 리더십'과도 연결되지 않나 싶습니다.
> (후략)

① 탁월한 리더가 되기 위해서는 차가운 지성만이 아닌 뜨거운 가슴도 함께 가지고 있어야 한다.
② 리더 자신의 특성에서 나오는 힘과 부하들이 리더와 동일시하려는 심리적 과정을 통해서 영향력을 행사하며, 부하들에게 미래에 대한 비전을 제시하거나 공감할 수 있는 가치체계를 구축하여 리더십을 발휘하게 하는 것이다.
③ 리더가 직원을 보상 및 처벌 등으로 촉진시키는 것이다.
④ 자신에게 실행하는 리더십을 말하는 것으로 자신이 스스로에게 영향을 미치는 지속적인 과정이다.
⑤ 기업 조직에 적용했을 경우 기업에서는 팀원들이 목표달성뿐만이 아닌 업무와 관련하여 개인이 서로 성장할 수 있도록 지원하고 배려하는 것이라고 할 수 있다.

37. N팀 직원들은 4차 산업혁명 기술을 이용한 서비스 방법에 대해 토의를 진행하며 다음과 같은 의견들을 제시하였다. 다음 중 토의를 위한 기본적인 태도를 제대로 갖추지 못한 사람은 누구인가?

> A : "고객 정보 빅데이터 구축에 관련해서 추가 진행 사항 있습니까?"
> B : "시스템 관련부서와 논의를 해보았는데요. 고객 정보의 보안문제도 중요하기 때문에 모든 정보를 개방하여 빅데이터를 구축하기엔 한계가 있다는 의견입니다."
> C : "입사한지 얼마 안 돼서 그런지 모르겠지만 일의 추진력이 부족하시네요. 일단은 시험 서비스를 진행하고 그런 문제는 추후에 해결하는 게 좋겠습니다."
> D : "철도자율주행 시스템을 도입하는 것은 어떻습니까?"
> E : "자율주행 시스템이 도입되면 도착, 출발 시간이 더욱 정확해져 알림 서비스의 질도 높아 질 것 같습니다."
> F : "저도 관련 자료를 찾아봤는데요. 한 번 같이 보시고 이야기 나눠보죠."

① B
② C
③ D
④ E
⑤ F

38. 대인관계의 가장 중요한 요인 중 하나는 협력이라고 할 수 있다. 다음 중 협력을 장려하는 환경을 조성하기 위한 노력으로 적절하지 않은 것은?

① 아이디어가 상식에서 벗어난다고 해도 공격적인 비판은 삼간다.
② 팀원들이 침묵하지 않도록 자극을 주어야 한다.
③ 팀원들의 말에 흥미를 가져야 한다.
④ 아이디어를 개발하도록 팀원들을 고무시켜야 한다.
⑤ 관점을 바꿔야 한다.

39. 다음의 기사를 읽고 제시된 사항 중 올바른 명함교환예절로 볼 수 없는 항목을 모두 고르면?

> 직장인의 신분을 증명하는 명함. 명함을 주고받는 간단한 행동 하나가 나의 첫인상을 결정짓기도 한다. 나의 명함을 받은 상대방은 한 달 후에 내 명함을 보관할 수도 버릴 수도 있다. 명함을 어떻게 활용하느냐에 따라 기억이 되는 사람이 될 수도, 잊히는 사람이 될 수도 있다는 것. 그렇다면 나에 대한 첫인상을 좋게 남기기 위한 명함 예절에는 어떤 것들이 있을까?
> 명함은 나를 표현하는 얼굴이며, 상대방의 명함 역시 그의 얼굴이다. 메라비언 법칙에 따르면 첫인상을 결정짓는 가장 큰 요소는 바디 랭귀지(표정·태도) 55%, 목소리 38%, 언어·내용 7% 순이라고 한다. 단순히 명함을 주고받을 때의 배려있는 행동만으로도 상대방에게 좋은 첫인상을 심어 줄 수 있다. 추후 상대방이 나의 명함을 다시 보게 됐을 때 교양 있는 사람으로 기억되고 싶다면 명함 예절을 꼭 기억해 두는 것이 좋다.

> ㉠ 명함은 오른손으로 받는 것이 원칙이다.
> ㉡ 거래를 위한 만남인 경우 판매하는 쪽이 먼저 명함을 건넨다.
> ㉢ 자신의 소속 및 이름 등을 명확하게 밝힌다.
> ㉣ 명함을 맞교환 할 시에는 왼손으로 받고 오른손으로 건넨다.
> ㉤ 손윗사람이 먼저 건넨다.

① ㉠, ㉡, ㉢, ㉣, ㉤
② ㉠, ㉡, ㉣, ㉤
③ ㉡, ㉢, ㉣, ㉤
④ ㉢, ㉣
⑤ ㉤

40. A사에 입사한 원모는 근무 첫날부터 지각을 하는 상황에 놓이게 되었다. 급한 마음에 계단이 아닌 엘리베이터를 이용하게 되었고 다행히도 지각을 면한 원모는 교육 첫 시간에 엘리베이터 및 계단 이용에 관한 예절교육을 듣게 되었다. 다음 중 원모가 수강하고 있는 엘리베이터 및 계단 이용 시의 예절 교육에 관한 내용으로써 가장 옳지 않은 내용을 고르면?

① 방향을 잘 인지하고 있는 여성 또는 윗사람과 함께 엘리베이터를 이용할 시에는 여성이나 윗사람이 먼저 타고 내려야 한다.
② 엘리베이터의 경우에 버튼 방향의 뒤 쪽이 상석이 된다.
③ 계단의 이용 시에 상급자 또는 연장자가 중앙에 서도록 한다.
④ 안내원은 엘리베이터를 탈 시에 손님들보다는 나중에 타며, 내릴 시에는 손님들보다 먼저 내린다.
⑤ 계단을 올라갈 시에는 남성이 먼저이며, 내려갈 시에는 여성이 앞서서 간다.

직무수행능력평가_전기일반(40문항/50분)

1. 1차 지연요소의 전달함수는?

① K
② $\dfrac{K}{s}$
③ Ks
④ $\dfrac{K}{1+Ts}$
⑤ K^2

2. 두 개의 똑같은 작은 도체구를 접촉하여 대전시킨 후 1[m] 거리에 떼어 놓았더니 작은 도체구는 서로 $9 \times 10^{-3}[N]$의 힘으로 반발하였다. 각 도체구의 전기량[C]은?

① 10^{-8}
② 10^{-6}
③ 10^{-4}
④ 10^{-2}
⑤ 10^{-1}

3. 다음과 같은 (a), (b) 회로가 서로 역회로의 관계에 있으려면 L의 값 [mH]은?

① 0.4
② 0.8
③ 1.2
④ 1.6
⑤ 2.0

4. 평행판 콘덴서에서 전계의 크기가 1[V/m]이고, 평판의 면적이 1[m²], 거리가 1[m]일 때 축적되는 에너지는 얼마인가?
(단, ϵ : 유전체의 유전율)

① $\dfrac{1}{2}\epsilon$ [J]
② $\dfrac{1}{4}\epsilon$ [J]
③ $\dfrac{1}{6}\epsilon$ [J]
④ $\dfrac{1}{8}\epsilon$ [J]
⑤ $\dfrac{1}{10}\epsilon$ [J]

5. 진공 중에 있는 반지름 a[m]인 도체구의 정전용량[F]은?

① $4\pi\epsilon_0 a$
② $2\pi\epsilon_0 a$
③ $\epsilon_0 a$
④ a
⑤ $\pi\epsilon_0 a$

6. 자기 인덕턴스가 각각 L_1, L_2인 A, B 두 개 코일이 있다. 이때 상호 인덕턴스 $M = \sqrt{L_1 L_2}$라면 다음 중 옳지 않은 것은?

① A코일이 만든 자속은 전부 B코일과 쇄교한다.
② B코일이 만든 자속은 전부 A코일과 쇄교한다.
③ 두 코일이 만드는 자속은 항상 같은 방향이다.
④ A코일에 1초 동안에 1[A]의 전류변화를 주면 B코일에는 1[V]가 유기된다.
⑤ L_1, L_2는 (-)값을 가질 수 없다.

7. 어느 코일의 전류가 0.05[sec] 동안 2[A] 변화하여 기전력 2.4[V]를 유기하였다고 하면 이 회로의 자기 인덕턴스 [H]는?

① 0.02 ② 0.06
③ 0.042 ④ 0.24
⑤ 0.6

8. 다음 회로에서 I_3을 구하면?

① 0.125[A] ② 0.25[A]
③ 0.5[A] ④ 0.75[A]
⑤ 1[A]

9. 다음과 같은 병렬회로의 전체 임피던스는?

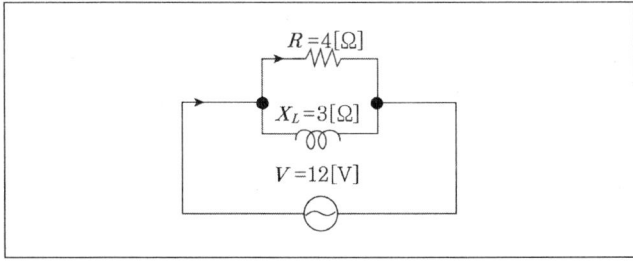

① 2.4[Ω] ② 3.5[Ω]
③ 4.6[Ω] ④ 7[Ω]
⑤ 8.4[Ω]

10. 다음 회로에서 최대전력 전달조건으로 저항 R을 변화시킬 경우 저항에서 소비되는 최대전력은?

① 670[W] ② 960[W]
③ 1,240[W] ④ 1,730[W]
⑤ 1,920[W]

11. $R = 5[Ω]$, $X_C = 6[Ω]$이 직렬연결된 회로에 12[A]의 전류를 흘릴 경우 교류전력은?

① $720 + j864$[VA]
② $864 + j720$[VA]
③ $720 - j864$[VA]
④ $864 - j720$[VA]
⑤ $720 + j720$[VA]

12. 용량 30[kVA]의 단상변압기 2대를 V 결선하여 역률 0.8, 전력 20[kW]의 평형 3상부하에 전력을 공급할 때 변압기 1대가 분담하는 피상전력 [kVA]은?

① 14.4 ② 15
③ 28.8 ④ 30
⑤ 40.5

13. 다음과 같이 1, 2, 3[μF]의 콘덴서를 직렬로 연결하고 60[V]의 전압을 가할 때 1[μF]의 콘덴서에 걸리는 전압은?

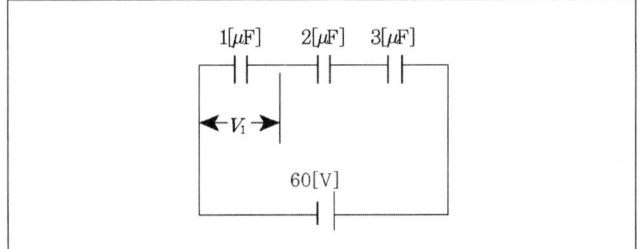

① 16.4[V] ② 20[V]
③ 32.7[V] ④ 36.4[V]
⑤ 49.9[V]

14. 3상 교류 대칭 전압에 포함되는 고조파에서 상순이 기본파와 동일한 것은?

① 제5고주파
② 제7고주파
③ 제9고주파
④ 제11고주파
⑤ 14고주파

15. $\cos t - \cos 2t$의 라플라스 변환은?

① $\dfrac{1}{(s^2-1)(s^2+4)}$
② $\dfrac{-3s}{(s^2-1)(s^2-4)}$
③ $\dfrac{3s}{(s^2+1)(s^2+4)}$
④ $\dfrac{3}{(s^2-1)(s^2-4)}$
⑤ $\dfrac{3}{(s^2+1)(s^2+4)}$

16. $v_1 = 20\sqrt{2}\sin\omega t[\text{V}]$, $v_2 = 50\sqrt{2}\cos\left(\omega t - \dfrac{\pi}{6}\right)[\text{V}]$일 때, $v_1 + v_2$의 실횻값[V]은?

① $\sqrt{1,400}$ ② $\sqrt{2,400}$
③ $\sqrt{2,900}$ ④ $\sqrt{3,900}$
⑤ $\sqrt{4,200}$

17. 다음과 같은 전기회로의 입력을 e_i, 출력을 e_o라고 할 때 전달함수는? $\left(\text{단, } T = \dfrac{L}{R}\text{이다.}\right)$

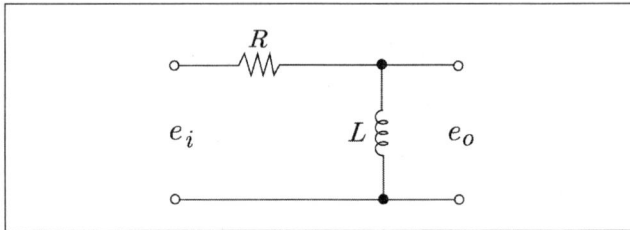

① $Ts+1$ ② Ts^2+1
③ $\dfrac{1}{Ts+1}$ ④ $\dfrac{Ts}{Ts+1}$
⑤ $\dfrac{Ts+1}{Ts}$

18. 두 벡터 $A = ix + j2$, $B = i3 - j3 - k$가 서로 직교하려면 x 값이 얼마여야 하는가?

① 1.5 ② 1
③ 2 ④ 0.5
⑤ -2

19. 3상 평형 부하가 있을 때 선전류가 10[A]이고 부하의 전 소비전력이 4[kW]이다. 이 부하의 등가 Y회로에 대한 각 상의 저항[Ω]은?

① 40
② $40\sqrt{3}$
③ $\dfrac{40}{3}$
④ $\dfrac{40}{\sqrt{3}}$
⑤ $\dfrac{\sqrt{3}}{40}$

20. 2전력계법으로 평형 3상 전력을 측정하였더니 각각의 전력계가 500[W], 300[W]를 지시하였다면 전전력[W]은?

① 200
② 300
③ 500
④ 800
⑤ 900

21. 다음 그림의 T회로에서 전류 I_1은 몇 [A]인가?

① 0.625
② 1.333
③ 1.505
④ 1.673
⑤ 1.825

22. 다음 중 평균길이 1[m], 권수 100회의 솔레노이드 코일에 비투자율이 1,000인 철심을 넣고 자속밀도 0.1[Wb/m²]를 얻기 위해서 코일에 흘려야 할 전류 [A]는?

① 0.2
② 0.4
③ 0.6
④ 0.8
⑤ 1.0

23. 어떤 막대 철심이 있다. 단면적이 0.5[m²], 길이가 0.8[m], 비투자율이 20이다. 이 철심의 자기 저항은 약 몇 [AT/Wb]인가?

① 2.56×10^4
② 3.63×10^4
③ 4.45×10^4
④ 6.37×10^4
⑤ 6.73×10^4

24. 반지름이 10[cm]인 접지 구도체의 중심으로부터 1[m] 떨어진 거리에 한 개의 전자를 놓았다. 접지 구도체에 유도된 총전하량은 몇 [C]인가?

① -1.6×10^{-20}
② -1.6×10^{-21}
③ 1.6×10^{-20}
④ 1.6×10^{-21}
⑤ 1.6×10^{-22}

25. 철도 궤도 간 거리가 1.5[m]이며 궤도는 서로 절연되어 있다고 한다. 열차가 매시 60[km]의 속도로 달리며, 차축이 지구 자계의 수직 분력 $B = 0.15 \times 10^{-4}$ [Wb/m²]를 끊을 때, 두 궤도 사이에 발생하는 기전력은 몇 [V]인가?

① 1.75×10^{-4} [V]
② 2.75×10^{-4} [V]
③ 3.75×10^{-4} [V]
④ 4.75×10^{-4} [V]
⑤ 5.75×10^{-4} [V]

26. 복도체를 사용하면 송전용량이 증가하는 이유로 가장 옳은 것은?

① 전압강하가 작아진다.
② 무효전력이 감소한다.
③ 코로나가 발생하지 않는다.
④ 선로의 작용 인덕턴스는 감소하고 작용 정전용량이 증가한다.
⑤ 전달리액턴스가 증가한다.

27. 면적이 S[m²]이고 극간의 거리가 d[m]인 평행판 콘덴서에 비유전율 ϵ_s의 유전체를 채울 때 정전용량은 몇 [F]인가? (단, 진공의 유전율은 ϵ_0이다.)

① $\dfrac{2\epsilon_0\epsilon_s S}{d}$
② $\dfrac{\epsilon_0\epsilon_s S}{\pi d}$
③ $\dfrac{\epsilon_0\epsilon_s S}{d}$
④ $\dfrac{2\pi\epsilon_0\epsilon_s S}{d}$
⑤ $\dfrac{2\epsilon_0\epsilon_s S}{\pi d}$

28. 부하전류가 100[A]일 때 회전속도 1,000[rpm]으로 10[kg·m]의 토크를 발생하는 직류 직권 전동기가 80[A]의 부하전류로 감소되었을 때, 토크[kg·m]는?

① 2.5   ② 3.6
③ 4.5   ④ 6.4
⑤ 7.2

29. 4단자 정수 $A = \dfrac{5}{3}$, $B = 800$[Ω], $C = \dfrac{1}{450}$ [Ω], $D = \dfrac{5}{3}$ 일 때 전달정수 θ는 얼마인가?

① log2   ② log3
③ log4   ④ log5
⑤ log6

30. 변압기의 성층 철심 강판 재료의 규소 함유량은 대략 몇 %인가?

① 8   ② 6
③ 4   ④ 2
⑤ 1

31. 75[W] 정도 이하의 소출력 단상 직권 정류자 전동기의 용도로 적합하지 않은 것은?

① 소형 공구
② 치과 의료용 기구
③ 믹서기
④ 공작 기계
⑤ 영사기

32. 3×10^{-8}[C] 전하에 2.4×10^{-3}[N]의 힘을 가하려고 할 경우 필요한 전기장의 세기는?

① 2×10^4[V/m]
② 4×10^4[V/m]
③ 8×10^4[V/m]
④ 10×10^4[V/m]
⑤ 12×10^4[V/m]

33. 직류 발전기를 병렬 운전할 때, 균압 모선이 필요한 직류기는?

① 직권 발전기, 분권 발전기
② 분권 발전기, 복권 발전기
③ 직권 발전기, 복권 발전기
④ 분권 발전기, 단극 발전기
⑤ 직권 발전기, 단극 발전기

34. 동기기에서 동기 리액턴스가 커지면 동작 특성은 어떻게 변하는가?

① 전압 변동률이 커지고 병렬 운전 시 동기화력이 커진다.
② 전압 변동률이 커지고 병렬 운전 시 동기화력이 작아진다.
③ 전압 변동률이 작아지고 지속 단락 전류도 감소한다.
④ 전압 변동률이 작아지고 지속 단락 전류는 증가한다.
⑤ 전압 변동률과 지속 단락 전류 모두 변화 없다.

35. 다음 중 연가를 하는 목적으로 가장 옳은 것은?

① 미관상 필요
② 선로정수의 평형
③ 유도뢰의 방지
④ 직격뢰의 방지
⑤ 병렬 공진 방지

36. 다음 그림과 같은 배전선이 있다. 부하에 급전 및 정전할 때 조작방법으로 옳은 것은?

① 급전 및 정전할 때는 항상 DS, CB 순으로 한다.
② 급전 및 정전할 때는 항상 CB, DS 순으로 한다.
③ 급전시는 DS, CB 순이고, 정전시는 CB, DS 순이다.
④ 급전시는 CB, DS 순이고, 정전시는 DS, CB 순이다.
⑤ 순서에 관계없이 조작한다.

37. 공기콘덴서에 400[V]의 전압을 가할 때 충전된 전하량과 동일한 양의 전하를 비유전율이 8인 매질의 콘덴서로 교체하여 충전하려고 할 경우 인가해 주어야 하는 전압[V]은?

① 50
② 100
③ 320
④ 1,200
⑤ 3,200

38. 같은 길이의 도선으로 M회와 N회 감은 원형 중심 코일에 각각 같은 전류를 흘릴 때, M회 감은 코일의 중심 자계는 N회 감은 코일의 몇 배인가?

① $\dfrac{M}{N}$ ② $\dfrac{M^2}{N}$

③ $\dfrac{M}{N^2}$ ④ $\dfrac{M^2}{N^2}$

⑤ $\dfrac{M^4}{N^4}$

39. 다음 중 선로의 단락보호용으로 사용되는 계전기는?

① 접지계전기
② 재폐로계전기
③ 역상계전기
④ 거리계전기
⑤ 전력계전기

40. 무한장 직선전류에서 5[cm] 떨어진 점의 자장의 세기가 3[AT/m]였다면 전류의 크기는 얼마인가?

① 0.54[A]   ② 0.94[A]

③ 1.54[A]   ④ 5.4[A]

⑤ 9.4[A]

서울교통공사 필기시험

서울교통공사

제4회 모의고사

성명		생년월일	
문제 수(배점)	80문항	풀이시간	/ 100분
영역	직업기초능력평가, 직무수행능력평가(전기일반)		
비고	객관식 5지선다형		

※ 유의사항

- 문제지 및 답안지의 해당란에 문제유형, 성명, 응시번호를 정확히 기재하세요.
- 모든 기재 및 표기사항은 "컴퓨터용 흑색 수성 사인펜"만 사용합니다.
- 예비 마킹은 중복 답안으로 판독될 수 있습니다.

제4회 서울교통공사 필기시험 모의고사

✎ 직업기초능력평가(40문항/50분)

1. 밑줄 친 부분과 바꾸어 쓰기에 가장 적절한 것은?

전 지구적인 해수의 연직 순환은 해수의 밀도 차이에 의해 발생한다. 바닷물은 온도가 낮고 염분 농도가 높아질수록 밀도가 높아져 아래로 가라앉는다. 이 때문에 북대서양의 차갑고 염분 농도가 높은 바닷물은 심층수를 이루며 적도로 천천히 이동한다.

그런데 지구 온난화로 인해 북반구의 고위도 지역의 강수량이 증가하고 극지방의 빙하가 녹은 물이 대량으로 바다에 유입되면 어떻게 될까? 북대서양의 염분 농도가 감소하여 바닷물이 가라앉지 못하는 일이 벌어질 수 있다. 과학자들은 컴퓨터 시뮬레이션을 통해 차가운 북대서양 바닷물에 빙하가 녹은 물이 초당 십만 톤 이상 들어오면 전 지구적인 해수의 연직 순환이 느려져 지구의 기후가 변화한다는 사실을 알아냈다.

① 침강(沈降)
② 침식(侵蝕)
③ 침체(沈滯)
④ 침범(侵犯)
⑤ 침해(侵害)

2. 다음 글을 읽고, 오늘날 유행성 감기의 적절한 통제가 필요한 이유 중 가장 옳은 것을 고르면?

유행성 감기는 인간의 여행 속도에 비례하여 퍼진다. 수레가 없던 시대에는 이 병의 퍼지는 속도가 느렸다. 1918년 인간은 8주에 지구를 한 바퀴 돌 수 있었으며, 이는 유행성 감기가 지구 일주를 완료하는데 걸리는 것과 꼭 같은 시간이었다. 오늘날 대형 비행기 등을 통해 인간은 보다 빠른 속도로 여행한다. 이 같은 현대식 속도는 시시각각으로 유행성 감기의 도래를 예측할 수 없게 만든다. 이것은 이 질병에 대한 통제수단도 이에 비례하여 더 빨라져야 한다는 것을 뜻한다.

① 세계 전역 어디에서나 발생할 수 있기 때문에
② 병균이 비행기만큼 빨리 퍼질 수 있기 때문에
③ 인간이 유행성 감기를 피할 수 있을 만큼 빨리 여행할 수 있기 때문에
④ 유행성 감기는 항상 인간의 몸속에 기생하고 있기 때문에
⑤ 유행성 감기에 대한 적절한 백신이나 치료제가 없기 때문에

3. 다음 글을 읽고 이 글을 뒷받침할 수 있는 주장으로 가장 적합한 것은?

> X선 사진을 통해 폐질환 진단법을 배우고 있는 의과대학 학생을 생각해 보자. 그는 암실에서 환자의 가슴을 찍은 X선 사진을 보면서, 이 사진의 특징을 설명하는 방사선 전문의의 강의를 듣고 있다. 그 학생은 가슴을 찍은 X선 사진에서 늑골뿐만 아니라 그 밑에 있는 폐, 늑골의 음영, 그리고 그것들 사이에 있는 아주 작은 반점들을 볼 수 있다. 하지만 처음부터 그럴 수 있었던 것은 아니다. 첫 강의에서는 X선 사진에 대한 전문의의 설명을 전혀 이해하지 못했다. 그가 가리키는 부분이 무엇인지, 희미한 반점이 과연 특정질환의 흔적인지 전혀 알 수가 없었다. 전문의가 상상력을 동원해 어떤 가상적 이야기를 꾸며내는 것처럼 느껴졌을 뿐이다. 그러나 몇 주 동안 이론을 배우고 실습을 하면서 지금은 생각이 달라졌다. 그는 문제의 X선 사진에서 이제는 늑골 뿐 아니라 폐와 관련된 생리적인 변화, 흉터나 만성 질환의 병리학적 변화, 급성질환의 증세와 같은 다양한 현상들까지도 자세하게 경험하고 알 수 있게 될 것이다. 그는 전문가로서 새로운 세계에 들어선 것이고, 그 사진의 명확한 의미를 지금은 대부분 해석할 수 있게 되었다. 이론과 실습을 통해 새로운 세계를 볼 수 있게 된 것이다.

① 관찰은 배경지식에 의존한다.
② 과학에서의 관찰은 오류가 있을 수 있다.
③ 과학 장비의 도움으로 관찰 가능한 영역은 확대된다.
④ 관찰정보는 기본적으로 시각에 맺혀지는 상에 의해 결정된다.
⑤ X선 사진의 판독은 과학데이터 해석의 일반적인 원리를 따른다.

4. 유기농 식품 매장에서 근무하는 K씨에게 계란 알레르기가 있는 고객이 제품에 대해 문의를 해왔다. K씨가 제품에 부착된 다음 설명서를 참조하여 고객에게 반드시 안내해야 할 말로 가장 적절한 것은?

> - 제품명 : 든든한 현미국수
> - 식품의 유형 : 면 – 국수류, 스프 – 복합조미식품
> - 내용량 : 95g(면 85g, 스프 10g)
> - 원재료 및 함량
>   · 면 : 무농약 현미 98%(국내산), 정제염
>   · 스프 : 멸치 20%(국내산), 다시마 10%(국내산), 고춧가루, 정제소금, 마늘분말, 생강분말, 표고분말, 간장분말, 된장분말, 양파분말, 새우분말, 건미역, 건당근, 건파, 김, 대두유
> - 보관장소 : 직사광선을 피하고 서늘한 곳에 보관
> - 이 제품은 계란, 메밀, 땅콩, 밀가루, 돼지고기를 이용한 제품과 같은 제조시설에서 제조하였습니다.
> - 본 제품은 공정거래위원회 고시 소비분쟁해결 기준에 의거 교환 또는 보상받을 수 있습니다.
> - 부정불량식품신고는 국번 없이 1399

① 조리하실 때 계란만 넣지 않으시면 문제가 없을 것입니다.
② 제품을 조리하실 때 집에서 따로 육수를 우려서 사용하시는 것이 좋겠습니다.
③ 이 제품은 무농약 현미로 만들어져 있기 때문에 알레르기 체질 개선에 효과가 있습니다.
④ 이 제품은 계란이 들어가는 식품을 제조하는 시설에서 생산되었다는 점을 참고하시기 바랍니다.
⑤ 알레르기 반응이 나타나실 경우 구매하신 곳에서 교환 또는 환불 받으실 수 있습니다.

5. 다음 자료는 '인공지능'과 '통계'에 대한 관계를 설명하는 글이다. 다음 자료를 보고 대화를 나누는 5명의 의견 중, 맥락상 어긋나는 발언을 한 사람은 누구인가?

요즘 인공지능이 대세다. 딥러닝이 여기저기서 언급되기 시작하면서 슬슬 지펴지던 열기는 지난 3월 이세돌과 알파고의 바둑 대결이 이뤄지고, 알파고가 4 : 1로 이세돌을 이기면서 한층 달아올랐다. 최근 업무 관련해서 사람들과 이야기를 나누다 보면, 전에는 '데이터 분석에는 기계 학습(Machine Learning)을 사용하느냐', '통계와 데이터 마이닝이 뭐가 다르냐', 데이터 분석에는 무엇을 쓰냐' 등의 질문이었다. 그런데 최근에는 거기에 한 종류가 더 추가되었다. '데이터 분석은 인공지능하고 무슨 관계일까', '통계 기법은 인공지능 시대에 뒤떨어진 게 아니냐' 같은 이야기 들이다.

하지만 이 질문들에 대해 내 답은 보통 유사하다. 데이터를 사용해서 문제를 풀어서 해답을 찾는 것에서, 최적의 방식은 문제에 따라 다르고, 그 방식을 사용하면 되는 것이라고 생각한다. 그 방식이 문제에 따라 통계 기법이 될 수도 있고, 알고리즘을 활용한 데이터 마이닝이 될 수도 있다. 머신 러닝은 인공지능의 다양한 가치 중 하나이니 크게 보면 인공지능 문제가 될 수도 있을 것이다. 이런 것들이 서로 연관성이 없는 것도 아니고, 어느 한 쪽이 다른 한 쪽보다 뒤떨어진다고는 생각하지 않는다.

기계 학습, 빅데이터, 인공지능, 고급 분석 등 최근 데이터 분석 관련 용어들이 무분별하게 쏟아지다보니 많은 사람들이 이런 용어들의 개념에 대해서 헷갈려하고, 더욱 어려워한다. 하지만 이를 뜯어보면 일부는 용어 자체가 모호하거나, 혹은 각 용어들의 개념이 일부 중첩되어 있고, 어떤 한 용어가 갑자기 주목을 받는다고 해서 갑자기 사라지거나 하는 것이 아니다.

김 과장 : 이제 '인공지능' 붐이 불면서, 늘 도전을 맞이해야 했던 통계 관련 분야도 새로운 도전을 맞이하고 있는 것 같습니다.

박 과장 : 하지만 통계는 앞으로도 더욱 많은 인공지능 관련 분야에서는 활용되는 것과 동시에, 인공지능 분야 내에서 많은 기여를 할 것입니다.

정 대리 : 그렇다면 인공지능을 위한 기본적인 초석이자 근간으로, AI가 빠진 통계란 이미 상상할 수도 없으며, 아무 것도 아니라는 의미라고 할 수 있겠군요.

유 대리 : 네, 다시 말하면, 데이터에 맞게 최적화하는 과정은 대부분 무수한 통계적 기법을 활용한 변수 튜닝 및 집계 방식 변경 등으로 이루어지게 된다는 의미이지요.

문 과장 : 하지만 통계 입장에서 생각해 보면, 늘 그랬듯이, 기본적으로 '데이터가 중시되는' 변화에서는 앞으로도 통계의 역할은 작아지려야 작아질 수 없다고 봅니다.

① 김 과장　　　② 박 과장
③ 정 대리　　　④ 유 대리
⑤ 문 과장

6. 다음은 산재보험의 소멸과 관련된 글이다. 다음 보기 중 글의 내용을 올바르게 이해한 것이 아닌 것은 무엇인가?

> 가. 보험관계의 소멸사유
> - 사업의 폐지 또는 종료 : 사업이 사실상 폐지 또는 종료된 경우를 말하는 것으로 법인의 해산등기 완료, 폐업신고 또는 보험관계소멸신고 등과는 관계없음
> - 직권소멸 : 근로복지공단이 보험관계를 계속해서 유지할 수 없다고 인정하는 경우에는 직권소멸 조치
> - 임의가입 보험계약의 해지신청 : 사업주의 의사에 따라 보험계약해지 신청가능하나 신청 시기는 보험가입승인을 얻은 해당 보험 연도 종료 후 가능
> - 근로자를 사용하지 아니할 경우 : 사업주가 근로자를 사용하지 아니한 최초의 날부터 1년이 되는 날의 다음날 소멸
> - 일괄적용의 해지 : 보험가입자가 승인을 해지하고자 할 경우에는 다음 보험 연도 개시 7일 전까지 일괄적용해지신청서를 제출하여야 함
>
> 나. 보험관계의 소멸일 및 제출서류
> (1) 사업의 폐지 또는 종료의 경우
>   - 소멸일 : 사업이 사실상 폐지 또는 종료된 날의 다음 날
>   - 제출서류 : 보험관계소멸신고서 1부
>   - 제출기한 : 사업이 폐지 또는 종료된 날의 다음 날부터 14일 이내
> (2) 직권소멸 조치한 경우
>   - 소멸일 : 공단이 소멸을 결정·통지한 날의 다음날
> (3) 보험계약의 해지신청
>   - 소멸일 : 보험계약해지를 신청하여 공단의 승인을 얻은 날의 다음 날
>   - 제출서류 : 보험관계해지신청서 1부
>   ※ 다만, 고용보험의 경우 근로자(적용제외 근로자 제외) 과반수의 동의를 받은 사실을 증명하는 서류(고용보험 해지신청 동의서)를 첨부하여야 함

① 고용보험과 산재보험의 해지 절차가 같은 것은 아니다.
② 사업장의 사업 폐지에 따른 서류 및 행정상의 절차가 완료되어야 보험관계가 소멸된다.
③ 근로복지공단의 판단으로도 보험관계가 소멸될 수 있다.
④ 보험 일괄해지를 원하는 보험가입자는 다음 보험 연도 개시 일주일 전까지 서면으로 요청을 해야 한다.
⑤ 보험계약해지 신청에 대한 공단의 승인이 12월 1일에 났다면 그 보험계약은 12월 2일에 소멸된다.

7. 다음의 내용을 참고할 때, 밑줄 친 부분이 바르게 쓰인 것은?

> - 채 [의존 명사]
>   이미 있는 상태 그대로 있다는 뜻을 나타내는 말.
> - 체 [의존 명사]
>   그럴듯하게 꾸미는 거짓 태도나 모양.
> - -째 [접사]
>   '그대로', 또는 '전부'의 뜻을 더하는 접미사.

① 사과를 껍질<u>째</u>로 먹었다.
② 나는 앉은 <u>체</u>로 잠이 들었다.
③ 그녀는 혼자 똑똑한 <u>채</u>를 한다.
④ 사나운 멧돼지를 산 <u>째</u>로 잡았다.
⑤ 곰이 다가오자 그는 죽은 <u>채</u>를 했다.

8. 다음 자료에 대한 올바른 해석이 아닌 것은 어느 것인가?

① 전년대비 2025년의 재배면적은 고추와 참깨가 모두 증가하였다.
② 2023~2025년의 재배면적과 생산량의 증감 추이는 고추와 참깨가 상반된다.
③ 2016년 대비 2025년에는 고추와 참깨의 생산이 모두 감소하였다.
④ 재배면적의 감소세는 고추가 참깨보다 더 뚜렷하다.
⑤ 재배면적이 감소하였다고 반드시 생산량도 함께 감소한 것은 아니다.

9. 수영장에 물을 가득 채울 때 수도관 A로는 6시간, B로는 4시간, C로는 3시간이 걸린다. A, B, C 세 수도관을 모두 사용하여 수영장에 물을 가득 채우는 데 걸리는 시간은?

① 1시간 10분　② 1시간 20분
③ 1시간 30분　④ 1시간 40분
⑤ 1시간 50분

10. 다음 중 제시된 자료를 올바르게 분석한 것이 아닌 것은?

⟨65세 이상 노인인구 대비 기초 (노령)연금 수급자 현황⟩
(단위 : 명, %)

연도	65세 이상 노인인구	기초(노령) 연금수급자	국민연금 동시 수급자
2017	5,267,708	3,630,147	719,030
2018	5,506,352	3,727,940	823,218
2019	5,700,972	3,818,186	915,543
2020	5,980,060	3,933,095	1,023,457
2021	6,250,986	4,065,672	1,138,726
2022	6,520,607	4,353,482	1,323,226
2023	6,771,214	4,495,183	1,444,286
2024	6,987,489	4,581,406	1,541,216
2025	7,015,278	4,592,382	1,553,179

⟨가구유형별 기초연금 수급자 현황(2024년)⟩
(단위 : 명, %)

65세 이상 노인 수	수급자 수					수급률
	계	단독가구	부부가구			
			소계	1인수급	2인수급	
6,987,489	4,581,406	2,351,026	2,230,380	380,302	1,850,078	65.6

① 기초연금 수급자 대비 국민연금 동시 수급자의 비율은 2017년 대비 2024년에 증가하였다.
② 기초연금 수급률은 65세 이상 노인 수 대비 수급자의 비율이다.
③ 2024년 단독가구 수급자는 전체 수급자의 50%가 넘는다.
④ 2024년 1인 수급자는 전체 기초연금 수급자의 약 17%에 해당한다.
⑤ 2017년부터 65세 이상 노인인구는 꾸준히 증가하였다.

|11~12| 다음은 연도별 우울증 진료 환자 추이에 대한 자료이다. 물음에 답하시오.

11. 자료를 통하여 알 수 있는 사실로 옳은 것을 〈보기〉에서 모두 고르면?

〈보기〉
(가) 2022년 이후 남녀 우울증 진료 환자의 수는 매년 증가하고 있다.
(나) 전체 우울증 진료 환자에서 여성이 차지하는 비중은 매년 감소하고 있다.
(다) 전체 우울증 진료 환자에서 남성이 차지하는 비중은 2024년이 가장 높다.
(라) 전년 대비 전체 우울증 진료 환자의 증가율은 2024년이 2025년보다 더 높다.

① (가), (나), (라)
② (가), (다), (라)
③ (가), (나), (다)
④ (나), (다), (라)
⑤ (가), (나), (다), (라)

12. 2026년 남성 우울증 환자 수는 전년대비 10% 증가하고 여성 우울증 환자 수는 10% 감소하였다면, 2026년 전체 우울증 환자 수는 몇 명인가? (소수 둘째 자리에서 반올림함)

① 67.9만 명
② 66.3만 명
③ 65.8만 명
④ 64.2만 명
⑤ 63.1만 명

13. 다음 표와 그림은 2025년 한국 골프 팀 A~E의 선수 인원수 및 총 연봉과 각각의 전년대비 증가율을 나타낸 것이다. 이에 대한 설명으로 옳지 않은 것은?

〈2025년 골프 팀 A~E의 선수 인원수 및 총 연봉〉
(단위 : 명, 억 원)

골프 팀	선수 인원수	총 연봉
A	5	15
B	10	25
C	8	24
D	6	30
E	6	24

※ 팀 선수 평균 연봉 = $\dfrac{\text{총 연봉}}{\text{선수 인원수}}$

〈2025년 골프 팀 A~E의 선수 인원수 및 총 연봉의 전년대비 증가율〉

※ 전년대비 증가율은 소수점 둘째자리에서 반올림한 값이다.

① 2025년 팀 선수 평균 연봉은 D팀이 가장 많다.
② 2025년 전년대비 증가한 선수 인원수는 C팀과 D팀이 동일하다.
③ 2025년 A팀의 팀 선수 평균 연봉은 전년대비 증가하였다.
④ 2025년 선수 인원수가 전년대비 가장 많이 증가한 팀은 총 연봉도 가장 많이 증가하였다.
⑤ 2024년 총 연봉은 A팀이 E팀보다 많다.

14. 다음은 서원이가 매일하는 운동에 관한 기록지이다. 1회당 정문에서 후문을 왕복하여 달리는 운동을 할 때, <u>정문에서 후문까지의 거리 ㉠</u>과 <u>후문에서 정문으로 돌아오는데 걸린 시간 ㉡</u>은? (단, 매회 달리는 속도는 일정하다고 가정한다.)

회차	속도		시간
1회	정문→후문	20m/초	5분
	후문→정문		
⋮	⋮		
5회			70분

※ 총 5회 반복
※ 마지막 바퀴는 10분을 쉬고 출발

	㉠	㉡		㉠	㉡
①	6,000m	7분	②	5,000m	8분
③	4,000m	9분	④	3,000m	10분
⑤	2,000m	11분			

15. 다음 글을 근거로 유추할 경우 옳은 내용만을 바르게 짝지은 것은?

- 9명의 참가자는 1번부터 9번까지의 번호 중 하나를 부여 받고, 동시에 제비를 뽑아 3명은 범인, 6명은 시민이 된다.
- '1번의 오른쪽은 2번, 2번의 오른쪽은 3번, ⋯, 8번의 오른쪽은 9번, 9번의 오른쪽은 1번'과 같이 번호 순서대로 동그랗게 앉는다.
- 참가자는 본인과 바로 양 옆에 앉은 사람이 범인인지 시민인지 알 수 있다.
- "옆에 범인이 있다."라는 말은 바로 양 옆에 앉은 2명 중 1명 혹은 2명이 범인이라는 뜻이다.
- "옆에 범인이 없다."라는 말은 바로 양 옆에 앉은 2명 모두 범인이 아니라는 뜻이다.
- 범인은 거짓말만 하고, 시민은 참말만 한다.

㉠ 1, 4, 6, 7, 8번의 진술이 "옆에 범인이 있다."이고, 2, 3, 5, 9번의 진술이 "옆에 범인이 없다."일 때, 8번이 시민임을 알면 범인들을 모두 찾아낼 수 있다.
㉡ 만약 모두가 "옆에 범인이 있다."라고 진술한 경우, 범인이 부여받은 번호의 조합은 (1, 4, 7) / (2, 5, 8) / (3, 6, 9) 3가지이다.
㉢ 한 명만이 "옆에 범임이 없다."라고 진술한 경우는 없다.

① ㉡
② ㉢
③ ㉠, ㉡
④ ㉠, ㉢
⑤ ㉠, ㉡, ㉢

16. 아래는 이야기 내용과 그에 관한 설명이다. 이야기에 관한 설명 중 이야기 내용과 일치하는 것은 모두 몇 개인가?

[이야기 내용] 미용사가 한 여성의 머리를 커트하고 있었고, 한 남성은 옆의 소파에 앉아 기다리고 있었다. 이 여성에 대한 커트가 끝나자, 기다리던 남성도 머리를 커트하였다. 커트 비용으로 여자 미용사는 남성으로부터 모두 10,000원을 받았다. 이들 3사람 외에 다른 사람은 없었다.
[이야기에 관한 설명]
1. 이 미용실의 손님은 여성과 남성 각각 1명씩이었다.
2. 이 미용실의 미용사는 여성이다.
3. 여자 미용사는 남성의 머리를 커트하였다.
4. 돈을 낸 사람은 머리를 커트한 남자 손님이었다.
5. 이 미용실의 커트 비용은 일인당 5,000원이었다.
6. 머리를 커트한 사람은 모두 2명이다.

① 0개
② 1개
③ 2개
④ 3개
⑤ 4개

---

17. 재적의원이 210명인 '갑'국 의회에서 다음과 같은 규칙에 따라 안건 통과 여부를 결정한다고 할 때, 옳은 설명만으로 바르게 짝지어진 것은?

〈규칙〉
- 안건이 상정된 회의에서 기권표가 전체의 3분의 1 이상이면 안건은 부결된다.
- 기권표를 제외하고, 찬성 또는 반대의견을 던진 표 중에서 찬성표가 50%를 초과해야 안건이 가결된다.

※ 재적의원 전원이 참석하여 1인 1표를 행사하였고, 무효표는 없다.

㉠ 70명이 기권하여도 71명이 찬성하면 안건은 가결된다.
㉡ 104명이 반대하면 기권표에 관계없이 안건은 부결된다.
㉢ 141명이 찬성하면 기권표에 관계없이 안건이 가결된다.
㉣ 안건이 가결될 수 있는 최소 찬성표는 71표이다.

① ㉠, ㉡
② ㉠, ㉢
③ ㉡, ㉢
④ ㉡, ㉣
⑤ ㉢, ㉣

⑤

19. 다음은 서울교통공사가 안전하고 행복한 지하철 이용을 위해 제공한 '안전장비 취급요령'에 대한 내용이다. 보기 내용 중 가장 적절하지 않은 것은?

소화기 사용 방법	1. 안전핀 제거	소화기의 안전핀을 뽑는다. 이때 상단레버만 손으로 잡는다.
	2. 화재 방향 조준	바람을 등지고 3~5m 전방에서 호스를 불쪽으로 향해 잡는다.
	3. 상단 레버	상단레버(손잡이)를 힘껏 움겨잡는다.
	4. 약제 방사	불길 양 옆으로 골고루 약제를 방사한다.
	유의사항	• 소화기를 방사할 때 너무 가까이 접근하여 화상을 입지 않도록 주의한다. • 바람을 등지고 상하로 방사한다. • 지하공간이나 창이 없는 곳에서 사용하면 질식의 우려가 있다. • 방사할 때 기화에 따른 동상을 주의한다. • 방사된 가스는 마시지 말고 사용 후 즉시 환기하여야 한다.
소화전 사용 방법	1. 호스 반출	소화전함을 열고 호스를 꺼내 불이 난 곳까지 꼬이지 않게 펼친다.
	2. 개폐밸브 개방	소화전 밸브를 왼쪽 방향으로 돌리면서 서서히 연다.
	3. 방수	호스 끝 부분을 두 손으로 꼭 잡고 불이 난 곳을 향하여 불을 끈다.
	유의사항	• 노즐 조작자와 개폐밸브 및 호스 조작자 등 최소 2명이 필요하다. • 소화전 사용 시 호스가 꺾이지 않도록 주의하고 호스의 반동력이 크므로 노즐을 도중에 내려놓거나 놓치지 않도록 주의한다.
비상 코크 사용 방법	1. 위치 확인	출입문 비상코크 위치를 확인하고 뚜껑을 연다.
	2. 비상코크 조작	비상코크를 잡고 몸 쪽으로 당긴다.
	3. 출입문 개방	출입문을 양손으로 잡고 당겨 연다.
	유의사항	• 출입문 비상코크는 객차 내 의자 양 옆 아래쪽에 위치해 있다. • 선로에 내릴 땐 다른 열차가 오는지 주의해야 한다.
비상 통화 장치 사용 방법	1. 커버 열기	커버를 열고 마이크를 꺼낸다.
	2. 통화	운전실에 비상경보음이 울리며, 마이크를 통해 승무원과 통화가 가능하다.
	기타사항	-객실당 2개 설치 -내장재 교체 차량에 설치

① 소화기를 잘못 사용하게 되면 화상 및 동상을 입을 수도 있다.
② 비상시에 출입문을 손으로 열기 위해서는 객차 양 끝의 장치를 조작해야만 한다.
③ 최소 2명이 있어야 사용할 수 있는 장치는 소화전뿐이다.
④ 소화기는 가급적 공기가 통하는 곳에서 사용하는 것이 안전하다.
⑤ 소화전 사용 시 노즐을 도중에 내려놓지 않도록 주의해야 한다.

|20~21| 다음은 S공사에서 제공하는 휴양콘도 이용 안내문이다. 다음 안내문을 읽고 이어지는 물음에 답하시오.

▲ 휴양콘도 이용대상
• 주말, 성수기 : 월평균소득이 243만 원 이하 근로자
- 평일 : 모든 근로자(월평균소득이 243만 원 초과자 포함), 특수형태근로종사자
- 이용희망일 2개월 전부터 신청 가능
- 이용희망일이 주말, 성수기인 경우 최초 선정일 전날 23시 59분까지 접수 요망. 이후에 접수할 경우 잔여객실 선정일정에 따라 처리

▲ 휴양콘도 이용우선순위
① 주말, 성수기
 • 주말·성수기 선정 박수가 적은 근로자
 • 이용가능 점수가 높은 근로자
 • 월평균소득이 낮은 근로자
 ※ 위 기준 순서대로 적용되며, 근로자 신혼여행의 경우 최우선 선정
② 평일: 선착순

▲ 이용·변경·신청취소
• 선정결과 통보 : 이용대상자 콘도 이용권 이메일 발송
• 이용대상자로 선정된 후에는 변경 불가→변경을 원할 경우 신청 취소 후 재신청
• 신청취소는 「근로복지서비스〉신청결과확인」메뉴에서 이용일 10일 전까지 취소
 ※ 9일전~1일전 취소는 이용점수가 차감되며, 이용당일 취소 또는 취소 신청 없이 이용하지 않는 경우 (No-Show) 1년 동안 이용 불가

- 선정 후 취소 시 선정 박수에는 포함되므로 이용우선순위에 유의(평일 제외)
  ※ 기준년도 내 선정 박수가 적은 근로자 우선으로 자동선발하고, 차순위로 점수가 높은 근로자 순으로 선발하므로 선정 후 취소 시 차후 이용우선순위에 영향을 미치니 유의하시기 바람
  - 이용대상자로 선정된 후 타인에게 양도 등 부정사용 시 신청일 부터 5년간 이용 제한

▲ 기본점수 부여 및 차감방법 안내

- 매년(년1회) 연령에 따른 기본점수 부여

[월평균소득 243만 원 이하 근로자]

연령대	50세 이상	40~49세	30~39세	20~29세	19세 이하
점수	100점	90점	80점	70점	60점

※ 월평균소득 243만 원 초과 근로자, 특수형태근로종사자, 고용·산재보험 가입사업장: 0점

- 기 부여된 점수에서 연중 이용점수 및 벌점에 따라 점수 차감

구분	이용점수(1박당)			벌점	
	성수기	주말	평일	이용취소 (9~1일 전 취소)	No-show (당일취소, 미이용)
차감점수	20점	10점	0점	50점	1년 사용제한

▲ 벌점(이용취소, No-show)부과 예외
- 이용자의 배우자·직계존비속 또는 배우자의 직계존비속이 사망한 경우
- 이용자 본인·배우자·직계존비속 또는 배우자의 직계존비속이 신체이상으로 3일 이상 의료기관에 입원하여 콘도 이용이 곤란한 경우
- 운송기관의 파업·휴업·결항 등으로 운송수단을 이용할 수 없어 콘도 이용이 곤란한 경우
  ※ 벌점부과 예외 사유에 의한 취소 시에도 선정박수에는 포함되므로 이용우선순위에 유의하시기 바람

20. 다음 중 위의 안내문을 보고 올바른 콘도 이용계획을 세운 사람은 누구인가?

① "난 이용가능 점수도 높아 거의 1순위인 것 같은데, 올해엔 시간이 없으니 내년 여름휴가 때 이용할 콘도나 미리 예약해 둬야겠군."
② "경태 씨, 우리 신혼여행 때 휴양 콘도 이용 일정을 넣고 싶은데 이용가능점수도 낮고 소득도 좀 높은 편이라 어려울 것 같네요."
③ "여보, 지난 번 신청한 휴양콘도 이용자 선정 결과가 아직 안 나왔나요? 신청할 때 제 전화번호를 기재했다고 해서 계속 기다리고 있는데 전화가 안 오네요."
④ "영업팀 최 부장님은 50세 이상이라서 기본점수가 높지만 지난 번 성수기에 2박 이용을 하셨으니 아직 미사용 중인 20대 엄 대리가 점수 상으로는 좀 더 선정 가능성이 높겠군."
⑤ "총무팀 박 대리는 엊그제 아버님 상을 당해서 오늘 콘도 이용은 당연히 취소겠군. 취소야 되겠지만 벌점 때문에 내년에 재이용은 어렵겠어."

21. 다음 〈보기〉의 신청인 중 올해 말 이전 휴양콘도 이용 순위가 높은 사람부터 순서대로 올바르게 나열한 것은 어느 것인가?

〈보기〉
A씨 : 30대, 월 소득 200만 원, 주말 2박 선정 후 3일 전 취소(무벌점)
B씨 : 20대, 월 소득 180만 원, 신혼여행 시 이용 예정
C씨 : 40대, 월 소득 220만 원, 성수기 2박 기 사용
D씨 : 50대, 월 소득 235만 원, 올 초 선정 후 5일 전 취소, 평일 1박 기 사용

① D씨 - B씨 - A씨 - C씨
② B씨 - D씨 - C씨 - A씨
③ C씨 - D씨 - A씨 - B씨
④ B씨 - D씨 - A씨 - C씨
⑤ B씨 - A씨 - D씨 - C씨

구분	내용	금액기준	결재서류	팀장	본부장	대표이사
접대비	거래처 식대, 경조사비 등	20만 원 이하	접대비 지출품의서 지출결의서	●■		
		30만 원 이하			●■	
		30만 원 초과				●■
교통비	국내 출장비	30만 원 이하	출장계획서 출장비 신청서	●■		
		50만 원 이하		●	■	
		50만 원 초과		●		■
	해외 출장비			●		■
소모품비	사무용품		지출결의서	■		
	문서, 전산 소모품					■
	기타 소모품	20만 원 이하		■		
		30만 원 이하			■	
		30만 원 초과				■
교육훈련비	사내외 교육		기안서 지출결의서	●		■
법인카드	법인카드 사용	50만 원 이하	법인카드 신청서	■		
		100만 원 이하			■	
		100만 원 초과				■

※ ● : 기안서, 출장계획서, 접대비지출품의서
　■ : 지출결의서, 세금계산서, 발행요청서, 각종신청서

|22~23| 다음 위임전결규정을 보고 이어지는 질문에 답하시오.

〈결재규정〉

• 결재를 받으려는 업무에 대해서는 최고결재권자(대표이사)를 포함한 이하 직책자의 결재를 받아야 한다.
• '전결'이라 함은 회사의 경영활동이나 관리활동을 수행함에 있어 의사 결정이나 판단을 요하는 일에 대하여 최고결재권자의 결재를 생략하고, 자신의 책임 하에 최종적으로 의사 결정이나 판단을 하는 행위를 말한다.
• 전결사항에 대해서도 위임 받은 자를 포함한 이하 직책자의 결재를 받아야 한다.
• 표시내용 : 결재를 올리는 자는 최고결재권자로부터 전결사항을 위임받은 자가 있는 경우 결재란에 전결이라고 표시하고 최종결재권자란에 위임 받은 자를 표시한다. 다만, 결재가 불필요한 직책자의 결재란은 상향대각선으로 표시한다.
• 최고결재권자의 결재사항 및 최고결재권자로부터 위임된 전결사항은 아래의 표에 따른다.

22. 홍 대리는 바이어 일행 내방에 따른 저녁 식사비로 약 120만 원의 지출 비용을 책정하였다. 법인카드를 사용하여 이를 결제할 예정인 홍 대리가 작성해야 할 문서의 결재 양식으로 옳은 것은 어느 것인가?

①
결재	법인카드신청서			
	담당	팀장	본부장	대표이사
	홍 대리			

②
결재	접대비지출품의서			
	담당	팀장	본부장	대표이사
	홍 대리			

③
결재	법인카드신청서			
	담당	팀장	본부장	최종결재
	홍 대리			

④
결재	접대비지출품의서			
	담당	팀장	본부장	대표이사
	홍 대리		전결	

⑤
결재	법인카드신청서			
	담당	팀장	본부장	대표이사
	홍 대리			

23. 권 대리는 광주로 출장을 가기 위하여 출장비 45만 원에 대한 신청서를 작성하려 한다. 권 대리가 작성해야 할 문서의 결재 양식으로 옳은 것은 어느 것인가?

①
결재	출장비신청서			
	담당	팀장	본부장	최종결재
	권 대리			본부장

②
결재	출장비계획서			
	담당	팀장	본부장	최종결재
	권 대리			

③
결재	출장비계획서			
	담당	팀장	본부장	최종결재
	권 대리		전결	

④
결재	출장비신청서			
	담당	팀장	본부장	최종결재
	권 대리			

⑤
결재	출장비신청서			
	담당	팀장	본부장	최종결재
	권 대리		전결	본부장

【24~25】 다음은 서울교통공사의 '주요 안전투자 세부 내역'과 '조직도'의 일부이다. 각 물음에 답하시오.

<주요 안전투자 세부 내역>
(단위 : 억 원)

구분	내용	2024년	2025년	증감
	합계	4,537	5,223	686
전동차	2·3호선 노후전동차 교체	1430	852	△578
	5·7호선 노후전동차 교체	1	704	703
	전동차 전방 CCTV설치 등	57	116	59
승강장 안전문	승강장안전문 전면 재시공	70	119	49
	PSD비상문 교체	132	105	△27
	PSD 검지센서 모니터링 등	2	13	11
내진 및 고가 구조물	내진성능 보강	592	551	△41
	방음벽 및 고가 구조물 보강	19	47	28
	고가 구조물 유지보수 및 진단	17	16	△1
공기질	시청(2)역 석면 제거	11	110	99
	공기질 개선 측정기구	0	72	72
	잠실새내역 환경개선 등	15	147	132
디지털 기반 안전 시스템 (SCM)	스마트 차량검수 시스템 구축	20	34	14
	기계설비자동제어(SAMBA)	36	95	59
	CCTV 지능형통합모니터링	20	174	154
	차세대 정보통신망 구축	110	253	143
	운행정보 실시간모니터링 등	9	9	0
노후시설 개선	노후 전선로 개량	97	193	96
	노후 전력설비 개량	326	268	△58
	노후 제연설비 개량 등	653	491	△162
기타	승강편의 유지관리 용역	156	129	△27
	통합관제 시스템 구축	37	147	110
	안전5중 방호벽 시제품	727	578	△149

24. 다음 중 옳은 것을 모두 고르면?

㉠ 2024년과 2025년 모두 안전투자 비용에서 가장 큰 비중을 차지하고 있는 것은 '전동차'이다.
㉡ 공기질 개선 측정기구를 통해 공기질을 관리하는 것은 2025년에 새로 도입한 방법일 것이다.
㉢ 노후 전선로 및 노후 전력설비 개량비용은 2024년과 2025년 모두 노후시설 개선 분야에서 절반 이상의 비중을 차지한다.
㉣ 2024년에 비해 2025년에 각 세부 내용의 투자비용이 모두 증가한 분야는 '공기질'과 '디지털 기반 안전시스템(SCM)'이다.

① ㉠, ㉢
② ㉡, ㉣
③ ㉠, ㉡, ㉣
④ ㉡, ㉢, ㉣
⑤ ㉠, ㉡, ㉢, ㉣

25. 조직도를 참고할 때, 유추할 수 있는 내용으로 가장 잘못된 것은?

① 승강장안전문에 대한 업무는 기술본부의 '승강장안전문관리단'에서 총괄할 것이다.
② 관제사가 되고자 하는 자는 종합관제단에서 실시하는 신체검사에 합격하여야 한다.
③ 통합 관제시스템 구축 예산안은 안전관리본부 소속 종합관제단에서 수립할 것이다.
④ 각종 유지보수에 필요한 소모품 등의 구매 및 계약은 구매물류실 소속 구매물류센터에서 총괄할 것이다.
⑤ 9호선운영부문은 업무와 관련하여 사장에게 직접 보고할 것이다.

26. 다음은 서울교통공사의 데이터 관리 규칙 중 일부를 나타낸 것이다. 다음 중 옳지 않은 것은?

① 데이터는 공사의 핵심 자산으로 인식하여 체계적으로 관리되어야 한다.
② 데이터는 공사 데이터 표준이 준수되어야 하며, 데이터의 정의를 일관되고 명확하게 함으로써 사용자에게 유용할 수 있도록 하여야 한다.
③ 데이터 수요자에게 유효한 데이터를 적시, 적소에 공급될 수 있도록 데이터의 흐름을 관리하여야 한다.
④ 데이터 품질지표를 설정하여 주기적인 평가활동을 수행하고 데이터에 대한 책임 및 관리 주체를 명확히 하여야 한다.
⑤ 데이터는 개인적인 저장소에 수집·저장하여 정보 수요자에게 제공되어야 한다.

27. 다음은 스프레드시트(엑셀)를 이용하여 진급 대상자 명단을 작성한 것이다. 옳은 설명만을 모두 고른 것은? (단, 순위[E4:E8]은 '자동채우기' 기능을 사용한다)

㉠ 차트는 '가로 막대형'으로 나타냈다.
㉡ 부서명을 기준으로 '오름차순' 정렬을 하였다.
㉢ 순위 [E4]셀의 함수식은 '=RANK(D4,$D$4:$D$8,0)'이다.

① ㉠
② ㉡
③ ㉠, ㉢
④ ㉡, ㉢
⑤ ㉠, ㉡, ㉢

|28~29| 다음은 서울교통공사에서 제공한 '시간대별 지하철 이용 인원수'를 나타낸 자료 중 일부이다. 각 물음에 답하시오.

	A	B	C	D	E	F	G	H	I	J
1	역명	구분	04~05	05~06	06~07	07~08	08~09	09~10	10~11	11~12
2	서울역	승차	43	386	478	1528	2853	2139	2240	3385
3	서울역	하차	2	342	2213	4387	9548	5577	3428	3082
4	시청	승차	3	80	132	285	363	509	609	864
5	시청	하차	0	164	756	3011	8725	3472	1763	1693
6	종각	승차	1	120	162	246	451	565	787	1246
7	종각	하차	1	213	1272	4317	12140	6222	3186	3029
8	종로3가	승차	7	152	163	229	421	507	993	1452
9	종로3가	하차	3	111	490	1005	2320	2507	2550	2668
10	종로5가	승차	1	78	112	211	332	465	842	1127
11	종로5가	하차	0	120	563	1330	4098	1928	1901	2105

28. 지하철역별로 시간대별 '승차' 인원수만 따로 보려고 할 때 가장 적절한 방법은?

① 구분에 '하차'라고 적혀 있는 3, 5, 7, 9, 11열을 삭제한다.
② lookup 함수를 이용한다.
③ 필터 기능을 이용하여 '구분' 셀(B1)에서 '승차'값만 선택한다.
④ '보기'의 '틀 고정'에서 '첫 행 고정'을 선택한다.
⑤ '조건부 서식 – 셀 강조 규칙'에서 '승차'를 포함한 텍스트 서식을 지정한다.

29. 위 자료를 다음과 같이 나타내려고 한다. 다음 중 사용한 기능이 아닌 것은?

	A	B	C	D	E	F	G	H	I	J
1	역명	04~05	05~06	06~07	07~08	08~09	09~10	10~11	11~12	시간대별 인원수 추이
2	서울역	45	728	2691	5915	12401	7716	5668	6467	
3	시청	3	244	888	3296	9088	3981	2372	2557	
4	종각	2	333	1434	4563	12591	6787	3973	4275	
5	종로3가	10	263	653	1234	2741	3014	3543	4120	
6	종로5가	1	198	675	1541	4430	2393	2743	3232	
7	시간대별 평균 이용자수	12.2	353.2	1268.2	3309.8	8250.2	4778.2	3659.8	4130.2	

① 열 삭제
② sum 함수
③ 필터
④ 스파크라인
⑤ average 함수

30. 경비 집행을 담당하는 H대리는 이번 달 사용한 비용 내역을 다음과 같이 정리하였다. 이를 본 팀장은 H대리에게 이번 달 간접비의 비중이 직접비의 25%를 넘지 말았어야 했다고 말한다. 다음과 같이 H대리가 생각하는 내용 중 팀장이 이번 달 계획했던 비용 지출 계획과 어긋나는 것은?

〈이번 달 비용 내역〉
* 직원 급여 1,200만 원   * 출장비 200만 원
* 설비비 2,200만 원   * 자재대금 400만 원
* 사무실 임대료 300만 원   * 수도/전기세 35만 원
* 광고료 600만 원   * 비품 30만 원
* 직원 통신비 60만 원

① '비품을 다음 달에 살 걸 그랬네…'
② '출장비가 80만 원만 더 나왔어도 팀장님이 원하는 비중대로 되었을 텐데…'
③ '어쩐지 수도/전기세를 다음 달에 몰아서 내고 싶더라…'
④ '직원들 통신비를 절반으로 줄이기만 했어도…'
⑤ '가만, 내가 설비비 부가세를 포함했는지 확인해야겠다. 그것만 포함되면 될텐데…'

31. 다음은 공무원에게 적용되는 '병가' 규정의 일부이다. 다음을 참고할 때, 규정에 맞게 병가를 사용한 것으로 볼 수 없는 사람은?

병가(복무규정 제18조)
▲ 병가사유
 - 질병 또는 부상으로 인하여 직무를 수행할 수 없을 때
 - 감염병의 이환으로 인하여 그 공무원의 출근이 다른 공무원의 건강에 영향을 미칠 우려가 있을 때
▲ 병가기간
 - 일반적 질병 또는 부상 : 연 60일의 범위 내
 - 공무상 질병 또는 부상 : 연 180일의 범위 내
▲ 진단서를 제출하지 않더라도 연간 누계 6일까지는 병가를 사용할 수 있으나, 연간 누계 7일째 되는 시점부터는 진단서를 제출하여야 함
▲ 질병 또는 부상으로 인한 지각·조퇴·외출의 누계 8시간은 병가 1일로 계산, 8시간 미만은 계산하지 않음
▲ 결근·정직·직위해제일수는 공무상 질병 또는 부상으로 인한 병가일수에서 공제함

① 공무상 질병으로 179일 병가 사용 후, 같은 질병으로 인한 조퇴 시간 누계가 7시간인 K씨
② 일반적 질병으로 인하여 직무 수행이 어려울 것 같아 50일 병가를 사용한 S씨
③ 정직 30일의 징계와 30일의 공무상 병가를 사용한 후 지각 시간 누계가 7시간인 L씨
④ 일반적 질병으로 60일 병가 사용 후 일반적 부상으로 인한 지각·조퇴·외출 시간이 각각 3시간씩인 H씨
⑤ 진단서 없이 6일간의 병가 사용 후 지각·조퇴·외출 시간이 각각 2시간씩인 J씨

32. 다음과 같은 프로그램 명령어를 참고할 때, 아래의 모양 변화가 일어나기 위해서 두 번의 스위치를 눌렀다면 어떤 스위치를 눌렀는가? (위부터 아래로 차례로 1~4번 도형임)

스위치	기능
◉	1번, 4번 도형을 시계 방향으로 90도 회전함
◈	2번, 3번 도형을 시계 방향으로 90도 회전함
■	1번, 2번 도형을 시계 반대 방향으로 90도 회전함
◐	3번, 4번 도형을 시계 반대 방향으로 90도 회전함

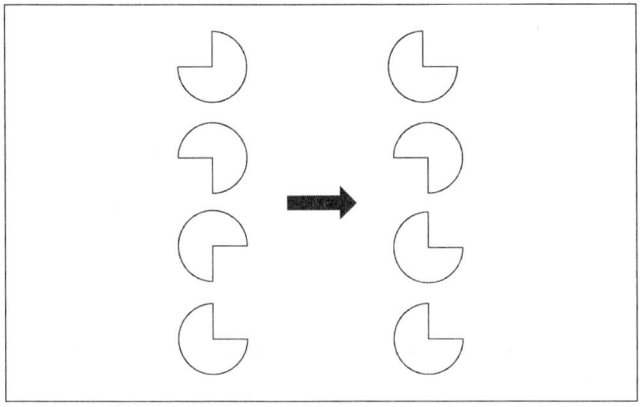

① ■, ◉
② ◈, ■
③ ◉, ■
④ ◐, ◉
⑤ ◐, ◈

33. 다음의 사례는 4차 산업발전을 기반으로 한 C2C의 내용이다. 아래의 내용으로 미루어 보아 4차 산업발전의 기술을 기반으로 한 C 쇼핑이 제공하는 서비스와 가장 관련성이 높은 것은 무엇인가?

　4차 산업혁명의 기술로 인해 우리의 실생활을 변화 시켜가고 있다. 자동차의 공유, 자전거우 공유, 우버택시 서비스, 카카오 택시 등 플랫폼을 활용한 공유경제가 우리 사회를 주도해 가고 있다. 특히 공유경제는 저비용, 고효율에 기반을 둔 개개인의 수익창출에 근간을 둔다. 공유경제의 기반은 플랫폼이다.
　4차 산업혁명으로 인해 C2C의 경우 소비자는 상품을 구매하는 주체이면서 동시에 공급의 주체가 되기도 한다. 인터넷이 소비자들을 직접 연결시켜주는 시장의 역할을 하게 됨으로써 발생한 거래형태로 현재는 경매나 벼룩시장처럼 중고품을 중심으로 거래가 이루어지고 있는데, 그 한 가지 사례가 있어 소개한다.
　스마트폰으로 팔고 싶은 물품의 사진이나 동영상을 인터넷에 올려 당사자끼리 직접 거래할 수 있는 모바일 오픈 마켓 서비스가 등장했다. C 쇼핑은 수수료를 받지 않고 개인 간 물품거래를 제공하는 스마트폰 애플리케이션 '오늘 마켓'을 서비스한다고 밝혔다. 기존 오픈 마켓은 개인이 물건을 팔려면 사진을 찍어 PC로 옮기고, 인터넷 카페나 쇼핑몰에 판매자 등록을 한 뒤 사진을 올리는 복잡한 과정을 거쳐야 했다. 오늘마켓은 판매자가 휴대전화로 사진이나 동영상을 찍어 앱으로 바로 등록할 수 있고 전화나 문자메시지, e메일, 트위터 등 연락 방법을 다양하게 설정할 수 있다.
　구매자는 상품 등록시간이나 인기 순으로 상품을 검색할 수 있고 위치 기반 서비스(LBS)를 바탕으로 자신의 위치와 가까운 곳에 있는 판매자의 상품만 선택해 볼 수도 있다. 애플 스마트폰인 아이 폰용으로 우선 제공되며 안드로이드 스마트폰용은 상반기 안으로 서비스 예정이다. 이렇듯 4차 산업발전으로 인해 C2C 또한 빠르고 편리한 서비스를 제공하게 되는 것이다.

① 정부에서 필요로 하는 조달 물품을 구입할 시에 흔히 사용하는 입찰방식이다.
② 소비자와 소비자 간 물건 등을 매매할 수 있는 형태이다.
③ 정보의 제공, 정부문서의 발급, 홍보 등에 주로 활용되는 형태이다.
④ 홈뱅킹, 방송, 여행 및 각종 예약 등에 활용되는 형태이다.
⑤ 4차 산업혁명과 C2C는 기술적으로 아무런 관련성이 없는 방식이다.

34. 추후 우리나라의 물류 및 유통 분야도 4차 산업혁명의 영향을 많이 받게 될 것이다. 아래의 그림은 이러한 기술의 발전으로 인해 불필요한 물류흐름을 줄이고 나타낸 형태이다. 이때 기술발전으로 인한 물류의 각 단계별 흐름에 대한 설명으로 옳게 연결된 것을 고르면?

아마도 완전히 자동화되어 사람은 단 한 명도 찾아볼 수 없는 광경일 것이다. 좀 더 상상력이 뛰어난 사람이라면 드론이 날아다니며 물품을 옮기고, 인간형 로봇들이 물품을 분류하는 장면까지 그려낼 수 있을 것이다.

그러한 상상의 그림이 현실로 이루어질 때가 멀지 않았다. 인공지능, 빅데이터, 사물인터넷 등 다양한 ICT 기술과 타 산업의 융합을 근간으로 하는 4차 산업혁명이 현실로 다가오기 시작했다. 이는 비단 제조업계에 국한된 이야기가 아니다. 미래의 물류창고는 이미 그 모습을 드러내기 시작했다. 새로운 기술의 활용과 더불어 물류 창고 내의 패러다임에도 많은 변화가 이뤄지고 있다. 지브라 테크놀로지스의 연구 보고서에 따르면 물류창고 업계의 62%가 향후 5년 이내에 음성-화면 피킹 방식을 도입함으로써 작업자들의 눈과 손을 자유롭게 하고 작업 생산성을 높일 계획이다. 또한 응답자의 61%는 2020년까지 크로스도킹(Cross-Docking, 물품을 적재하지 않고 들어오는 차량에서 나가는 차량으로 곧바로 옮겨 싣는 방식) 사용을 확대해 작업 효율성을 극대화 할 예정이다.

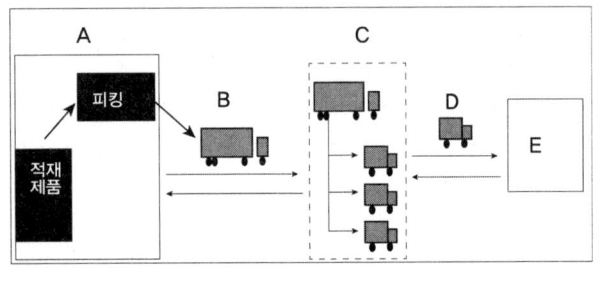

① A : 창고 → B : 수송 → C : 크로스도크 운송 → D : 루트 배송 → E : 고객
② A : 창고 → B : 수송 → C : 루트 배송 → D : 크로스도크 운송 → E : 고객
③ A : 창고 → B : 크로스도크 운송 → C : 수송 → D : 루트 배송 → E : 고객
④ A : 수송 → B : 창고 → C : 크로스도크 운송 → D : 루트 배송 → E : 고객
⑤ A : 수송 → B : 루트 배송 → C : 크로스도크 운송 → D : 창고 → E : 고객

35. 일본을 상대로 하는 무역회사에 다니고 있는 김 대리는 지금 하고 있는 일이 너무 익숙해져버려서 변화를 주어야겠다는 느낌을 받고 자기개발을 하려고 한다. 김 대리는 업무에 필요한 기초적인 일본어는 가능하지만 고급 일본어 구사에 부족함을 느껴 일본어를 공부하기로 마음을 먹었다. 다음은 김 대리가 목표와 계획을 작성한 것이다. 이를 본 상사의 반응으로 옳지 않은 것은?

〈김 대리의 자기개발 계획〉
• 목표 : 고급 일본어 공부하기
• 계획 : 일주일에 3일 고급 일본어 강의 수강
• 방법 : 퇴근하고 화, 목, 토요일 저녁 8~9시까지 집 근처 학원에서 고급 일본어를 수강

〈학원 강의 시간표〉

시간	월	화	수	목	금	토
07:00 ~ 08:00	고급 일본어	초급 중국어	고급 일본어	초급 중국어	고급 일본어	초급 중국어
20:00 ~ 21:00	초급 중국어	고급 일본어	초급 중국어	고급 일본어	초급 중국어	고급 일본어

① 목표를 장·단기로 나눠서 구체적으로 정하는 것이 더 좋을 것 같은데.
② 우리 회사의 특성상 야근이 많을 수 있으므로 퇴근 후보다는 출근 전에 학원을 가는 것이 좋지 않겠나?
③ 김 대리는 일본어는 기본적인 대화가 가능하니까, 이참에 중국어를 배워보는 건 어떻겠나?
④ 자기개발은 현재 직무를 고려해야 하는데 현재의 직무를 고려하지 않은 것이 흠이군.
⑤ 온라인 강의는 어떤가? 퇴근 후 학원까지 가야하는 번거로움이 줄어들 것 같은데.

36. 다음의 각 사례는 대인관계 향상을 위한 내용들이다. 이에 대한 각 사례를 잘못 파악하고 있는 것을 고르면?

㉠ 야구를 매우 좋아하는 아들을 둔 친구가 있었다. 그러나 이 친구는 야구에 전혀 관심이 없었다. 어느 해 여름, 그는 아들을 데리고 프로야구를 보기 위해 여러 도시를 다녔다. 야구 구경은 6주일 이상이 걸렸고 비용 역시 엄청나게 많이 들었다. 그러나 이 여행이 부자간의 인간관계를 강력하게 결속시키는 계기가 되었다. 내 친구에게 "자네는 그 정도로 야구를 좋아하나?"라고 물었더니 그는 "아니, 그렇지만 내 아들을 그만큼 좋아하지."라고 대답했다.

㉡ 나는 몇 년 전에 두 아들과 함께 저녁시간을 보낸 적이 있다. 체조와 레슬링을 구경하고 영화를 관람하고 돌아오는 길에, 날씨가 몹시 추웠기 때문에 나는 코트를 벗어서 작은 아이를 덮어 주었다. 큰 아이는 보통 재미있는 일이 있으면 수다스러운 편인데, 그날따라 유난히 계속 입을 다물고 있었고 돌아와서는 곧장 잠잘 채비를 하였다. 그 행동이 이상해서 큰 아이의 방에 들어가서 아이의 얼굴을 보니 눈물을 글썽이고 있었다. "애야 무슨 일이니? 왜 그래?". 큰 아이는 고개를 돌렸고 나는 그 애의 떨리는 눈과 입술 그리고 턱을 보며 그 애가 약간 창피함을 느끼고 있음을 눈치챘다. "아빠, 내가 추울 때 나에게도 코트를 덮어줄 거예요?". 그날 밤의 여러 프로그램 중 가장 중요한 것은 바로 그 사소한 친절행위였다. 작은 아이에게만 보여준 순간적이고 무의식적인 애정이 문제였던 것이다.

㉢ 나는 지키지 못할 약속은 절대로 하지 않는다는 철학을 가지고 이를 지키기 위해 노력해왔다. 그러나 이 같은 노력에도 불구하고 약속을 지키지 못하게 되는 예기치 않은 일이 발생하면 그 약속을 지키든가, 그렇지 않으면 상대방에게 나의 상황을 충분히 설명해 연기한다.

㉣ 업무설명서를 작성하는 것이 당신과 상사 중 누구의 역할인지에 대해 의견차이가 발생하는 경우를 생각해보자. 거의 모든 대인관계에서 나타나는 어려움은 역할과 목표 사이의 갈등이다. 누가 어떤 일을 해야 하는지의 문제를 다룰 때, 예를 들어 딸에게 방 청소는 시키거나 대화를 어떻게 해야 하는지, 누가 물고기에게 먹이를 주고 쓰레기를 내놓아야 하는지 등의 문제를 다룰 때, 우리는 불분명한 기대가 오해와 실망을 불러온다는 것을 알 수 있다.

㉤ 직장동료 K는 상사에게 매우 예의가 바른 사람이다. 그런데 어느 날 나와 단 둘이 있을 때, 상사를 비난하기 시작하였다. 나는 순간 의심이 들었다. 내가 없을 때 그가 나에 대한 악담을 하지 않을까?

① ㉠은 '상대방에 대한 이해심'과 관련한 내용으로 야구를 좋아하는 아들을 둔 아버지에 대한 사례이다.
② ㉡은 '사소한 일에 대한 관심'과 관련한 내용으로 사소한 일이라도 대인관계에 있어 매우 중요함을 보여주고 있다.
③ ㉢은 '약속의 이행'과 관련한 내용으로 대인관계 향상을 위해서는 철저하게 약속을 지키는 것이 매우 중요함을 보여주고 있다.
④ ㉣은 '기대의 명확화'와 관련한 내용으로 분명한 기대치를 제시해 주는 것이 대인관계에 있어서 오해를 줄이는 방법임을 보여주고 있다.
⑤ ㉤은 '진지한 사과'와 관련한 내용으로 자신이 잘못을 하였을 경우 진지하게 사과하는 것이 매우 중요하기는 하지만 같은 잘못을 되풀이하면서 사과를 하는 것은 오히려 대인관계 향상을 저해할 수 있음을 보여주고 있다.

37. 다음 상황에서 미루어 볼 때 이러한 고객 유형에 대한 응대요령으로 가장 적절한 것을 고르면?

> 타인이 보았을 때 유창하게 말하려는 사람은 자신을 과시하는 형태의 고객으로써 자기 자신은 모든 것을 다 알고 있는 전문가인 양 행동할 수 있다. 또한, 자신이 지니고 있는 확신에 대한 고집을 꺾지 않으려 하지 않으며 좀처럼 설득되지 않고 권위적인 느낌을 주어 상대의 판단에 영향을 미치려고 한다. 비록 언어 예절을 깍듯이 지키며 겸손한 듯이 행동하지만 내면에는 강한 우월감을 지니고 있으므로 거만한 인상을 주게 된다.

① 고객이 결정을 내리지 못하는 갈등요소가 무엇인지를 표면화시키기 위해 시기 적절히 질문을 하여 상대가 자신의 생각을 솔직히 드러낼 수 있도록 도와준다.
② 상대의 말에 지나치게 동조하지 말고 항의 내용의 골자를 요약해 확인한 후 문제를 충분히 이해하였음을 알리고 문제 해결에 대한 확실한 결론을 내어 고객에게 믿음을 주도록 한다.
③ 부드러운 분위기를 유지하며 정성스럽게 응대하되 음성에 웃음이 섞이지 않도록 유의한다.
④ 우선적으로 고객의 말을 잘 들으면서 상대의 능력에 대한 칭찬 및 감탄의 말로 응수해 상대를 인정하고 높여주면서 친밀감을 조성해야 한다.
⑤ 대화의 초점을 주제방향으로 유도해서 해결점에 도달할 수 있도록 자존심을 존중해 가면서 응대한다.

38. G사 홍보팀 직원들은 팀워크를 향상시킬 수 있는 방법에 대한 토의를 진행하며 다음과 같은 의견들을 제시하였다. 다음 중 팀워크의 기본요소를 제대로 파악하고 있지 못한 사람은 누구인가?

> A : "팀워크를 향상시키기 위해서는 무엇보다 팀원 간의 상호 신뢰와 존중이 중요하다고 봅니다."
> B : "또 하나 빼놓을 수 없는 것은 스스로에 대한 넘치는 자아의식이 수반되어야 팀워크에 기여할 수 있어요."
> C : "팀워크는 상호 협력과 각자의 역할에서 책임을 다하는 자세가 기본이 되어야 함을 우리 모두 명심해야 합니다."
> D : "저는 팀원들끼리 솔직한 대화를 통해 서로를 이해하는 일이 무엇보다 중요하다고 생각해요."
> E : "갈등을 어떻게 해결해 나가는지도 팀워크에 영향을 준다고 생각합니다."

① A   ② B
③ C   ④ D
⑤ E

39. 다음 제시된 직장 내 예절교육의 항목 중 적절한 내용으로 보기 어려운 설명을 모두 고른 것은?

> 가. 악수를 하는 동안에는 상대의 눈을 맞추기보다는 맞잡은 손에 집중한다.
> 나. 내가 속해 있는 회사의 관계자를 타 회사의 관계자에게 소개한다.
> 다. 처음 만나는 사람과 악수할 경우에는 가볍게 손끝만 잡는다.
> 라. 상대방에게서 명함을 받으면 받은 즉시 명함지갑에 넣지 않는다.
> 마. e-mail 메시지는 길고 자세한 것보다 명료하고 간략하게 만든다.
> 바. 정부 고관의 직급명은 퇴직한 사람을 소개할 경우엔 사용을 금지한다.
> 사. 명함에 부가 정보는 상대방과의 만남이 끝난 후에 적는다.

① 나, 라, 마, 사   ② 가, 다, 라
③ 나, 마, 바, 사   ④ 가, 다, 바
⑤ 가, 나, 라, 바

40. 영업팀에서 근무하는 조 대리는 아래와 같은 상황을 갑작스레 맞게 되었다. 다음 중 조 대리가 취해야 할 행동으로 가장 적절한 것은?

> 조 대리는 오늘 휴일을 맞아 평소 자주 방문하던 근처 고아원을 찾아가기로 하였다. 매번 자신의 아들인 것처럼 자상하게 대해주던 영수에게 줄 선물도 준비하였고 선물을 받고 즐거워할 영수의 모습에 설레는 마음을 감출 수 없었다.
> 그러던 중 갑자기 일본 지사로부터, 내일 방문하기로 예정되어 있던 바이어 일행 중 한 명이 현지 사정으로 인해 오늘 입국하게 되었다는 소식을 전해 들었다. 바이어의 한국 체류 시 모든 일정을 동행하며 계약 체결에 차질이 없도록 접대해야 하는 조 대리는 갑자기 공항으로 서둘러 출발해야 하는 상황에 놓이게 되었다.

① 업무상 긴급한 상황이지만, 휴일인 만큼 계획대로 영수와의 시간을 갖는다.
② 지사에 전화하여 오늘 입국은 불가하며 내일 비행기 편을 다시 알아봐 줄 것을 요청한다.
③ 영수에게 아쉬움을 전하며 다음 기회를 약속하고 손님을 맞기 위해 공항으로 나간다.
④ 지난 번 도움을 주었던 차 대리에게 연락하여 대신 공항 픽업부터 호텔 투숙, 저녁 식사까지만 대신 안내를 부탁한다.
⑤ 영수에게 먼저 들렀다가 조금 늦게 바이어 일행을 마중 나간다.

✏️ 직무수행능력평가_전기일반(40문항/50분)

1. 다음과 같은 RC 회로의 입력단자에 계단전압을 인가하면 출력전압은?

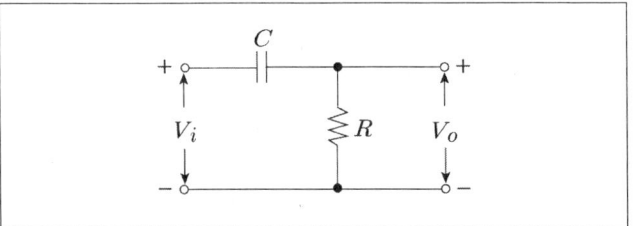

① 0부터 지수적으로 증가한다.
② 처음에는 입력과 같이 변했다가 지수적으로 감쇠한다.
③ 같은 모양의 계단전압이 나타난다.
④ 아무것도 나타나지 않는다.
⑤ 0부터 비례적으로 증가한다.

2. 무한한 길이의 선전하가 1[m]당 $+\rho[C]$의 전하량을 가질 경우 이 직선도체에서 r[m] 떨어진 점의 전위[V]는?

① 0이다.
② r에 비례한다.
③ r에 반비례한다.
④ r의 제곱에 비례한다.
⑤ ∞이다.

3. 콘덴서를 다음과 같이 접속했을 때 C_x의 정전용량은? (단, $C_1 = 2[\mu F]$, $C_2 = 3[\mu F]$, a-b 간의 합성 정전용량 $C_0 = 3.4[\mu F]$)

① $0.2[\mu F]$ ② $1.2[\mu F]$
③ $2.2[\mu F]$ ④ $3.2[\mu F]$
⑤ $4.2[\mu F]$

4. 정전용량 $10[\mu F]$, 극판 유효면적 $100[cm^2]$, 유전체의 비유전율 10인 평행판 콘덴서에 10[V]의 전압을 가할 때 유전체 내의 전장의 세기는?

① $1.13 \times 10^8 [V/m]$
② $1.13 \times 10^7 [V/m]$
③ $1.13 \times 10^6 [V/m]$
④ $1.13 \times 10^5 [V/m]$
⑤ $1.13 \times 10^4 [V/m]$

5. 다음 그림과 같이 점 O를 중심으로 $a[m]$의 도체구 1과 내반지름 $b[m]$, 외반지름 $c[m]$의 도체구 2가 있다. 이 도체계에서 전위계수 $P_{11}[1/F]$에 해당하는 것은?

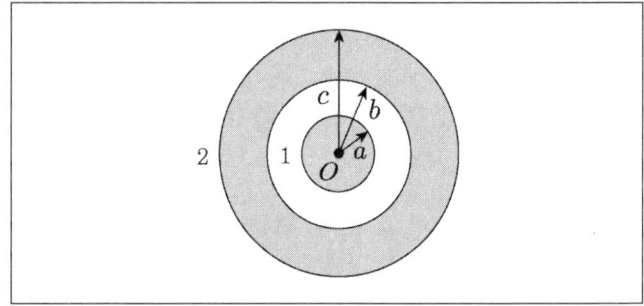

① $\dfrac{1}{4\pi\epsilon} \cdot \dfrac{1}{a}$ ② $\dfrac{1}{4\pi\epsilon}\left(\dfrac{1}{a} - \dfrac{1}{b}\right)$
③ $\dfrac{1}{4\pi\epsilon}\left(\dfrac{1}{b} - \dfrac{1}{c}\right)$ ④ $\dfrac{1}{4\pi\epsilon}\left(\dfrac{1}{a} - \dfrac{1}{b} + \dfrac{1}{c}\right)$
⑤ $\dfrac{1}{4\pi\epsilon}\left(\dfrac{1}{a} + \dfrac{1}{b} - \dfrac{1}{c}\right)$

6. 서로 결합된 두 개의 코일을 직렬로 연결하면 합성 인덕턴스는 20[mH]가 되고, 한쪽 코일의 연결을 반대로 하면 합성 인덕턴스는 8[mH]가 된다. 이때 두 코일간의 상호 인덕턴스는 몇 [mH]인가?

① 3   ② 5
③ 6   ④ 7
⑤ 9

7. 자기장의 세기가 $10^5[AT/m]$의 공기 중에서 길이가 40[cm]의 도체를 자기장과 직각으로 25[m/s]의 속도로 이동시켰을 때 발생하는 유기기전력은?

① 4.85[V]   ② 4.06[V]
③ 3.52[V]   ④ 2.84[V]
⑤ 1.26[V]

8. 다음과 같은 직 · 병렬회로에서 30[Ω]의 저항에 흐르는 전류는 몇 [A]인가?

① 4[A] ② 3[A]
③ 2[A] ④ 1[A]
⑤ 0.5[A]

9. 다음과 같은 회로에서 E의 전압은?

① 58[V] ② 60[V]
③ 75[V] ④ 90[V]
⑤ 102[V]

10. 길이 1[m]인 철심($\mu_s = 1,000$)의 자기 회로에 1[mm]의 공극이 생겼다면 전체의 자기 저항은 약 몇 배로 증가되는가? (단, 각 부의 단면적은 일정하다.)

① 1.5 ② 2
③ 2.5 ④ 3
⑤ 3.5

11. 3상 평형부하에 선간전압 200[V]의 평형 3상 정현파 전압을 인가했을 경우 선전류는 8.6[A]가 흐르고 무효전력이 1,788[Var]이었다면 역률은 얼마인가?

① 0.6 ② 0.7
③ 0.8 ④ 0.9
⑤ 1.0

12. 다음과 같은 회로의 반복 파라미터 중 전파정수 r을 $\cosh^{-1}$로 표시한 것으로 옳은 것은?

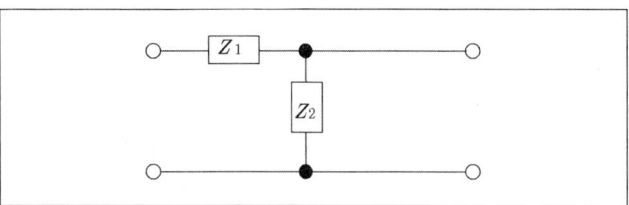

① $\cosh^{-1}\left(1 + \dfrac{Z_1}{2Z_2}\right)$

② $\cosh^{-1}\left(1 + \dfrac{Z_1}{Z_2}\right)$

③ $\cosh^{-1}\left(1 + \dfrac{2Z_1}{Z_2}\right)$

④ $\cosh^{-1}\left(1 + \dfrac{Z_2}{Z_1}\right)$

⑤ $\cosh^{-1}\left(1 + \dfrac{2Z_2}{Z_1}\right)$

13. 어떤 2단자 쌍회로망의 Y-파라미터가 다음과 같다. aa' 단자 간에 $V_1=36$[V], bb' 단자 간에 $V_2=24$[V]의 정전압원을 연결하였을 때 I_1, I_2의 값은 각각 몇 [A]인가? (단, Y-파라미터는 [℧]단위이다)

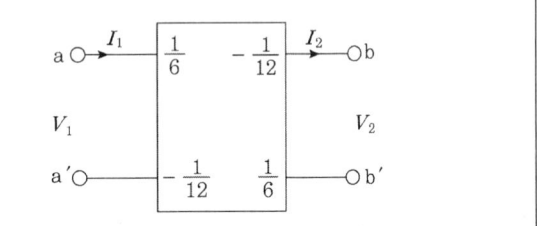

① $I_1 = 4, I_2 = 5$
② $I_1 = 5, I_2 = 4$
③ $I_1 = 1, I_2 = 4$
④ $I_1 = 4, I_2 = 1$
⑤ $I_1 = 5, I_2 = 1$

14. 다음과 같은 고역필터의 공칭 임피던스를 R, 차단 주파수를 f_c로 해서 소자 C_1과 L_2를 표시한 식은?

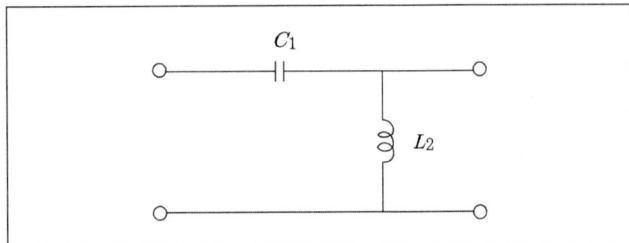

① $L_2 = \dfrac{R}{\pi f_c}, \ C_1 = \dfrac{1}{\pi f_c R}$
② $L_2 = \dfrac{1}{\pi f_c R}, \ C_1 = \dfrac{R}{\pi f_c}$
③ $L_2 = \dfrac{R}{4\pi f_c}, \ C_1 = \dfrac{1}{4\pi f_c R}$
④ $L_2 = \dfrac{1}{4\pi f_c R}, \ C_1 = \dfrac{1}{4\pi f_c}$
⑤ $L_2 = \dfrac{R}{4f_c}, \ C_1 = \dfrac{1}{\pi f_c R}$

15. 다음에서 스위치 S를 닫을 때 전류 I [A]는?

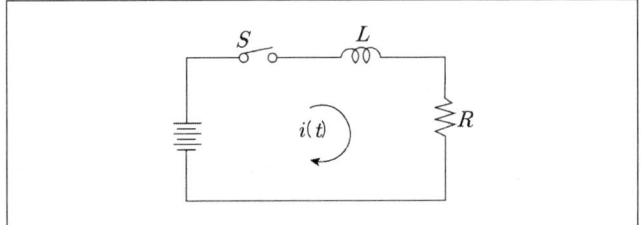

① $\dfrac{V}{R}\left(1-\epsilon^{-\frac{L}{R}t}\right)$
② $\dfrac{V}{R}\left(1-\epsilon^{-\frac{R}{L}t}\right)$
③ $\dfrac{V}{R}\epsilon^{-\frac{R}{L}t}$
④ $\dfrac{V}{R}\epsilon^{-\frac{L}{R}t}$
⑤ $\dfrac{V}{R}\epsilon^{\frac{1-R}{L}t}$

16. 어떤 회로의 단자전압 및 전류의 순시값이 $v = 220\sqrt{2}\sin\left(\omega t + \dfrac{\pi}{4}\right)$[V], $i = 5\sqrt{2}\sin\left(377t + \dfrac{\pi}{3}\right)$[A]일 때, 복소 임피던스는 약 몇 [Ω]인가?

① $42.5 - j11.4$
② $42.5 - j9$
③ $50 + j11.4$
④ $50 - j11.4$
⑤ $50 + j9$

17. 가우스의 선속정리에 해당되는 것은?

① $\int_s E \cdot n\, ds = \int_s div E\, dv$

② $\int_s E \cdot n\, ds = \int_v div E\, dv$

③ $\int_v E \cdot n\, ds = \int_v div E\, dv$

④ $\int_v E \cdot n\, ds = \int_s div E\, dv$

⑤ $\int_v div E\, ds = \int_v E \cdot n\, dv$

18. 정전용량 C_1, C_2가 직렬로 접속되어 있을 때의 합성 정전용량은?

① $\dfrac{C_0}{C_1+1}$ ② $\dfrac{C_1 C_2}{C_1+C_2}$

③ $\dfrac{1}{C_1+C_2}$ ④ C_1+C_2

⑤ $\dfrac{C_1+C_2}{C_1 C_2}$

19. $3r[\Omega]$인 6개의 저항을 그림과 같이 접속하고 평형 3상 전압 [V]을 가했을 때 전류 I는 몇 [A]인가? (단, $r=2[\Omega]$, $V=200\sqrt{3}$ [V]이다.)

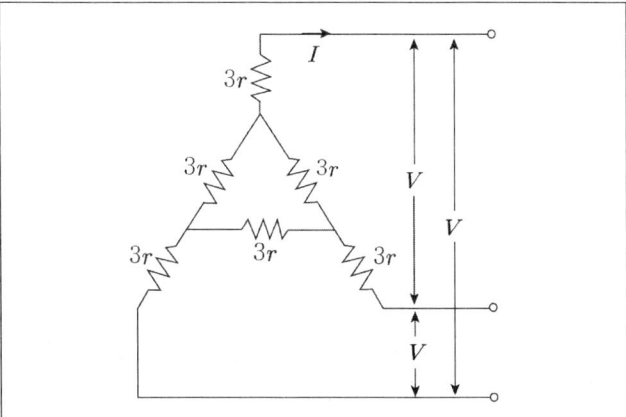

① 10 ② 15
③ 20 ④ 25
⑤ 30

20. 다음 용어에 대한 설명으로 옳지 않은 것은?

① 수동소자는 공급된 전력을 소비 또는 방출하는 소자를 말한다.
② 종속전원은 회로 내 특정 소자에 의해 전압이나 전류 값이 결정되는 전원이다.
③ 선형 소자는 중첩의 원리와 비례의 법칙을 만족할 수 있는 소자이며, 대표적으로 저주파에서의 저항, 커패시터, 인덕터 등이 있다.
④ 개방회로는 두 단자에 아무런 연결이 없는 상태로, 전류가 흐르지 못한다.
⑤ 능동소자는 나머지 회로에 에너지를 공급하는 소자이며, 그 값은 양과 음의 값을 갖는다.

21. RLC 직렬회로에서 회로저항의 값이 다음의 어느 때이어야 이 회로가 부족제동이 되었다고 하는가?

① $R=0$
② $R>2\sqrt{\dfrac{L}{C}}$
③ $R=2\sqrt{\dfrac{L}{C}}$
④ $R<2\sqrt{\dfrac{L}{C}}$
⑤ $R<2\sqrt{\dfrac{C}{L}}$

22. 다음 중 자기 회로의 자기 저항에 대한 설명으로 옳은 것은?

① 자기 회로의 단면적에 비례한다.
② 투자율에 반비례한다.
③ 자기 회로의 길이에 반비례한다.
④ 단면적에 반비례하고 길이의 제곱에 비례한다.
⑤ 단면적의 제곱에 반비례한다.

23. 20[Ω]의 저항에 $V=120\sin\omega t$ [V]의 전압을 인가하였을 때 순시전력은 얼마인가?

① $210\sin^2 wt\,[W]$
② $360\sin^2 wt\,[W]$
③ $420\sin^2 wt\,[W]$
④ $570\sin^2 wt\,[W]$
⑤ $720\sin^2 wt\,[W]$

24. C [F]의 콘덴서에 100[V]의 직류전압을 가했더니 축적된 에너지가 100[J]이었다면 콘덴서는 몇 [F]인가?

① 0.01
② 0.02
③ 0.03
④ 0.04
⑤ 0.05

25. 다음과 같은 환상 솔레노이드의 평균 길이 l 이 40[cm]이고, 감은 횟수가 200회일 때 0.5[A]의 전류를 흘리면 자기장의 세기는 얼마인가?

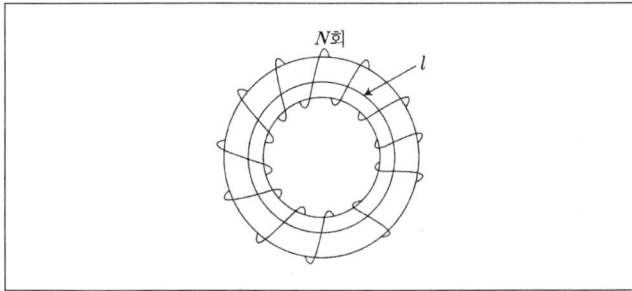

① 125[AT/m]
② 150[AT/m]
③ 175[AT/m]
④ 225[AT/m]
⑤ 250[AT/m]

26. 전류가 흐르는 도선을 자계 안에 놓으면, 이 도선에 힘이 작용한다. 평등 자계의 진공 중에 놓여 있는 직선 전류 도선이 받는 힘에 대하여 옳은 것은?

① 전류의 세기에 반비례한다.
② 도선의 길이에 비례한다.
③ 자계의 세기에 반비례한다.
④ 전류와 자계의 방향이 이루는 각의 $\tan\theta$에 비례한다.
⑤ 자속밀도에 반비례한다.

27. 다음 중 변위 전류와 가장 관계가 깊은 것은?

① 반도체 ② 유전체
③ 자성체 ④ 도체
⑤ 반자성체

28. 3×10^{-3}[Wb]의 N극과 6×10^{-3}[Wb]의 S극이 공기 중에서 6[m]의 거리에 놓였을 때 두 극의 중앙점의 자계의 세기는 얼마인가?

① 21.1[AT/m] ② 42.2[AT/m]
③ 63.3[AT/m] ④ 86.6[AT/m]
⑤ 91.1[AT/m]

29. 동기 전동기에서 감자 작용을 할 때는 언제인가?

① 공급 전압보다 앞선 전류가 흐를 때
② 공급 전압보다 뒤진 전류가 흐를 때
③ 공급 전압과 동상 전류가 흐를 때
④ 공급 전압에 상관없이 전류가 흐를 때
⑤ 전류의 흐름이 멈출 때

30. 동기 발전기의 병렬 운전 중 여자 전류를 증가시키면 발전기는 어떻게 되는가?

① 전압이 높아진다. ② 출력이 커진다.
③ 역률이 좋아진다. ④ 역률이 나빠진다.
⑤ 역률에 변화가 없다.

31. 정격이 5[kW], 100[V], 50[A], 1,800[rpm]인 타여자 직류 발전기가 있다. 무부하시의 단자 전압은 얼마인가? (단, 계자전압은 50[V], 계자전류는 5[A], 전기자 저항은 0.2[Ω], 브러시의 전압강하는 2[V]이다.)

① 100 ② 112
③ 115 ④ 118
⑤ 121

32. 자체 인덕턴스 $L_1 = 50$[mH], $L_2 = 200$[mH]인 두 개의 코일 사이에 누설자속이 없을 경우 상호 인덕턴스는?

① 50[mH] ② 100[mH]
③ 150[mH] ④ 200[mH]
⑤ 250[mH]

33. 단상 변압기의 병렬 운전 조건에 대한 설명 중 옳지 않은 것은? (단, r과 x는 각 변압기의 저항과 리액턴스를 나타낸다.)

① 각 변압기의 극성이 일치할 것
② 각 변압기의 권수비가 같을 것
③ 각 변압기의 1차, 2차 정격전압이 같을 것
④ 각 변압기의 백분율 임피던스 강하가 같을 것
⑤ 각 변압기의 저항과 임피던스의 비는 $\frac{x}{r}$일 것

34. 유도 전동기의 제동법 중 유도 전동기를 전원에 접속한 상태에서 동기 속도 이상의 속도로 운전하여 유도 발전기로 동작시킴으로써 그 발생 전력을 전원으로 반환하면서 제동하는 방법은?

① 발전 제동 ② 회생 제동
③ 역상 제동 ④ 단상 제동
⑤ 유도 제동

35. 비투자율이 1,500인 자로의 평균 길이가 50[cm], 단면적 30[cm²]인 철심에 감긴 권수가 425인 코일에 0.5[A]의 전류가 흐를 때 저장되는 전자에너지는 얼마인가?
① 0.15[J] ② 0.25[J]
③ 0.3[J]   ④ 0.4[J]
⑤ 0.5[J]

36. 송전선로에서 역섬락을 방지하려면 어떻게 하여야 하는가?
① 가공지선을 설치한다.
② 피뢰기를 설치한다.
③ 탑각 접지저항을 작게 한다.
④ 소호각을 설치한다.
⑤ 통신선과 전력선 사이에 설치한다.

37. 배전선로의 역률개선에 따른 효과로 적합하지 않은 것은?
① 전원측 설비의 이용률 향상
② 선로절연에 요하는 비용 절감
③ 전압강하 감소
④ 선로의 전력손실 경감
⑤ 수용가 측면에서 전기 요금 절약

38. 최대 수용전력의 합계와 합성 최대 수용전력의 비를 나타내는 계수는?
① 부하율   ② 수용률
③ 부등률   ④ 보상률
⑤ 왜형률

39. 수전단전압이 송전단전압보다 높아지는 현상을 무엇이라 하는가?
① 옵티마 현상   ② 자기여자 현상
③ 페란티 현상   ④ 동기화 현상
⑤ 역조류 현상

40. 송전선로에 사용되는 애자의 특성이 나빠지는 원인으로 볼 수 없는 것은?
① 애자 각 부분의 열팽창의 상이
② 전선 상호 간의 유도 장해
③ 누설전류에 의한 편열
④ 시멘트의 화학 팽창 및 동결 팽창
⑤ 기계적 응력

서울교통공사 필기시험

서울교통공사

제5회 모의고사

성명		생년월일	
문제 수(배점)	80문항	풀이시간	/ 100분
영역	직업기초능력평가, 직무수행능력평가(전기일반)		
비고	객관식 5지선다형		

※ 유의사항
- 문제지 및 답안지의 해당란에 문제유형, 성명, 응시번호를 정확히 기재하세요.
- 모든 기재 및 표기사항은 "컴퓨터용 흑색 수성 사인펜"만 사용합니다.
- 예비 마킹은 중복 답안으로 판독될 수 있습니다.

제5회 서울교통공사 필기시험 모의고사

✏️ 직업기초능력평가(40문항/50분)

1. 다음은 ○○공사의 고객서비스헌장의 내용이다. 밑줄 친 단어를 한자로 바꾸어 쓴 것으로 옳지 않은 것은?

〈고객서비스<u>헌장</u>〉
1. 우리는 모든 업무를 고객의 입장에서 생각하고, 신속·정확하게 처리하겠습니다.
2. 우리는 친절한 <u>자세</u>와 상냥한 언어로 고객을 맞이하겠습니다.
3. 우리는 고객에게 잘못된 서비스로 불편을 <u>초래</u>한 경우, 신속히 시정하고 적정한 보상을 하겠습니다.
4. 우리는 다양한 고객서비스를 <u>발굴</u>하고 개선하여 고객만족도 향상에 최선을 다하겠습니다.
5. 우리는 모든 시민이 고객임을 명심하여 최고의 서비스를 제공하는 데 정성을 다하겠습니다.

이와 같이 선언한 목표를 <u>달성</u>하기 위하여 구체적인 서비스 이행기준을 설정하여 임·직원 모두가 성실히 실천할 것을 약속드립니다.

① 헌장 – 憲章
② 자세 – 姿勢
③ 초래 – 招來
④ 발굴 – 拔掘
⑤ 달성 – 達成

2. 다음은 L공사의 홈페이지 사용자만족도 설문조사 이벤트 안내이다. 빈칸에 들어갈 가장 적절한 단어를 고르면?

| L공사 설문조사 이벤트 |

– L공사 홈페이지 사용만족도 설문조사 –

L공사에서는 20××년 대표 홈페이지 개편에 앞서 현재 운영 중인 홈페이지에서 (　　)되고 있는 콘텐츠 및 서비스에 대한 여러분의 소중한 의견을 듣고자 합니다.
설문에 응하여 주신 분께는 추첨을 통하여 경품을 드립니다.

| 설문조사 참여하기 |

※ 참여방법 : L공사 홈페이지 또는 모바일홈페이지를 둘러보고 설문조사에 참여해 주세요.
※ 참여기간 : 20××.1.9.(수) ~ 20××.1.16.(수)
※ 발표 : 20××.1.21.(월) 설문 응답자 중 무작위 자동 추첨
※ 경품
 – 1등(1명) : 11형 ipad Pro(256GB) 1대(실버)
 – 참여자(200명) : 스타벅스 아메리카노 Tall 1잔

① 공급
② 공고
③ 공표
④ 제공
⑤ 생산

[3~4] 다음 글을 읽고 물음에 답하시오.

지레는 받침과 지렛대를 이용하여 물체를 쉽게 움직일 수 있는 도구이다. 지레에서 힘을 주는 곳을 힘점, 지렛대를 받치는 곳을 받침점, 물체에 힘이 작용하는 곳을 작용점이라 한다. 받침점에서 힘점까지의 거리가 받침점에서 작용점까지의 거리에 비해 멀수록 힘점에 작은 힘을 주어 작용점에서 물체에 큰 힘을 가할 수 있다. 이러한 지레의 원리에는 돌림힘의 개념이 숨어있다.

물체의 회전 상태에 변화를 일으키는 힘의 효과를 돌림힘이라고 한다. 물체에 회전 운동을 일으키거나 물체의 회전 속도를 변화시키려면 물체에 힘을 가해야 한다. 같은 힘이라도 회전축으로부터 얼마나 멀리 떨어진 곳에 가해 주느냐에 따라 회전 상태의 변화 양상이 달라진다. 물체에 속한 점 X와 회전축을 최단 거리로 잇는 직선과 직각을 이루는 동시에 회전축과 직각을 이루도록 힘을 X에 가한다고 하자. 이때 물체에 작용하는 돌림힘의 크기는 회전축에서 X까지의 거리와 가해 준 힘의 크기의 곱으로 표현되고 그 단위는 N·m(뉴턴미터)이다.

동일한 물체에 작용하는 두 돌림힘의 합을 알짜 돌림힘이라 한다. 두 돌림힘의 방향이 같으면 알짜 돌림힘의 크기는 두 돌림힘의 크기의 합이 되고 그 방향은 두 돌림힘의 방향과 같다. 두 돌림힘의 방향이 서로 반대이면 알짜 돌림힘의 크기는 두 돌림힘의 크기의 차가 되고 그 방향은 더 큰 돌림힘의 방향과 같다. 지레의 힘점에 힘을 주지만 물체가 지레의 회전을 방해하는 힘을 작용점에 주어 지레가 움직이지 않는 상황처럼, 두 돌림힘의 크기가 같고 방향이 반대이면 알짜 돌림힘은 0이 되고 이때를 돌림힘의 평형이라고 한다. 회전 속도의 변화는 물체에 알짜 돌림힘이 일을 해 주었을 때에만 일어난다. 돌고 있는 팽이에 마찰력이 일으키는 돌림힘을 포함하여 어떤 돌림힘도 작용하지 않으면 팽이는 영원히 돈다. 일정한 형태의 물체에 일정한 크기와 방향의 알짜 돌림힘을 가하여 물체를 회전시키면, 알짜 돌림힘이 한 일은 알짜 돌림힘의 크기와 회전 각도의 곱이고 그 단위는 J(줄)이다.

> 가령, 마찰이 없는 여닫이문이 정지해 있다고 하자. 갑은 지면에 대하여 수직으로 서 있는 문의 회전축에서 1m 떨어진 지점을 문의 표면과 직각으로 300N의 힘으로 밀고, 을은 문을 사이에 두고 갑의 반대쪽에서 회전축에서 2m 만큼 떨어진 지점을 문의 표면과 직각으로 200N의 힘으로 미는 상태에서 문이 90° 즉, 0.5π 라디안을 돌면, 알짜 돌림힘이 문에 해 준 일은 50π J이다.

알짜 돌림힘이 물체를 돌리려는 방향과 물체의 회전 방향이 일치하면 알짜 돌림힘이 양(+)의 일을 하고 그 방향이 서로 반대이면 음(−)의 일을 한다. 어떤 물체에 알짜 돌림힘이 양의 일을 하면 그만큼 물체의 회전 운동 에너지는 증가하고 음의 일을 하면 그만큼 회전 운동 에너지는 감소한다. 형태가 일정한 물체의 회전 운동 에너지는 회전 속도의 제곱에 정비례한다. 그러므로 형태가 일정한 물체에 알짜 돌림힘이 양의 일을 하면 회전 속도가 증가하고, 음의 일을 하면 회전 속도가 감소한다.

3. 윗글의 내용과 일치하지 않는 것은?

① 물체에 힘이 가해지지 않으면 돌림힘은 작용하지 않는다.
② 물체에 가해진 알짜 돌림힘이 0이 아니면 물체의 회전 상태가 변화한다.
③ 회전 속도가 감소하고 있는, 형태가 일정한 물체에는 돌림힘이 작용한다.
④ 힘점에 힘을 받는 지렛대가 움직이지 않으면 돌림힘의 평형이 이루어져 있다.
⑤ 형태가 일정한 물체의 회전 속도가 2배가 되면 회전 운동 에너지는 2배가 된다.

4. 박스 안의 예에서 문이 90° 회전하는 동안의 상황에 대한 이해로 적절한 것은?

① 갑의 돌림힘의 크기는 을의 돌림힘의 크기보다 크다.
② 알짜 돌림힘과 갑의 돌림힘은 방향이 같다.
③ 문에는 돌림힘의 평형이 유지되고 있다.
④ 문의 회전 운동 에너지는 점점 증가한다.
⑤ 알짜 돌림힘의 크기는 점점 증가한다.

5. 다음은 「보안업무규칙」의 일부이다. A연구원이 이 내용을 보고 알 수 있는 사항이 아닌 것은?

제3장 인원보안
제7조 인원보안에 관한 업무는 인사업무 담당부서에서 관장한다.
제8조
① 비밀취급인가 대상자는 별표 2에 해당하는 자로서 업무상 비밀을 항상 취급하는 자로 한다.
② 원장, 부원장, 보안담당관, 일반보안담당관, 정보통신보안담당관, 시설보안담당관, 보안심사위원회 위원, 분임보안담당관과 문서취급부서에서 비밀문서 취급담당자로 임용되는 자는 II급 비밀의 취급권이 인가된 것으로 보며, 비밀취급이 불필요한 직위로 임용되는 때에는 해제된 것으로 본다.
제9조 각 부서장은 소속 직원 중 비밀취급인가가 필요하다고 인정되는 때에는 별지 제1호 서식에 의하여 보안담당관에게 제청하여야 한다.
제10조 보안담당관은 비밀취급인가대장을 작성·비치하고 인가 및 해제사유를 기록·유지한다.
제11조 다음 각 호의 어느 하나에 해당하는 자에 대하여는 비밀취급을 인가해서는 안 된다.
  1. 국가안전보장, 연구원 활동 등에 유해로운 정보가 있음이 확인된 자
  2. 3개월 이내 퇴직예정자
  3. 기타 보안 사고를 일으킬 우려가 있는 자
제12조
① 비밀취급을 인가받은 자에게 규정한 사유가 발생한 경우에는 그 비밀취급인가를 해제하고 해제된 자의 비밀취급인가증은 그 소속 보안담당관이 회수하여 비밀취급인가권자에게 반납하여야 한다.

---

① 비밀취급인가 대상자에 관한 내용
② 취급인가 사항에 해당되는 비밀의 분류와 내용
③ 비밀취급인가의 절차
④ 비밀취급인가의 제한 조건 해당 사항
⑤ 비밀취급인가의 해제 및 취소

6. 다음은 「개인정보 보호법」과 관련한 사법 행위의 내용을 설명하는 글이다. 다음 글을 참고할 때, '공표' 조치에 대한 올바른 설명이 아닌 것은?

「개인정보 보호법」위반과 관련한 행정처분의 종류에는 처분 강도에 따라 과태료, 과징금, 시정조치, 개선권고, 징계권고, 공표 등이 있다. 이 중, 공표는 행정질서 위반이 심하여 공공에 경종을 울릴 필요가 있는 경우 명단을 공표하여 사회적 낙인을 찍히게 함으로써 경각심을 주는 제재 수단이다.
「개인정보 보호법」위반행위가 은폐·조작, 과태료 1천만 원 이상, 유출 등 다음 7가지 공표기준에 해당하는 경우, 위반행위자, 위반행위 내용, 행정처분 내용 및 결과를 포함하여 개인정보 보호위원회의 심의·의결을 거쳐 공표한다.

※ 공표기준
1. 1회 과태료 부과 총 금액이 1천만 원 이상이거나 과징금 부과를 받은 경우
2. 유출·침해사고의 피해자 수가 10만 명 이상인 경우
3. 다른 위반행위를 은폐·조작하기 위하여 위반한 경우
4. 유출·침해로 재산상 손실 등 2차 피해가 발생하였거나 불법적인 매매 또는 건강 정보 등 민감 정보의 침해로 사회적 비난이 높은 경우
5. 위반행위 시점을 기준으로 위반 상태가 6개월 이상 지속된 경우
6. 행정처분 시점을 기준으로 최근 3년 내 과징금, 과태료 부과 또는 시정조치 명령을 2회 이상 받은 경우
7. 위반행위 관련 검사 및 자료제출 요구 등을 거부·방해하거나 시정조치 명령을 이행하지 않음으로써 이에 대하여 과태료 부과를 받은 경우

공표절차는 과태료 및 과징금을 최종 처분할 때 ① 대상자에게 공표 사실을 사전 통보, ② 소명자료 또는 의견 수렴 후 개인정보보호위원회 송부, ③ 개인정보보호위원회 심의·결, ④ 홈페이지 공표 순으로 진행된다.
공표는 행정안전부장관의 처분 권한이지만 개인정보보호위원회의 심의·의결을 거치게 함으로써 「개인정보 보호법」위반자에 대한 행정청의 제재가 자의적이지 않고 공정하게 행사되도록 조절해 주는 장치를 마련하였다.

① 공표는 「개인정보 보호법」 위반에 대한 가장 무거운 행정 조치이다.
② 행정안전부장관이 공표를 결정한다고 해서 반드시 최종 공표 조치가 취해져야 하는 것은 아니다.
③ 공표 조치가 내려진 대상자는 공표와 더불어 반드시 1천만 원 이상의 과태료를 납부하여야 한다.
④ 공표 조치를 받는 대상자는 사전에 이를 통보받게 된다.
⑤ 반복적이거나 지속적인 위반 행위에 대한 제재는 공표 조치의 취지에 포함된다.

7. 보람마트에서 여름 이벤트로 아이스크림 1세트를 첫 날 3,000원을 시작으로 매일 500원씩 할인하여 판매하고 있다. 해당 아이스크림의 하루 판매 개수는 10세트로 동일하고, 총 매출이 100,000일 때, 며칠 동안 판매한 것인가?

① 4일
② 5일
③ 6일
④ 7일
⑤ 8일

8. 다음은 최근 5년간 혼인형태별 평균연령에 관한 자료이다. A~E에 들어갈 값으로 옳지 않은 것은? (단, 남성의 나이는 여성의 나이보다 항상 많다)

(단위 : 세)

연도	평균 초혼연령			평균 이혼연령			평균 재혼연령		
	여성	남성	남녀차	여성	남성	남녀차	여성	남성	남녀차
2021	24.8	27.8	3.0	C	36.8	4.1	34.0	38.9	4.9
2022	25.4	28.4	A	34.6	38.4	3.8	35.6	40.4	4.8
2023	26.5	29.3	2.8	36.6	40.1	3.5	37.5	42.1	4.6
2024	27.0	B	2.8	37.1	40.6	3.5	37.9	E	4.3
2025	27.3	30.1	2.8	37.9	41.3	D	38.3	42.8	4.5

① A − 3.0
② B − 29.8
③ C − 32.7
④ D − 3.4
⑤ E − 42.3

9. 다음은 2023~2025년도의 지방자치단체 재정력지수에 대한 자료이다. 매년 지방자치단체의 기준재정수입액이 기준재정수요액에 미치지 않는 경우, 중앙정부는 그 부족분만큼의 지방교부세를 당해년도에 지급한다고 할 때, 3년간 지방교부세를 지원받은 적이 없는 지방자치단체는 모두 몇 곳인가?

(단, 재정력지수 = $\frac{\text{기준재정수입액}}{\text{기준재정수요액}}$)

연도 지방자치단체	2023	2024	2025	평균
서울	1.106	1.088	1.010	1.068
부산	0.942	0.922	0.878	0.914
대구	0.896	0.860	0.810	0.855
인천	1.105	0.984	1.011	1.033
광주	0.772	0.737	0.681	0.730
대전	0.874	0.873	0.867	0.871
울산	0.843	0.837	0.832	0.837
경기	1.004	1.065	1.032	1.034
강원	0.417	0.407	0.458	0.427
충북	0.462	0.446	0.492	0.467
충남	0.581	0.693	0.675	0.650
전북	0.379	0.391	0.408	0.393
전남	0.319	0.330	0.320	0.323
경북	0.424	0.440	0.433	0.432
경남	0.653	0.642	0.664	0.653

① 0곳
② 1곳
③ 2곳
④ 3곳
⑤ 5곳

10. ② 390, 388

11. ④ 범수

12. 다음은 A, B, C, D 4대의 자동차별 속성과 연료 종류별 가격에 대한 자료이다. 다음 중 옳지 않은 것은?

〈자동차별 속성〉

특성 자동차	사용연료	최고시속 (km/h)	연비 (km/l)	연료탱크 (l)	신차구입가격 (만 원)
A	휘발유	200	10	60	2,000
B	LPG	160	8	60	1,800
C	경유	150	12	50	2,500
D	휘발유	180	20	45	3,500

〈연료 종류별 가격〉

연료 종류	리터당 가격(원/l)
휘발유	1,700
LPG	1,000
경유	1,500

※ 1) 자동차의 1년 주행거리는 20,000km임.
　2) 필요경비 = 신차구입가격+연료비
　3) 이자율은 0%로 가정하고, 신차구입은 일시부로 함.

① 10년을 운행하면 A자동차의 필요경비가 D자동차의 필요경비보다 적다.
② 연료탱크를 완전히 채웠을 때 추가 주유 없이 가장 긴 거리를 운행할 수 있는 것은 D자동차이다.
③ B자동차로 500km를 운행하기 위해서는 운행중간에 적어도 한 번 주유를 해야 한다.
④ 동일한 거리를 운행하는데 연료비가 가장 많이 드는 차는 A자동차이다.
⑤ 자동차 구입 시점부터 처음 1년 동안의 필요경비가 가장 적은 차량은 B자동차이고 가장 많은 차는 D자동차이다.

13. 다음 그림은 교통량 흐름에 관한 내용의 일부를 발췌한 것이다. 이에 대한 분석결과로써 가장 옳지 않은 항목을 고르면? (단, 교통수단은 승용차, 버스, 화물차로 한정한다.)

• 고속국도

구분	주행거리 (천대·km)	구성비 (%)
승용차	153,946	68.5
버스	6,675	3.0
화물차	63,934	28.5
계	224,555	100.0

• 일반국도

구분	주행거리 (천대·km)	구성비 (%)
승용차	123,341	75.7
버스	3,202	2.0
화물차	36,239	22.3
계	162,782	100.0

• 지방도 계

구분	주행거리 (천대·km)	구성비 (%)
승용차	61,466	70.4
버스	2,387	2.7
화물차	23,484	26.9
계	87,337	100.0

• 국가지원지방도

구분	주행거리 (천대·km)	구성비 (%)
승용차	18,164	70.1
버스	684	2.6
화물차	7,064	27.3
계	25,912	100.0

• 지방도

구분	주행거리 (천대·km)	구성비 (%)
승용차	43,302	70.5
버스	1,703	2.8
화물차	16,420	26.7
계	61,425	100.0

① 고속국도에서 승용차는 주행거리 및 구성비 등이 타 교통수단에 비해 압도적으로 높음을 알 수 있다.
② 일반국도의 경우 주행거리는 버스가 3,202km로 가장 낮다.
③ 지방도로의 주행거리에서 보면 가장 높은 수단과 가장 낮은 수단과의 주행거리 차이는 47,752km이다.
④ 국가지원지방도로에서 구성비가 가장 높은 수단과 가장 낮은 수단과의 차이는 67.5%p이다.
⑤ 지방도로에서 버스의 경우 타 교통수단에 비해 주행거리가 가장 낮다.

① 광화문점, 종로점, 홍대점의 사례만을 고려하면 케이크가 알레르기의 원인이다.
② 광화문점, 대학로점, 상암점의 사례만을 고려하면, 빵이 알레르기의 원인이다.
③ 종로점, 홍대점, 강남점의 사례만을 고려하면, 케이크가 알레르기의 원인이다.
④ 대학로점, 홍대점, 강남점의 사례만을 고려하면, 마카롱이 알레르기의 원인이다.
⑤ 대학로점, 상암점, 강남점의 사례만을 고려하면, 빵이 알레르기의 원인이다.

14. 빵, 케이크, 마카롱, 쿠키를 판매하고 있는 달콤 베이커리 프랜차이즈에서 최근 각 지점 제품을 섭취하고 복숭아 알레르기가 발생했다는 민원이 제기되었다. 해당 제품에는 모두 복숭아가 들어가지 않지만, 복숭아를 사용한 제품과 인접 시설에서 제조하고 있다. 아래의 사례를 참고할 때 다음 중 반드시 거짓인 경우는?

- 복숭아 알레르기 유발 원인이 된 제품은 빵, 케이크, 마카롱, 쿠키 중 하나이다.
- 각 지점에서 복숭아 알레르기가 있는 손님이 섭취한 제품과 알레르기 유무는 아래와 같다.

광화문점	빵과 케이크를 먹고 마카롱과 쿠키를 먹지 않은 경우, 알레르기가 발생했다.
종로점	빵과 마카롱을 먹고 케이크와 쿠키를 먹지 않은 경우, 알레르기가 발생하지 않았다.
대학로점	빵과 쿠키를 먹고 케이크와 마카롱을 먹지 않은 경우 알레르기가 발생했다.
홍대점	케이크와 마카롱을 먹고 빵과 쿠키를 먹지 않은 경우 알레르기가 발생했다.
상암점	케이크와 쿠키를 먹고 빵과 마카롱을 먹지 않은 경우 알레르기가 발생하지 않았다.
강남점	마카롱과 쿠키를 먹고 빵과 케이크를 먹지 않은 경우 알레르기가 발생하지 않았다.

15. 다음의 내용을 근거로 할 때 유추할 수 있는 옳은 내용만을 바르게 짝지은 것은?

갑과 을은 O×퀴즈를 풀었다. 문제는 총 8문제(100점 만점)이고, 분야별 문제 수와 문제당 배점은 다음과 같다.

분야	문제 수	문제당 배점
한국사	6	10점
경제	1	20점
예술	1	20점

문제 순서는 무작위로 정해지고, 갑과 을이 각 문제에 대해 O 또는 ×를 다음과 같이 선택하였다.

문제	갑	을
1	O	O
2	×	O
3	O	O
4	O	×
5	×	×
6	O	×
7	×	O
8	O	O
총점	80점	70점

㉠ 갑과 을은 모두 경제 문제를 틀린 경우가 있을 수 있다.
㉡ 갑만 경제 문제를 틀렸다면, 예술 문제는 갑과 을 모두 맞혔다.
㉢ 갑이 역사 문제 두 문제를 틀렸다면, 을은 예술 문제와 경제 문제를 모두 맞혔다.

① ㉡
② ㉢
③ ㉠, ㉡
④ ㉠, ㉢
⑤ ㉡, ㉢

16. H공사에 다니는 乙 대리는 우리나라 근로자의 근로 시간에 관한 다음의 보고서를 작성하였는데 이 보고서를 검토한 甲 국장이 〈보기〉와 같은 추가사항을 요청하였다. 乙 대리가 추가로 작성해야 할 자료로 적절한 것은?

우리나라의 법정근로시간은 1953년 제정된 근로기준법에서는 주당 48시간이었지만, 이후 1989년 44시간으로, 그리고 2003년에는 40시간으로 단축되었다. 주당 40시간의 법정근로시간은 산업 및 근로자 규모별로 경과규정을 두어 연차적으로 실시하였지만, 2011년 7월 1일 이후는 모든 산업의 5인 이상 근로자에게로 확대되었다. 실제 근로시간은 법정근로시간에 주당 12시간까지 가능한 초과근로시간을 더한 시간을 의미한다.

2000년 이후 우리나라 근로자의 근로시간은 지속적으로 감소되어 2016년 5인 이상 임금근로자의 주당 근로시간이 40.6시간으로 감소했다. 이 기간 동안 2004년, 2009년, 2015년 비교적 큰 폭으로 증가했으나 전체적으로는 뚜렷한 감소세를 보인다. 사업체규모별·근로시간별로 살펴보면, 정규직인 경우 5~29인, 300인 이상 사업장의 근로시간이 42.0시간으로 가장 짧고, 비정규직의 경우 시간제 근로자의 비중의 영향으로 5인 미만 사업장의 근로시간이 24.8시간으로 가장 짧다. 산업별로는 광업, 제조업, 부동산업 및 임대업의 순으로 근로시간이 길고, 건설업과 교육서비스업의 근로시간이 가장 짧다.

국제비교에 따르면 널리 알려진 바와 같이 한국의 연간 근로시간은 2,113시간으로 멕시코의 2,246시간 다음으로 길다. 이는 OECD 평균의 1.2배, 근로시간이 가장 짧은 독일의 1.54배에 달한다.

〈보기〉
"乙 대리, 보고서가 너무 개괄적이군. 이번 안내 자료 작성을 위해서는 2016년 사업장 규모에 따른 정규직과 비정규직 근로자의 주당 근로시간을 비교할 수 있는 자료가 필요한데, 쉽게 알아볼 수 있는 별도 자료를 도표로 좀 작성해 주겠나?"

①
(단위 : 시간)

구분	근로형태(2016년)			
	정규직	비정규직	재택	파견
주당 근로시간	42.5	29.8	26.5	42.7

②
(단위 : 시간)

구분	2012	2013	2014	2015	2016
주당 근로시간	42.0	40.6	40.5	42.4	40.6

③
(단위 : 시간)

구분	산업별 근로시간(2016년)			
	광업	제조업	부동산업	운수업
주당 근로시간	43.8	43.6	43.4	41.8

④
(단위 : 시간)

구분		사업장 규모(2016년)			
		5인 미만	5~29인	30~299인	300인 이상
주당 근로시간	정규직	42.8	42.0	43.2	42.0
	비정규직	24.8	30.2	34.7	35.8

⑤
(단위 : 시간)

구분	산업별 근로시간 순위(2016년)				
주당 근로시간	광업	제조업	부동산업 및 임대업	건설업	교육 서비스업
	1	2	3	4	5

17. 다음으로부터 바르게 추론한 것으로 옳은 것을 보기에서 고르면?

- 5개의 갑, 을, 병, 정, 무 팀이 있다.
- 현재 '갑'팀은 0개, '을'팀은 1개, '병'팀은 2개, '정'팀은 2개, '무'팀은 3개의 프로젝트를 수행하고 있다.
- 8개의 새로운 프로젝트 a, b, c, d, e, f, g, h를 5개의 팀에게 분배하려고 한다.
- 5개의 팀은 새로운 프로젝트 1개 이상을 맡아야 한다.
- 기존에 수행하던 프로젝트를 포함하여 한 팀이 맡을 수 있는 프로젝트 수는 최대 4개이다.
- 기존의 프로젝트를 포함하여 4개의 프로젝트를 맡은 팀은 2팀이다.
- 프로젝트 a, b는 한 팀이 맡아야 한다.
- 프로젝트 c, d, e는 한 팀이 맡아야 한다.

〈보기〉
㉠ a를 '을'팀이 맡을 수 없다.
㉡ f를 '갑'팀이 맡을 수 있다.
㉢ 기존에 수행하던 프로젝트를 포함해서 2개의 프로젝트를 맡는 팀이 있다.

① ㉠
② ㉡
③ ㉢
④ ㉠㉢
⑤ ㉡㉢

18. 다음은 철도안전법상 안전관리체계의 승인의 취소에 관한 법률이다. 이에 대한 해석으로 옳은 것은?

> ① 국토교통부장관은 안전관리체계의 승인을 받은 철도운영자등이 다음 각 호의 어느 하나에 해당하는 경우에는 그 승인을 취소하거나 6개월 이내의 기간을 정하여 업무의 제한이나 정지를 명할 수 있다. 다만, 제1호에 해당하는 경우에는 그 승인을 취소하여야 한다.
> 1. 거짓이나 그 밖의 부정한 방법으로 승인을 받은 경우
> 2. 안전관리체계의 승인 조항을 위반하여 변경승인을 받지 아니하거나 변경신고를 하지 아니하고 안전관리체계를 변경한 경우
> 3. 안전관리체계의 유지 조항을 위반하여 안전관리체계를 지속적으로 유지하지 아니하여 철도운영이나 철도시설의 관리에 중대한 지장을 초래한 경우
> 4. 안전관리체계의 유지 조항에 따른 시정조치명령을 정당한 사유 없이 이행하지 아니한 경우
> ② 제1항에 따른 승인 취소, 업무의 제한 또는 정지의 기준 및 절차 등에 관하여 필요한 사항은 국토교통부령으로 정한다.

① 거짓으로 승인을 받은 경우 그 사유에 따라 6개월 이내의 기간을 정하여 업무의 제한이나 정지 처분을 받을 수 있다.
② 철도운영자는 안전관리체계의 변경승인을 받지 아니한 경우 6개월 이상의 업무제한을 받을 수 있다.
③ 안전관리체계를 지속적으로 유지하지 아니하여 중대한 지장을 초래한 경우 반드시 승인을 취소해야 한다.
④ 국토교통부장관은 부정한 방법으로 안전관리체계의 승인을 받은 철도운영자에게 승인을 취소해야 한다.
⑤ 안전관리체계의 유지 조항에 따른 시정조치명령을 이행하지 않은 경우에는 반드시 승인을 취소하거나 6개월 이내의 기간을 정하여 업무의 제한이나 정지를 명해야 한다.

19. 다음은 철도안전법에 관한 내용 중 일부 법령을 제시한 것이다. 이에 대한 내용을 잘못 이해한 사람을 고르면?

제15조(운전적성검사)
① 운전면허를 받으려는 사람은 철도차량 운전에 적합한 적성을 갖추고 있는지를 판정받기 위하여 국토교통부장관이 실시하는 적성검사(이하 "운전적성검사"라 한다)에 합격하여야 한다.
② 운전적성검사에 불합격한 사람 또는 운전적성검사 과정에서 부정행위를 한 사람은 다음 각 호의 구분에 따른 기간 동안 운전적성검사를 받을 수 없다.
  1. 운전적성검사에 불합격한 사람 : 검사일부터 3개월
  2. 운전적성검사 과정에서 부정행위를 한 사람 : 검사일부터 1년
③ 운전적성검사의 합격기준, 검사의 방법 및 절차 등에 관하여 필요한 사항은 국토교통부령으로 정한다.
④ 국토교통부장관은 운전적성검사에 관한 전문기관(이하 "운전적성검사기관"이라 한다)을 지정하여 운전적성검사를 하게 할 수 있다.
⑤ 운전적성검사기관의 지정기준, 지정절차 등에 관하여 필요한 사항은 대통령령으로 정한다.
⑥ 운전적성검사기관은 정당한 사유 없이 운전적성검사 업무를 거부하여서는 아니 되고, 거짓이나 그 밖의 부정한 방법으로 운전적성검사 판정서를 발급하여서는 아니 된다.

제38조의9(인증정비조직의 준수사항) 인증정비조직은 다음 각 호의 사항을 준수하여야 한다.
  1. 철도차량정비기술기준을 준수할 것
  2. 정비조직인증기준에 적합하도록 유지할 것
  3. 정비조직운영기준을 지속적으로 유지할 것
  4. 중고 부품을 사용하여 철도차량정비를 할 경우 그 적정성 및 이상 여부를 확인할 것
  5. 철도차량정비가 완료되지 않은 철도차량은 운행할 수 없도록 관리할 것

제47조(여객열차에서의 금지행위)
① 여객은 여객열차에서 다음 각 호의 어느 하나에 해당하는 행위를 하여서는 아니 된다.
  1. 정당한 사유 없이 국토교통부령으로 정하는 여객출입 금지장소에 출입하는 행위
  2. 정당한 사유 없이 운행 중에 비상정지버튼을 누르거나 철도차량의 옆면에 있는 승강용 출입문을 여는 등 철도차량의 장치 또는 기구 등을 조작하는 행위

3. 여객열차 밖에 있는 사람을 위험하게 할 우려가 있는 물건을 여객열차 밖으로 던지는 행위
4. 흡연하는 행위
5. 철도종사자와 여객 등에게 성적(性的) 수치심을 일으키는 행위
6. 술을 마시거나 약물을 복용하고 다른 사람에게 위해를 주는 행위
7. 그 밖에 공중이나 여객에게 위해를 끼치는 행위로서 국토교통부령으로 정하는 행위

② 운전업무종사자, 여객승무원 또는 여객역무원은 제1항의 금지행위를 한 사람에 대하여 필요한 경우 다음 각 호의 조치를 할 수 있다.
　1. 금지행위의 제지
　2. 금지행위의 녹음·녹화 또는 촬영

① 용구 : 어떠한 경우라도 운전적성검사기관은 옳지 못한 방식으로 운전적성검사 판정서를 발급하면 안 돼.
② 원모 : 우리 형이 서울교통공사 다니잖아. 그런데 내용을 보니까 올해 2019년 11월에 운전적성검사를 봤는데 부끄럽게도 부정행위를 하는 바람에 다음 검사는 2020년 11월에나 다시 응시할 수 있어.
③ 우진 : 그렇구나. 이러한 운전적성검사 기준, 방법, 절차 등의 사항은 행정안전부령이 아닌 국토교통부령으로 정한다는 거 알고 있지?
④ 형일 : 그래 얘들아 너희들 혹시라도 열차 타고 갈 때 심심하다고 열차 밖의 사람들에게 흉기 등을 던지면 철도안전법 중에서도 여객열차에서의 금지행위에 속한다는 것쯤은 상식으로 알고 있지?
⑤ 연철 : 그건 그렇고 교통대란으로 인해 빨리 승객을 수송하기 위해서는 철도차량정비가 비록 완료되지 않은 차량이라도 운행하도록 해서 승객들의 불편을 최소화시켜야 해.

|20~21| 다음은 K지역의 지역방송 채널 편성정보이다. 다음을 보고 이어지는 물음에 답하시오.

[지역방송 채널 편성규칙]

- K시의 지역방송 채널은 채널1, 채널2, 채널3, 채널4, 채널5 다섯 개이다.
- 오후 7시부터 12시까지는 다음을 제외한 모든 프로그램이 1시간 단위로만 방송된다.

시사정치	기획물	예능	영화 이야기	지역 홍보물
최소 2시간 이상	1시간 30분	40분	30분	20분

- 모든 채널은 오후 7시부터 12시까지 뉴스 프로그램이 반드시 포함되어 있다.

[오후 7시~12시 프로그램 편성내용]

- 채널1은 3개 프로그램이 방송되었으며, 9시 30분부터 시사정치를 방송하였다.
- 채널2는 시사정치와 지역 홍보물 방송이 없었으며, 기획물, 예능, 영화 이야기가 방송되었다.
- 채널3은 6시부터 시작한 시사정치 방송이 9시에 끝났으며, 바로 이어서 뉴스가 방송되었고 기획물도 방송되었다.
- 채널4에서는 예능 프로그램이 연속 2회 편성되었고, 예능을 포함한 4종류의 프로그램이 방송되었다.
- 채널5에서는 기획물이 연속 2회 편성되었고, 총 5개의 프로그램이 방송되었다.

20. 다음 중 위의 자료를 참고할 때, 오후 7시~12시까지의 방송 프로그램에 대하여 바르게 설명하지 못한 것은? (단, 프로그램의 중간에 광고방송 시간은 고려하지 않는다.)

① 채널1에서 기획물이 방송되었다면 예능은 방송되지 않았다.
② 채널2는 정확히 12시에 프로그램이 끝나며 새로 시작되는 프로그램이 있을 수 없다.
③ 채널3에서 영화 이야기가 방송되었다면, 정확히 12시에 어떤 프로그램이 끝나게 된다.
④ 채널4에서 예능 프로그램이 연속 2회 방송되기 위해서는 반드시 뉴스보다 먼저 방송되어야 한다.
⑤ 채널5에서 지역 홍보물이 방송되고 정확히 12시에 어떤 프로그램이 끝났다면 예능도 방송되었다.

21. 다음 중 각 채널별로 정각 12시에 방송하던 프로그램을 마치기 위한 방법을 설명한 것으로 옳지 않은 것은? (단, 프로그램의 중간에 광고방송 시간은 고려하지 않는다.)

① 채널1에서 기획물을 방송한다면 시사정치를 2시간 반만 방송한다.
② 채널2에서 지역 홍보물 프로그램을 추가한다.
③ 채널3에서 영화 이야기 프로그램을 추가한다.
④ 채널2에서 영화 이야기 프로그램 편성을 취소한다.
⑤ 채널5에서 영화 이야기 프로그램을 2회 연속 편성한다.

|22~23| 다음은 승강기의 검사와 관련된 안내문이다. 이를 보고 물음에 답하시오.

☐ 근거법령
『승강기시설 안전관리법』 제13조 및 제13조의2에 따라 승강기 관리주체는 규정된 기간 내에 승강기의 검사 또는 정밀안전검사를 받아야 합니다.

☐ 검사의 종류

종류	처리기한	내용
완성검사	15일	승강기 설치를 끝낸 경우에 실시하는 검사
정기검사	20일	검사유효기간이 끝난 이후에 계속하여 사용하려는 경우에 추가적으로 실시하는 검사
수시검사	15일	승강기를 교체·변경한 경우나 승강기에 사고가 발생하여 수리한 경우 또는 승강기 관리 주체가 요청하는 경우에 실시하는 검사
정밀안전검사	20일	설치 후 15년이 도래하거나 결함 원인이 불명확한 경우, 중대한 사고가 발생하거나 또는 그 밖에 행정안전부장관이 정한 경우

☐ 검사의 주기
승강기 정기검사의 검사주기는 1년이며, 정밀안전검사는 완성검사를 받은 날부터 15년이 지난 경우 최초 실시하며, 그 이후에는 3년마다 정기적으로 실시합니다.

☐ 적용범위
"승강기"란 건축물이나 고정된 시설물에 설치되어 일정한 경로에 따라 사람이나 화물을 승강장으로 옮기는 데에 사용되는 시설로서 엘리베이터, 에스컬레이터, 휠체어리프트 등 행정안전부령으로 정하는 것을 말합니다.
• 엘리베이터

용도	종류	분류기준
승객용	승객용 엘리베이터	사람의 운송에 적합하게 제작된 엘리베이터
	침대용 엘리베이터	병원의 병상 운반에 적합하게 제작된 엘리베이터
	승객·화물용 엘리베이터	승객·화물겸용에 적합하게 제작된 엘리베이터
	비상용 엘리베이터	화재 시 소화 및 구조활동에 적합하게 제작된 엘리베이터
	피난용 엘리베이터	화재 등 재난 발생 시 피난활동에 적합하게 제작된 엘리베이터
	장애인용 엘리베이터	장애인이 이용하기에 적합하게 제작된 엘리베이터
	전망용 엘리베이터	엘리베이터 안에서 외부를 전망하기에 적합하게 제작된 엘리베이터
	소형 엘리베이터	단독주택의 거주자를 위한 승강행정이 12m 이하인 엘리베이터

• 에스컬레이터

용도	종류	분류기준
승객 및 화물용	에스컬레이터	계단형의디딤판을 동력으로 오르내리게 한 것
	무빙워크	평면의 디딤판을 동력으로 이동시키게 한 것

• 휠체어리프트

용도	종류	분류기준
승객용	장애인용 경사형 리프트	장애인이 이용하기에 적합하게 제작된 것으로서 경사진 승강로를 따라 동력으로 오르내리게 한 것
	장애인용 수직형 리프트	장애인이 이용하기에 적합하게 제작된 것으로서 수직인 승강로를 따라 동력으로 오르내리게 한 것

□ 벌칙 및 과태료
• 벌칙 : 1년 이하의 징역 또는 1천만 원 이하의 벌금
• 과태료 : 500만 원 이하, 300만 원 이하

22. 다음에 제시된 상황에서 받아야 하는 승강기 검사의 종류가 잘못 연결된 것은?

① 1년 전 정기검사를 받은 승객용 엘리베이터를 계속해서 사용하려는 경우→정기검사
② 2층 건물을 4층으로 증축하면서 처음 소형 엘리베이터 설치를 끝낸 경우→완성검사
③ 에스컬레이터에 쓰레기가 끼이는 단순한 사고가 발생하여 수리한 경우→정밀안전검사
④ 7년 전 설치한 장애인용 경사형 리프트를 신형으로 교체한 경우→수시검사
⑤ 비상용 엘리베이터를 설치하고 15년이 지난 경우→정밀안전검사

23. ○○승강기 신입사원 甲는 승강기 검사와 관련하여 고객의 질문을 받아 응대해 주는 과정에서 상사로부터 고객에게 잘못된 정보를 제공하였다는 지적을 받았다. 甲이 응대한 내용 중 가장 옳지 않은 것은?

① 고객 : 승강기 검사유효기간이 끝나가서 정기검사를 받으려고 합니다. 오늘 신청하면 언제쯤 검사를 받을 수 있나요?
 甲 : 정기검사의 처리기한은 20일입니다. 오늘 신청하시면 20일 안에 검사를 받으실 수 있습니다.
② 고객 : 비상용 엘리베이터와 피난용 엘리베이터의 차이는 뭔가요?
 甲 : 비상용 엘리베이터는 화재 시 소화 및 구조활동에 적합하게 제작된 엘리베이터를 말합니다. 이에 비해 피난용 엘리베이터는 화재 등 재난 발생 시 피난활동에 적합하게 제작된 엘리베이터입니다.
③ 고객 : 판매 전 자동차를 대놓는 주차장에 자동차 운반을 위한 엘리베이터를 설치하려고 합니다. 덤웨이터를 설치해도 괜찮을까요?
 甲 : 덤웨이터는 적재용량이 300kg 이하인 소형 화물 운반에 적합한 엘리베이터입니다. 자동차 운반을 위해서는 자동차용 엘리베이터를 설치하시는 것이 좋습니다.

④ 고객 : 지난 2025년 1월에 마지막 정밀안전검사를 받았습니다. 승강기에 별 문제가 없다면, 다음 정밀안전검사는 언제 받아야 하나요?
　甲 : 정밀안전검사는 최초 실시 후 3년마다 정기적으로 실시합니다. 2025년 1월에 정밀안전검사를 받으셨다면, 2028년 1월에 다음 정밀안전검사를 받으셔야 합니다.
⑤ 고객 : 고객들이 쇼핑카트나 유모차, 자전거 등을 가지고 층간 이동을 쉽게 할 수 있도록 에스컬레이터나 무빙워크를 설치하려고 합니다. 뭐가 더 괜찮을까요?
　甲 : 말씀하신 상황에서는 무빙워크보다는 에스컬레이터 설치가 더 적합합니다.

24. 아래 제시된 두 개의 조직도에 해당하는 조직의 특성을 올바르게 설명하지 못한 것은 어느 것인가?

① 조직의 내부 효율성을 중요시하는 작은 규모 조직에서는 조직 A와 같은 조직도가 적합하다.
② 조직 A와 같은 조직도를 가진 조직은 결재 라인이 짧아 보다 신속한 의사결정이 가능하다.
③ 주요 프로젝트나 생산 제품 등에 의하여 구분되는 업무가 많은 조직에서는 조직 B와 같은 조직도가 적합하다.
④ 조직 B와 같은 조직도를 가진 조직은 내부 경쟁보다는 유사 조직 간의 협력과 단결된 업무 능력을 발휘하기에 더 적합하다.
⑤ 조직 A는 기능적 조직구조를 가진 조직이며, 조직 B는 사업별 조직구조를 가진 조직이다.

25. 아래의 글은 4차 산업혁명과 기업의 인력확보 전략에 관한 내용 중 일부를 발췌한 것이다. 특히 4차 산업혁명과 OJT는 서로 불가분의 관계에 있는데 다음 중 밑줄 친 부분에 대한 내용으로 옳지 않은 것은?

■ 로봇, 3D프린터 등 4차 산업 분야 국가기술자격 신설된다.
새로운 노동시장 환경에 필요한 기술인력 양성을 위해 로봇, 3D프린터 등의 제4차 산업 분야 국가기술자격 신설을 본격 추진합니다. 고용노동부는 관계부처 합동으로 마련한 「제4차 산업혁명 대비 국가기술자격 개편방안」을 3월28일(화) 국무회의에서 확정·발표 했습니다.
이번 대책은 그간 산업발전을 견인해 온 국가기술자격을 최신 산업현장 직무에 맞게 개 선하기 위해 마련되었습니다. 올해는 4차 산업 분야 등 총 17개 자격을 중점 신설하고, 내년부터는 매년 산업계 주도로 신설이 필요한 자격을 지속 발굴합니다. 산업현장에서 필요로 하지 않는 자격은 시험을 중단합니다.
폐지 대상 자격은 부처·산업계·전문가로 구성된 '자격개편 분과위원회'에서 현장수요, 산 업 특성 및 전망 등을 검토하고, 토론회, 공청회 등을 통해 다양한 의견 수렴을 거쳐 선정합니다. 시험횟수 축소, 유예기간(2~3년) 등을 거쳐 단계적으로 자격 발급을 중단하며, 기존에 취득 한 자격의 효력은 그대로 유지됩니다.
■ 직업교육·훈련을 통한 국가기술자격 취득 확대
특성화고, 전문대학, 폴리텍 등 직업교육·훈련기관을 통해 자격을 취득하는 과정평가형자 격을 연차적으로 확대합니다. 또한 교육·훈련과정 운영 지원과 외부 모니터링 강화 등을 통해 교육·훈련의 질을 높입니다. 아울러, 현장 실무능력을 보강할 수 있도록 교육·훈련 과정에 기업실습, OJT 도입도 추진합니다.

① 현업에 종사하면서 감독자의 지휘 하에 훈련받는 현장실무 중심의 교육훈련 방식이다.
② 각 종업원의 습득 및 능력에 맞춰 훈련할 수 있다
③ 일을 하면서 훈련을 할 수 있다.
④ 다량의 인원을 한 번에 교육하기에 가장 적절한 방법이다.
⑤ 현실적이면서 많이 쓰이는 방식이다.

|26~27| T사에 입사한 당신은 시스템 모니터링 및 관리 업무를 담당하게 되었다. 시스템을 숙지한 후 이어지는 상황에 알맞은 입력코드를 고르시오.

항목	세부사항
Index @@ of File@@	• 오류 문자 : Index 뒤에 나타나는 문제 • 오류 발생 위치 : File 뒤에 나타나는 문자
Error Value	오류 문자와 오류 발생 위치를 의미하는 문자에 사용된 알파벳을 비교하여 일치하는 알파벳의 개수를 확인
Final Code	Error Value를 통하여 시스템 상태 판단

〈시스템 상태 판단 기준〉

판단 기준	Final Code
일치하는 알파벳의 개수 = 0	Svem
0 < 일치하는 알파벳의 개수 ≤ 1	Atur
1 < 일치하는 알파벳의 개수 ≤ 3	Lind
3 < 일치하는 알파벳의 개수 ≤ 5	Nugre
5 < 일치하는 알파벳의 개수	Hfklhl

26.

① Svem ② Atur
③ Lind ④ Nugre
⑤ Hfklhl

27.

① Svem ② Atur
③ Lind ④ Nugre
⑤ Hfklhl

28. ② 250422P041405J5B

29. ④ 250428P112505I6C

30. 다음은 4차 산업혁명 테마별 산업분류 코드목록이다. 각 산업의 코드형성 방식이 '대분류 – 테마 – 산업분류' 순서로 조합될 때 제시된 코드가 잘못된 것은?

가. 대분류

제조업	개발업	공급업	서비스업
mb	dv	sp	sv

나. 테마

자율주행차	로봇	인공지능	빅데이터	가상현실	블록체인
AD	RB	AI	BD	VR	BC

다. 산업분류

테마	산업분류	산업분류 부호
자율주행차	축전지 제조업	28202
	응용소프트웨어 공급업	58222
	전기·전자공학 연구 개발업	70121
로봇	물리, 화학 및 생물학 연구 개발업	70111
	전자집적회로 제조업	26110
인공지능	컴퓨터 제조업	26310
	전기·전자공학 연구 개발업	70121
빅데이터	컴퓨터시스템 통합 자문 및 구축 서비스업	62021
	컴퓨터 프로그래밍 서비스업	62010
	응용소프트웨어 개발 및 공급업	58222
가상현실	전자집적회로 제조업	26110
	전기·전자공학 연구 개발업	70121
	시스템소프트웨어 개발업	58221
블록체인	포털 및 기타 인터넷 정보 매개 서비스업	63120
	전기·전자공학 연구 개발업	70121

① 자율주행차 응용소프트웨어 공급업 : spAD58222
② 로봇 전자집적회로 제조업 : mbRB26110
③ 인공지능 전기·전자공학 연구 개발업 : dvAI70111
④ 빅데이터 컴퓨터 프로그래밍 서비스업 : svBD62010
⑤ 블록체인 포털 및 기타 인터넷 정보 매개 서비스업 : svBC63120

31. 다음은 ○○그룹 자원관리팀에 근무하는 현수의 상황이다. A자원을 구입하는 것과 B자원을 구입하는 것에 대한 분석으로 옳지 않은 것은?

> 현수는 새로운 프로젝트를 위해 B자원을 구입하였다. 그런데 B자원을 주문한 날 상사가 A자원을 구입하라고 지시하자 고민하다가 결국 상사를 설득시켜 그대로 B자원을 구입하기로 결정했다. 단, 여기서 두 자원을 구입하기 위해 지불해야 할 금액은 각각 50만 원씩으로 같지만 ○○그룹에게 있어 A자원의 실익은 100만 원이고 B자원의 실익은 150만 원이다. 그리고 자원을 주문한 이상 주문 취소는 불가능하다.

① 상사를 설득시켜 그대로 B자원을 구입하기로 결정한 현수의 선택은 합리적이다.
② B자원의 구입으로 인한 기회비용은 100만 원이다.
③ B자원을 구입하기 위해 지불한 50만 원은 회수할 수 없는 매몰비용이다.
④ ○○그룹에게 있어 더 큰 실제의 이익을 주는 자원은 A자원이다.
⑤ 주문 취소가 가능하더라도 B자원을 구입하는 것이 합리적이다.

32. 다음은 ○○도시철도공사의 이듬해 철도안전투자의 예산이다. ○○도시철도공사의 예산 중 철도차량교체 예산의 비중은?(단, 계산 값은 소수점 둘째 자리에서 반올림 한다.)

(단위 : 백만 원)

철도차량 교체	철도시설 개량	안전설비의 설치	철도안전 교육훈련	철도안전 연구개발	철도안전 홍보
9,994	49,179	91	669	7	60

① 15.9%
② 16.7%
③ 18.2%
④ 19.3%
⑤ 19.8%

33. 다음은 특정 시점 우리나라의 주택유형별 매매가격 대비 전세가격 비율을 나타낸 도표이다. 다음 자료에 대한 올바른 설명을 〈보기〉에서 모두 고른 것은? (단, 비교하는 모든 주택들은 동일 크기와 입지조건이라고 가정한다)

(단위 : %)

구분	전국	수도권	지방
종합	65	68	65
아파트	75	74	75
연립주택	66	65	69
단독주택	48	50	46

〈보기〉
(가) 수도권의 아파트가 지방의 아파트보다 20% 높은 매매가이고 A평형 지방의 아파트가 2.5억 원일 경우, 두 곳의 전세가 차이는 2천만 원이 넘는다.
(나) 연립주택은 수도권이, 단독주택은 지방이 매매가 대비 전세가가 더 낮다.
(다) '종합'의 수치는 각각 세 가지 유형 주택의 전세가 지수의 평균값이다.
(라) 수도권의 연립주택이 지방의 연립주택보다 20% 높은 매매가이고 A평형 지방의 연립주택이 2억 원일 경우, 두 곳의 전세가 차이는 2천만 원이 넘지 않는다.

① (나), (다), (라)
② (가), (나), (라)
③ (가), (다), (라)
④ (가), (나), (다)
⑤ (가), (나), (다), (라)

|34~35| 다음은 에어컨 실외기 설치 시의 주의사항을 설명하는 글이다. 다음을 읽고 이어지는 물음에 답하시오.

〈실외기 설치 시 주의사항〉
실외기는 다음의 장소를 선택하여 설치하십시오.
- 실외기 토출구에서 발생되는 뜨거운 바람 및 실외기 소음이 이웃에 영향을 미치지 않는 장소에 설치하세요. (주거지역에 설치 시, 운전 시간대에 유의하여 주세요.)
- 실외기를 도로상에 설치 시, 2m 이상의 높이에 설치하거나, 토출되는 열기가 보행자에게 직접 닿지 않도록 설치하세요. (건축물의 설비 기준 등에 관한 규칙으로 꼭 지켜야 하는 사항입니다.)
- 보수 및 점검을 위한 서비스 공간이 충분히 확보되는 장소에 설치하세요.
- 공기 순환이 잘 되는 곳에 설치하세요. (공기가 순환되지 않으면, 안전장치가 작동하여 정상적인 운전이 되지 않을 수 있습니다.)
- 직사광선 또는 직접 열원으로부터 복사열을 받지 않는 곳에 설치하여야 운전비가 절약됩니다.
- 실외기의 중량과 운전 시 발생되는 진동을 충분히 견딜 수 있는 장소에 설치하세요. (강도가 약할 경우, 실외기가 넘어져 사고의 위험이 있습니다.)
- 빗물이 새거나 고일 우려가 없는 평평한 장소에 설치하세요.
- 황산화물, 암모니아, 유황가스 등과 같은 부식성 가스가 존재하는 곳에 실내기 및 실외기를 설치하지 마세요.
- 해안지역과 같이 염분이 다량 함유된 지역에 설치 시, 부식의 우려가 있으므로 특별한 유지관리가 필요합니다.
- 히트펌프의 경우, 실외기에서도 드레인이 발생됨으로 배수처리 및 설치되는 바닥의 방수가 용이한 곳에 설치하세요. (배수가 용이하지 않을 경우, 물이 얼어 낙하사고와 제품 파손이 될 수 있으므로 각별한 주의가 필요합니다.)
- 강풍이 불지 않는 장소에 설치하여 주세요.
- 실내기와 실외기의 냉매 배관 허용 길이 내에 배관 접속이 가능한 장소에 설치하세요.

34. 다음은 에어컨 설치 순서를 그림으로 나타낸 것이다. 위의 실외기 설치 시 주의사항을 참고할 때 빈 칸에 들어갈 가장 적절한 말은 어느 것인가?

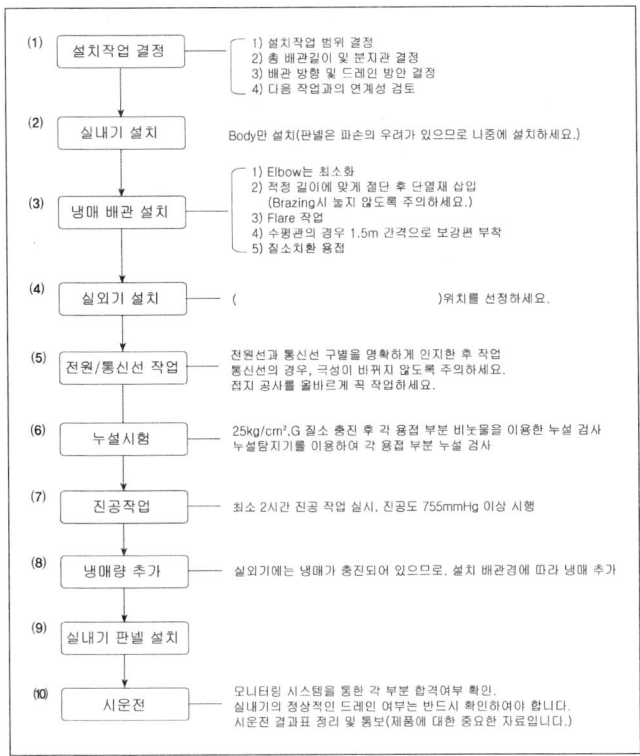

① 전원의 위치 및 전선의 길이를 감안한
② 이웃에 설치된 실외기와의 적정 공간을 감안한
③ 집밖에서 보았을 때 전체적인 미관을 손상시키는지를 감안한
④ 실내기와의 적정 거리를 충분히 유지할 수 있는지를 감안한
⑤ 배관에 냉매가 충진되어 있으므로 배관 길이를 감안한

35. 위의 실외기 설치 시 주의사항을 참고하여 설치한 다음 실외기 설치 방법 중 주의사항에서 설명한 내용에 부합되는 방법이라고 볼 수 없는 것은 어느 것인가?

① 실외기를 콘크리트 바닥면에 설치 시 기초지반 사이에 방진패드를 설치하였다.
② 실외기 토출구 열기가 보행자에게 닿지 않도록 토출구를 안쪽으로 돌려 설치하였다.
③ 실외기를 안착시킨 후 앵커볼트를 이용하여 제품을 단단히 고정하였다.
④ 주변에 배수구가 있는 베란다 창문 옆에 설치하였다.
⑤ 여러 대의 실외기가 설치된 곳에 실외기 간의 공간을 충분히 확보하여 설치하였다.

36. 당신은 ㈜소정의 신입사원이다. 당신은 아직 조직 문화에 적응하지 못하고 있어, 선배 사원들의 행동을 모방하며 적응해 가려고 한다. 그런데 회사의 내부 분위기는 상사가 업무 전반을 지휘하고, 그 하급자들은 명령에 무조건 복종하는 '상명하복' 문화가 지배적인 업무환경으로 판단된다. 또한 대부분의 선배 사원들은 상사의 업무 지휘에 대해 큰 불만을 가지지 않고, 맡겨진 업무에 대해서는 빠르게 처리하는 분위기이다. 이러한 조직 문화에 적응하려 할 때, 당신이 팔로워로서 발현하게 될 특징으로 가장 적절한 것은?

① 조직 변동에 민감하게 반응한다.
② 가치를 창조하는 직무활동을 수행한다.
③ 조직을 위해 자신과 가족의 요구를 양보한다.
④ 조직이 나의 아이디어를 원치 않는다고 생각한다.
⑤ 독립적인 사고와 비판적인 입장으로 생각한다.

37. A철도 운영자인 甲은 이번 안전관리 수준평가에서 우수운영자 지정을 받는 것을 목표로 하고 있다. 甲이 해야 하는 노력으로 옳지 않은 것은?

① 철도교통사고 건수를 줄이기 위해 철도안전점검을 실시한다.
② 최근 안전사고가 가장 많이 일어난 사항들을 확인하고 대책회의를 소집한다.
③ 우수운영자 지정의 권한을 가진 국토교통부장관의 최근 관심사와 학연을 알아본다.
④ 철도안전투자의 예산에 맞춰 예정된 사항들을 집행한다.
⑤ 정기검사를 주기적으로 실시하여 실적을 쌓는다.

38. 다음은 세계적인 스타트업 기업인 '우버'에 관한 사례이다. 다음 글을 보고 고객들이 우버의 윤리의식에 대하여 표출할 수 있는 불만의 내용으로 가장 적절하지 않은 것은 어느 것인가?

> 2009년 미국 샌프란시스코에서 차량 공유업체로 출발한 우버는 세계 83개국 674개 도시에서 여러 사업을 운영하고 있다. 2016년 기준 매출액 65억 달러, 순손실 28억 달러, 기업가치 평가액 680억 달러로 세계 1위 스타트업 기업이다. 우버가 제공하는 가장 일반적인 서비스는 개인 차량을 이용한 '우버 X'가 있다. 또한, '우버 블랙'은 고급 승용차를 이용한 프리미엄 서비스를 제공하고, 인원이 많거나 짐이 많을 경우에 '우버 XL'이 대형 차량 서비스를 제공한다. '우버 풀(POOL)'은 출퇴근길 행선지가 비슷한 사람들끼리 카풀을 할 수 있게 서로 연결해주는 일종의 합승서비스다. 그 밖에 '우버 이츠(EATS)'는 우버의 배달 서비스로서, 음식배달 주문자와 음식을 배달하는 일반인을 연결해주는 플랫폼이다.
>
> 앞으로 자율주행차량이 도입되면 가장 주목받는 기업으로 계속 발전할 것이라는 전망 속에서 2019년 주식 상장 계획이 있던 우버에게 2017년은 악재의 연속이었다. 연초에 전직 소프트웨어 엔지니어 수잔 파울러가 노골적인 성추행과 성차별이 횡행하는 막장 같은 우버의 사내 문화를 폭로하면서 악재가 시작되었다. 또 연말에는 레바논 주재 영국대사관 여직원 다이크스가 수도 베이루트에서 우버 택시 운전기사에 의해 살해당하는 사건이 발생했다. 우버 서비스의 고객 안전에 대한 우려가 현실로 나타난 것이다.

① 불안정 노동 문제에 대해 사회적 책임 의식을 공유해야 한다.
② 운전기사 고용 과정에서 이력 검증을 강화해야 한다.
③ 고객의 안전을 최우선시하는 의무 소홀에 대한 책임을 져야한다.
④ 실력이 있는 뛰어난 직원이라면 근무태도는 문제 삼지 않는 문화를 고쳐야 한다.
⑤ 단기 일자리를 제공하는 임시 고용형태를 없애야 한다.

39. 「4차 산업혁명 시대의 직업윤리 교육의 방향」의 논문에서 저자들은 4차 산업혁명으로 인해 사람을 기계의 일부로 봄으로써 윤리 규범을 붕괴시킬 우려를 언급하기도 했다. 다음의 사례는 테일러의 과학적 관리론에 관한 사례를 제시하였다. 아래의 글을 읽고 4차 산업혁명 시대의 직업윤리로서 인간을 기계의 일부분으로 취급하는 과학적관리론으로 인해 나타나는 내용 중 옳지 않은 것을 고르면?

> 자본주의 경제는 '비효율과의 전쟁'을 통해 발전해왔다. 초기에 비효율은 삼림 파괴, 수(水)자원 낭비, 탄광 개발 남발 등 주로 자원과 관련한 문제였다. 프레드릭 테일러(Frederick Taylor · 1856~1915)는 사람의 노력이 낭비되고 있다는 데 처음으로 주목했다. 효율적인 국가를 건설하려면 산업 현장에서 매일 반복되는 실수, 잘못된 지시, 노사 갈등을 해결하는 데서 출발해야 한다고 믿었다. 노사가 협업해 과학적인 생산 방법으로 생산성을 끌어올리면 분배의 공평성도 달성할 수 있다고 주장했다. 그가 이런 생각을 체계적으로 정리한 책이 《과학적 관리법》(1911년)이다.
> 테일러는 고등학교 졸업 후 공장에 들어가 공장장 자리에까지 오른 현장 전문가였다. 그는 30년간 과학적 관리법 보급을 위해 노력했지만 노동자로부터는 '초시계를 이용해 노동자를 착취한다'고, 기업가로부터는 '우리를 눈먼 돼지로 보느냐'고 비난받았다. 그러나 그는 과학적 관리법이 노사 모두에 도움이 되기 때문에 결국 널리 퍼질 것으로 확신했다. 훗날 과학적 관리법은 '테일러리즘(Taylorism)'으로 불리며 현대 경영학의 뿌리가 됐다. 1900년대 영국과 미국에선 공장 근로자의 근무태만이 만연했다. 노동조합도 '노동자가 너무 많은 일을 하면 다른 사람의 일자리를 뺏을 수 있다'며 '적은 노동'을 권했다. 전체 생산량에 따라 임금을 주니 특별히 일을 더 많이 할 이유도 없었다.

① 조직목표인 능률성 향상과 개인목표인 인간의 행복 추구 사이에는 궁극적으로 양립·조화 관계로 인식하였다.
② 작업 계층의 효율적인 관리를 위해 하위 계층 관리만을 연구대상으로 하고 인간을 목표 달성을 위한 조종 대상으로 보았다.
③ 생산성, 능률성 향상이 궁극적인 목적이다.
④ 조직 외적 환경과의 상호작용을 경시하고 조직을 개방체제가 아닌 폐쇄체제로 인식하였다.
⑤ 타인에 의한 내부적인 동기부여가 효율적이라고 생각한다.

40. 다음과 같은 상황을 맞은 강 대리가 취할 수 있는 가장 적절한 행동은 어느 것인가?

> 강 대리는 자신이 일하는 ◇◇교통공사에 고향에서 친하게 지냈던 형이 다음 주부터 철도차량운전사로 일하게 되었다는 소식을 듣게 되었다. 이 소식을 듣고 오랜만에 형과 만난 강 대리는 형과 이야기를 하던 중 형이 현재 복용하고 있는 약물이 법적으로 금지된 마약류이며 중독된 상황임을 알게 되었다. 강 대리는 형이 어렵게 취업을 하게 된 사정을 생각하며 고민하게 되었다.

① 인사과에 추가적인 이유는 말하지 않고 신입 운전사를 해고해야 할 것 같다고 말한다.
② 형에게 자신이 비밀을 지키는 대신 자신과 회사에서는 아는 척을 하지 말아달라고 부탁한다.
③ 철도차량 운전상의 위험과 장해를 일으킬 수 있으므로 형에게 직접 회사에 알릴 것을 권해야 한다.
④ 형의 성격상 철도차량운전사로 손색이 없다는 것을 알고 있으므로 괜히 기분 상할 일을 만들지 않고 그냥 넘어간다.
⑤ 면허가 취소될 수도 있기 때문에 형에게 그 동안 다른 사람의 면허를 잠시 대여하는 방법을 알려준다.

✎ 직무수행능력평가_전기일반(40문항/50분)

1. 다음과 같은 T형 회로의 영상 파라미터는?

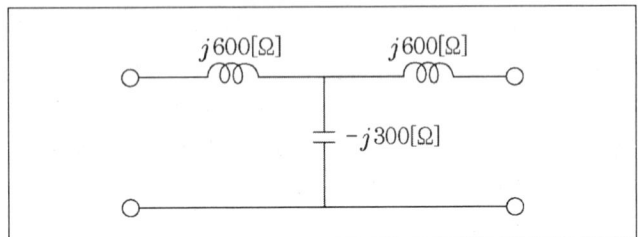

① −3
② −1
③ 0
④ +1
⑤ +3

2. 서로 같은 전하를 가진 두 대전체를 공기 중에 30[cm] 거리로 떨어뜨려 놓았을 때 0.9[N]의 힘이 작용하였다면 대전체의 전하는 몇 [C]인가?

① 9×10^{-9}
② 9×10^{-6}
③ 3×10^{-12}
④ 3×10^{-9}
⑤ 3×10^{-6}

3. 무한한 넓이를 가지는 두 평판 도체의 간격이 d만큼 떨어져 있고, 매질의 비유전율이 ϵ_r의 경우 단위면적당 정전용량은?

① d에 비례한다.
② d^2에 비례한다.
③ d^2에 반비례한다.
④ ϵ_r에 비례한다.
⑤ ϵ_r^2에 비례한다.

4. 다음 두 도체에서 왼쪽 도체는 $Q_1 = Q[C]$, 오른쪽 도체는 $Q_2 = -Q[C]$으로 대전되어 있다. 이때 전위계수(P)에 의한 정전용량을 바르게 나타낸 식은?

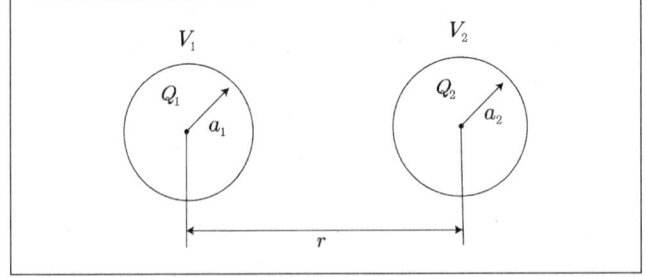

① $\dfrac{1}{P_{11} - P_{12} + P_{22}}[F]$
② $\dfrac{1}{P_{11} - 2P_{12} + P_{22}}[F]$
③ $\dfrac{1}{P_{11} + P_{12} + P_{22}}[F]$
④ $\dfrac{1}{P_{11} + 2P_{12} + P_{22}}[F]$
⑤ $\dfrac{1}{P_{11} + 2P_{12} - P_{22}}[F]$

5. N회 감긴 환상 코일의 단면적이 $S[m^2]$이고, 평균 길이가 l[m]이다. 이 코일의 권수를 반으로 줄이고 인덕턴스를 일정하게 하려고 할 때, 다음 중 옳은 것은?

① 단면적을 2배로 한다.
② 길이를 $\dfrac{1}{4}$배로 한다.
③ 전류의 세기를 4배로 한다.
④ 비투자율을 2배로 한다.
⑤ 비투자율을 2배로 하고, 단면적을 $\dfrac{1}{2}$배로 한다.

6. 어느 철심에 도선을 5회 감고 여기에 전류를 흘릴 때 0.01[Wb]의 자속이 발생하였다. 자체 인덕턴스를 1[mH]로 하려면 도선의 전류 [A]는?

① 50
② 100
③ 150
④ 200
⑤ 250

7. 진공 중에서 파장이 60[m]인 전파의 주파수는?

① 1[MHz]
② 2[MHz]
③ 3[MHz]
④ 4[MHz]
⑤ 5[MHz]

8. 3상 유도 전동기가 경부하에서 운전 중 1선의 퓨즈가 잘못되어 용단되었을 경우 나타나는 현상으로 옳은 것은?

① 속도가 증가하여 다른 선의 퓨즈도 용단된다.
② 속도가 늦어져서 다른 선의 퓨즈도 용단된다.
③ 전류가 감소하여 운전이 얼마 동안 계속된다.
④ 전류가 증가하여 운전이 얼마 동안 계속된다.
⑤ 전류가 감소하여 운전이 정지된다.

9. 다음과 같은 회로에 10[A]의 전류가 흐르게 하려면 a, b 양단에 가해야 할 전압은 몇 [V]인가?

① 60
② 80
③ 100
④ 120
⑤ 140

10. $R = 6[Ω]$과 $X_L = 12[Ω]$ 그리고 $X_C = -4[Ω]$가 직렬로 연결된 회로에 220[V]의 교류전압을 인가할 때, 흐르는 전류[A] 및 역률은?

전류[A]	역률
① 10	0.6
② $10\sqrt{2}$	0.8
③ 22	0.6
④ $22\sqrt{2}$	0.8
⑤ $22\sqrt{3}$	0.6

11. △ 결선된 부하를 Y 결선으로 바꾸면 소비전력은 어떻게 되겠는가? (단, 선간전압은 일정하다)

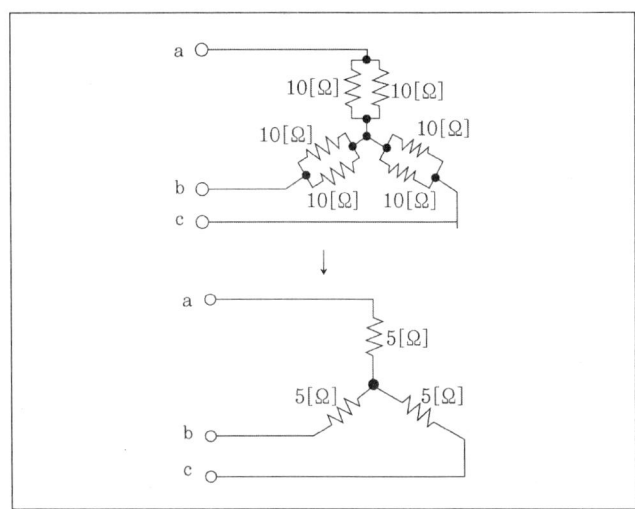

① $\frac{1}{9}$ 배
② $\frac{1}{3}$ 배
③ 1배
④ 3배
⑤ 9배

12. 1상의 임피던스가 14+j48[Ω]인 Δ부하에 대칭 선간전압 200[V]를 가한 경우의 3상전력은 몇 [W]인가?

① 672
② 692
③ 712
④ 732
⑤ 772

13. 다음과 같은 회로의 영상 전달정수 θ 를 $\cosh^{-1}$로 표시하면?

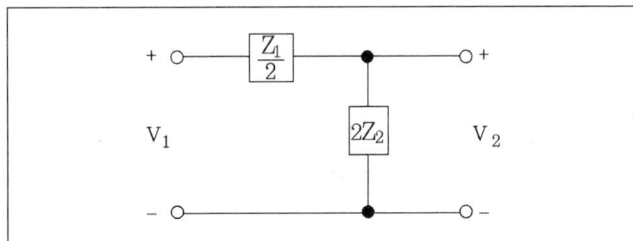

① $\cosh^{-1}\sqrt{1-\dfrac{Z_1}{4Z_2}}\dfrac{Z_1}{2}$

② $\cosh^{-1}\sqrt{1+\dfrac{Z_1}{4Z_2}}$

③ $\cosh^{-1}\sqrt{\dfrac{Z_1}{4Z_2}-1}$

④ $\cosh^{-1}\sqrt{\dfrac{Z_1}{Z_2}+1}$

⑤ $\cosh^{-1}\sqrt{1-\dfrac{Z_1}{Z_2}}$

14. 다음 그림과 같이 어떤 자유공간(free space)내의 A점 (3, 0, 0) [m]에 4×10^{-9}[C]의 전하가 놓여 있다. 이 때 P점 (6, 4, 0) [m]의 전계의 세기 E [V/m]는?

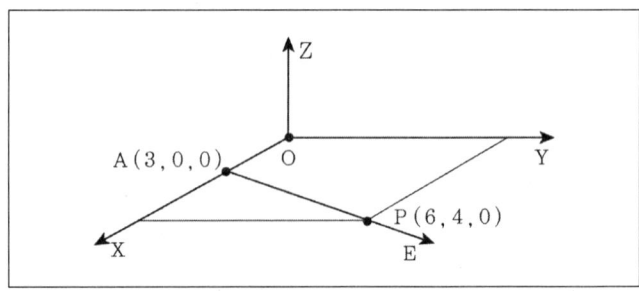

① $E = \dfrac{36}{25}$
② $E = \dfrac{25}{36}$

③ $E = \dfrac{36}{5}$
④ $E = \dfrac{5}{36}$

⑤ $E = \dfrac{25}{16}$

15. RC 직렬회로에서 $R = 500$[kΩ], $C = 2[\mu F]$일 때 시상수는 얼마인가?

① 0.01[sec]
② 0.1[sec]
③ 1[sec]
④ 10[sec]
⑤ 100[sec]

16. 전원과 부하가 다 같이 △결선된 3상 평형 회로에서 전원전압이 200[V], 부하 한 상의 임피던스가 $6+j8$[Ω]인 경우 선전류는 몇 [A]인가?

① 20
② $\dfrac{20}{\sqrt{3}}$
③ $20\sqrt{3}$
④ $40\sqrt{3}$
⑤ $\dfrac{40}{\sqrt{3}}$

17. $t=0$에서 스위치 S를 닫았을 때 정상전류 값[A]은?

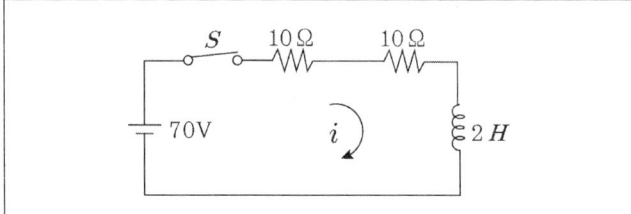

① 1 ② 2.5
③ 3.5 ④ 7
⑤ 7.5

18. $f(t) = At^2$의 라플라스 변환은?

① $\dfrac{A}{s^2}$ ② $\dfrac{2A}{s^2}$

③ $\dfrac{A}{s^3}$ ④ $\dfrac{2A}{s^3}$

⑤ $\dfrac{4A}{s^2}$

19. 코일에 단상 100[V]의 전압을 가하면, 30[A]의 전류가 흐르고 1.8[kW]의 전력을 소비한다고 한다. 이 코일과 병렬로 콘덴서를 접속하여 회로의 역률을 100[%]로 하기 위한 용량 리액턴스는 약 몇 [Ω]인가?

① 4.2 ② 6.2
③ 8.2 ④ 10.2
⑤ 12.2

20. 3상 4선식에서 중성선이 필요하지 않아서 중성선을 제거하여 3상 3선식으로 하려고 한다. 이때 중성선의 조건식은 어떻게 되는가? (단, I_a, I_b, I_c[A]는 각 상의 전류이다.)

① $I_a + I_b + I_c = 1$ ② $I_a + I_b + I_c = \sqrt{3}$

③ $I_a + I_b + I_c = 3$ ④ $I_a + I_b + I_c = 0$

⑤ $I_a + I_b + I_c = 9$

21. 다음 3상 Y결선회로에서 소비하는 전력은 몇 [W]인가? (단, 임피던스 Z의 단위는 [Ω]이다.)

① 3,072 ② 1,536
③ 768   ④ 384
⑤ 197

22. 공기 속에서 1.6×10^{-4}[Wb]와 2×10^{-3}[Wb]의 두 자극 사이에 작용하는 힘이 12.66[N]이었다. 두 자극 사이의 거리는 몇 [cm]인가?

① 4[cm]   ② 3[cm]
③ 2[cm]   ④ 1[cm]
⑤ 0.5[cm]

23. 자유공간 중에서 점 $P(2, -4, 5)$가 도체면상에 있으며 이 점에서 전계 $E = 3a_x - 6a_y + 2a_z$ [V/m]이다. 도체면에 법선 성분 E_n 및 접선 성분 E_t의 크기는 몇 [V/m]인가?

① $E_n = 3$, $E_t = -6$ ② $E_n = 7$, $E_t = 0$
③ $E_n = 2$, $E_t = 3$ ④ $E_n = -6$, $E_t = 0$
⑤ $E_n = -7$, $E_t = 3$

24. 무한 평면 도체에서 r[m] 떨어진 곳에 ρ[C/m]의 전하 분포를 갖는 직선 도체를 놓았을 때, 직선 도체가 받는 힘의 크기[N/m]는? (단, 공간의 유전율은 ϵ_0이다.)

① $\dfrac{\rho^2}{\epsilon_0 r}$ ② $\dfrac{\rho^2}{\pi \epsilon_0 r}$
③ $\dfrac{\rho^2}{2\pi \epsilon_0 r}$ ④ $\dfrac{\rho^2}{4\pi \epsilon_0 r}$
⑤ $\dfrac{\rho^2}{8\pi \epsilon_0 r}$

25. 500[AT/m]의 자계 중에 어떤 자극을 놓았을 때 5×10^3[N]의 힘이 작용했을 경우 자극의 세기는 몇 [Wb]인가?

① 10   ② 20
③ 30   ④ 40
⑤ 50

26. 평행판 콘덴서에 있어서 판의 면적이 일정하고 판 사이의 거리가 2배로 되면 콘덴서의 정전용량은 어떻게 되는가?

① $\dfrac{1}{4}$배   ② $\dfrac{1}{2}$배
③ 1배   ④ 2배
⑤ 4배

27. 정전용량이 5[F]인 콘덴서에 200[J]의 에너지를 축적하려고 할 때 콘덴서에 가해야 할 전압은?

① 5[V]   ② 9[V]
③ 10[V]   ④ 18[V]
⑤ 20[V]

28. 정격속도로 회전하고 있는 무부하의 분권 발전기가 있다. 계자저항 40[Ω], 계자전류 3[A], 전기자 저항 2[Ω]일 때, 유기기전력 [V]은?

① 126   ② 136
③ 156   ④ 186
⑤ 216

29. 다음의 회로에서 흐르는 전류 I는 몇 [A]인가?

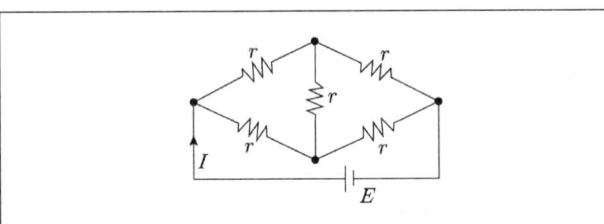

① $\dfrac{E}{r}$ ② $\dfrac{E}{2r}$
③ $\dfrac{E}{3r}$ ④ $\dfrac{E}{4r}$
⑤ $\dfrac{E}{5r}$

30. m [Wb]의 점자극에서 r [m] 떨어진 점의 자계의 세기는 공기 중에서 얼마인가?

① $\frac{m}{r^2}$ [AT/m]
② $\frac{m}{4\pi r^2}$ [AT/m]
③ $6.33 \times 10^4 \times \frac{m}{r^2}$ [AT/m]
④ $\frac{m}{4\pi r}$ [AT/m]
⑤ $\frac{m^2}{4\pi r}$ [AT/m]

31. 다음 권선법 중 직류기에서 주로 사용하는 방식은?

① 폐로권, 환상권, 이층권
② 폐로권, 고상권, 이층권
③ 개로권, 환상권, 단층권
④ 개로권, 고상권, 이층권
⑤ 고상권, 단층권, 환상권

32. 대형 직류 전동기의 토크를 측정하는 데 가장 적당한 방법은?

① 전기 동력계
② 와전류 제동기
③ 프로니 브레이크법
④ 앰플리다인
⑤ 스트로보스크법

33. 유도 전동기의 부하를 증가시키면 역률은 어떻게 변하는가?

① 개선된다.
② 저하된다.
③ 변화 없다.
④ 1이 된다.
⑤ 0이 된다.

34. 3상 3선식에서 전선의 선간거리가 각각 1[m], 2[m], 4[m]로 삼각형으로 배치되어 있을 때 등가 선간거리는 몇 [m]인가?

① 1
② 2
③ 3
④ 4
⑤ 5

35. 유효낙차 300[m]인 충동수차의 노즐에서 분출되는 유수의 이론적인 분출속도는 약 얼마인가?

① 47[m/s]
② 57[m/s]
③ 67[m/s]
④ 77[m/s]
⑤ 87[m/s]

36. 전력계통의 안정도 향상대책으로 옳지 않은 것은?

① 직렬콘덴서 설치
② 병렬콘덴서 설치
③ 중간개폐소 설치
④ 고속차단, 재폐로 방식 채용
⑤ 단락비를 크게 한다.

37. 송전선로의 단락보호 계전방식이 아닌 것은?

① 과전류 계전방식
② 방향단락 계전방식
③ 거리 계전방식
④ 과전압 계전방식
⑤ 표시선 계전 방식

38. 상호 유도회로에서 결합계수 k는? (단, M : 상호 인덕턴스, $L_1 \cdot L_2$: 자기 인덕턴스)

① $k = \sqrt{L_1 L_2}$
② $k = \sqrt{M \cdot L_1 L_2}$
③ $k = \dfrac{M}{\sqrt{L_1 L_2}}$
④ $k = \dfrac{\sqrt{L_1 L_2}}{M}$
⑤ $k = M\sqrt{L_1 L_2}$

39. 5[kVA]이 단상 변압기 3대를 △결선하여 급전하는 경우 1대가 소손되어 나머지 2대로 급전하게 되었다. 2대의 변압기로 과부하를 10[%]까지 견딜 수 있다고 하면 2대가 분담할 수 있는 최대 부하는 약 몇 [kVA]인가?

① 5.5 ② 7.5
③ 9.5 ④ 11.5
⑤ 13.5

40. 표피효과에 대한 설명으로 옳은 것은?

① 표피효과는 도체 표면보다 중심부에 더 많은 전류가 흐르는 현상이다.
② 표피효과는 주파수에 비례한다.
③ 표피효과는 전선의 단면적에 반비례한다.
④ 표피효과는 전선의 투자율에 반비례한다.
⑤ 표피효과는 전선의 도전율에 반비례한다.

서울교통공사 필기시험

서울교통공사
필기시험 모의고사

제1회~제3회

- 정답 및 해설 -

제1회 정답 및 해설

직업기초능력평가

1 ④

빈칸에 들어갈 단어는 '시간이나 거리 따위를 본래보다 길게 늘림'의 뜻을 가진 연장(延長)이 가장 적절하다.
① 지연 : 무슨 일을 더디게 끌어 시간을 늦춤
② 지속 : 어떤 상태가 오래 계속됨
③ 지체 : 때를 늦추거나 질질 끎
⑤ 연속 : 끊이지 아니하고 죽 이어지거나 지속함

2 ②

① 필요할 때는 쓰고 필요 없을 때는 야박하게 버리는 경우를 이르는 말
③ 원수를 갚거나 마음먹은 일을 이루기 위하여 온갖 어려움과 괴로움을 참고 견딤
④ 공적인 일을 먼저 하고 사사로운 일은 뒤로 미룸
⑤ 고국의 멸망을 한탄함을 이르는 말

3 ②

이 글의 화자는 '마케팅 교육을 담당하는 입장'에서 UCC를 기업 마케팅에 어떻게 활용할 것인지에 대한 강의를 기획하고 있다. 따라서 이 글을 읽는 예상 독자는 ② UCC 활용 교육을 원하는 기업 마케터들이 될 것이다.

4 ④

괄호 바로 앞뒤에 오는 문장을 통해 유추할 수 있다. 화자가 기획하는 강의는 기업 마케팅 담당자들의 웹2.0과 UCC에 대한 이해를 높이고, 이를 활용할 수 있는 전략에 대한 내용이 주가 될 것이다. 따라서 강의 제목으로는 ④ 웹2.0 시대 UCC를 통한 마케팅 활용 전략이 가장 적절하다.

5 ⑤

작자는 오래된 물건의 가치를 단순히 기능적 편리함 등의 실용적인 면에 두지 않고 그것을 사용해 온 시간, 그 동안의 추억 등에 두고 있으며 그렇기 때문에 오래된 물건이 아름답다고 하였다.

6 ③

③ 「철도안전법 시행규칙」 제41조의2 ④에 따르면 철도운영자 등은 철도안전교육을 안전전문기관 등 안전에 관한 업무를 수행하는 전문기관에 위탁하여 실시할 수 있다고 규정하고 있다.

7 ④

위세품은 정치, 사회적 관계를 표현하기 위해 사용된 물품이다. 당사자 사이에만 거래되어 일반인이 입수하기 어려운 물건으로 피장자가 착장(着裝)하여 위세를 드러내던 것을 착장형 위세품이라고 한다. 생산도구나 무기 및 마구 등은 일상품이기도 하지만 물자의 장악이나 군사력을 상징하는 부장품이기도 하다. 이것들은 피장자의 신분이나 지위를 상징하는 물건으로 일상품적 위세품이라고 한다.

8 ①

① 첫 번째 문단에서 '도시 빈민가와 농촌에 잔존하고 있는 빈곤은 인간다운 삶의 가능성을 원천적으로 박탈하고 있으며'라고 언급하고 있다. 즉, 사회적 취약계층의 객관적인 생활 수준이 향상되었다고 보는 것은 적절하지 않다.
② 첫 번째 문단
③ 두, 세 번째 문단
④ 네 번째 문단
⑤ 두 번째 문단

9 ③

서원각의 매출액의 합계를 x, 소정의 매출액의 합계를 y로 놓으면
$x + y = 91$
$0.1x : 0.2y = 2 : 3 \rightarrow 0.3x = 0.4y$
$x + y = 91 \rightarrow y = 91 - x$
$0.3x = 0.4 \times (91 - x)$
$0.3x = 36.4 - 0.4x$
$0.7x = 36.4$
$\therefore x = 52$
$0.3 \times 52 = 0.4y \rightarrow y = 39$
x는 10% 증가하였으므로 $52 \times 1.1 = 57.2$
y는 20% 증가하였으므로 $39 \times 1.2 = 46.8$
두 기업의 매출액의 합은 $57.2 + 46.8 = 104$

10 ⑤

통화량을 x, 문자메시지를 y라고 하면
A요금제 → $(5x + 10y) \times \left(1 - \dfrac{1}{5}\right) = 4x + 8y = 14,000$원
B요금제 → $5,000 + 3x + 15 \times (y - 100) = 16,250$원
두 식을 정리해서 풀면
$y = 250,\ x = 3,000$

11 ⑤

보완적 평가방식은 각 상표에 있어 어떤 속성의 약점을 다른 속성의 강점에 의해 보완하여 전반적인 평가를 내리는 방식을 의미한다. 보완적 평가방식에서 차지하는 중요도는 60, 40, 20이므로 이러한 가중치를 각 속성별 평가점수에 곱해서 모두 더하면 결과 값이 나오게 된다. 각 대안(열차종류)에 대입해 계산하면 아래와 같은 결과 값을 얻을 수 있다.

- KTX 산천의 가치 값= $(0.6 \times 3) + (0.4 \times 9) + (0.2 \times 8) = 7$
- ITX 새마을의 가치 값= $(0.6 \times 5) + (0.4 \times 7) + (0.2 \times 4) = 6.6$
- 무궁화호의 가치 값= $(0.6 \times 4) + (0.4 \times 2) + (0.2 \times 3) = 3.8$
- ITX 청춘의 가치 값= $(0.6 \times 6) + (0.4 \times 4) + (0.2 \times 4) = 6$
- 누리로의 가치 값= $(0.6 \times 6) + (0.4 \times 5) + (0.2 \times 4) = 6.4$

조건에서 각 대안에 대한 최종결과 값 수치에 대한 반올림은 없는 것으로 하였으므로 종합 평가점수가 가장 높은 KTX 산천이 김정은과 시진핑의 입장에 있어서 최종 구매대안이 되는 것이다.

12 ③

- 주택보수비용 지원 내용은 항목별 비용이 3단계로 구분되어 있으며 핵심 구분점은 내장, 배관, 외관이다. 이에 따른 비용 한계는 350만 원을 기본으로 단계별 300만 원씩 증액하는 것으로 나타나 있다.
- 소득인정액에 따른 차등지원 내역을 보면 지원액은 80~100%이다.

〈상황〉을 보면 ○○씨 중위소득 40%에 해당하므로 지원액은 80%이며, 노후도 평가에서 대보수에 해당하므로, 950만 원 × 80% = 760만 원을 지원받을 수 있다.

13 ④

④ 2022년도의 연어방류량을 x라고 하면
$0.8 = \dfrac{7}{x} \times 100 \quad \therefore x = 875$

① 2017년도의 연어방류량을 x라고 하면
$0.3 = \dfrac{6}{x} \times 100 \quad \therefore x = 2,000$

2018년도의 연어방류량을 x라고 하면
$0.2 = \dfrac{4}{x} \times 100 \quad \therefore x = 2,000$

② 연어포획량이 가장 많은 해는 21만 마리를 포획한 2015년 이고, 가장 적은 해는 2만 마리를 포획한 2018년과 2023년이다.

③ 연도별 연어회귀율은 증감을 거듭하고 있다.

⑤ 2018년도의 연어포획량은 2만 마리로 가장 적고, 연어회귀율은 0.1%로 가장 낮다.

14 ③

사고 전 조달원 \ 사고 후 조달원	수돗물	정수	약수	생수	합계
수돗물	40	30	20	30	120
정수	10	50	10	30	100
약수	20	10	10	40	80
생수	10	10	10	40	70
합계	80	100	50	140	370

수돗물은 120가구에서 80가구로, 약수는 80가구에서 50가구로 각각 이용 가구 수가 감소하였다. 정수는 100가구로 변화가 없으며, 생수는 70가구에서 140가구로 증가하였다.
따라서 사고 전에 비해 사고 후에 이용 가구 수가 감소한 식수 조달원의 수는 2개이다.

15 ②

② 음료수자판기는 가장 많은 418명의 계약자를 기록하고 있다.

16 ①

단일 계약자를 제외한 2027년에 계약이 만료되는 계약자는 총 353명이다.

17 ②

㈎ 수산물 수출실적이 '전체'가 아닌 1차 산품에서 차지하는 비중이므로 2024년과 2025년에 각각 61.1%와 62.8%인 것을 알 수 있다. → 틀림
㈏ 농산물과 수산물은 2021년 이후 매년 '감소 – 감소 – 증가 – 감소'의 동일한 증감추이를 보이고 있다. → 옳음
㈐ 2023년~2025년까지만 동일하다. → 틀림
㈑ 연도별로 전체 합산 수치는 103,285천 달러, 106,415천 달러, 121,068천 달러, 128,994천 달러, 155,292천 달러로 매년 증가한 것을 알 수 있다. → 옳음

18 ③

A에서 B로 변동된 수치의 증감률은 (B − A) ÷ A × 100의 산식으로 계산한다.
- 농산물 : (21,441 − 27,895) ÷ 27,895 × 100 = −23.1%
- 수산물 : (38,555 − 50,868) ÷ 50,868 × 100 = −24.2%
- 축산물 : (1,405 − 1,587) ÷ 1,587 × 100 = −11.5%

따라서 감소율은 수산물 > 농산물 > 축산물의 순으로 큰 것을 알 수 있다.

19 ④

두 번째 조건을 부등호로 나타내면, C < A < E
세 번째 조건을 부등호로 나타내면, B < D, B < A
네 번째 조건을 부등호로 나타내면, B < C < D
다섯 번째 조건에 의해 다음과 같이 정리할 수 있다.
∴ B < C < D, A < E
① 주어진 조건만으로는 세 번째로 월급이 많은 사람이 A인지, D인지 알 수 없다.
② B < C < D, A < E이므로 월급이 가장 많은 E는 월급을 50만 원을 받고, A와 D는 각각 40만 원 또는 30만 원을 받으며, C는 20만 원을, B는 10만 원을 받는다. E와 C의 월급은 30만 원 차이가 난다.
③ B의 월급은 10만 원, E의 월급은 50만 원이므로 합하면 60만 원이다.
C의 월급은 20만 원을 받지만, A는 40만 원을 받는지 30만 원을 받는지 알 수 없으므로 B와 E의 월급의 합은 A와 C의 월급의 합보다 많을 수도 있고, 같을 수도 있다.
⑤ 월급이 가장 적은 사람은 B이다.

20 ②

주어진 ㉡부터 ㉐을 정리하면 다음과 같다.
㉡ 갑 = 을
㉢ 을 → 병 or ~갑
㉣ ~갑 → ~정
㉤ ~정 → 갑 and ~병
㉥ ~갑 → ~무
㉦ 무 → ~병

이때, ㉤이 참인 상황에서 ㉤의 대우인 '~갑 and 병 → 정'이 참이 되어야 하는데 이럴 경우 병에 대한 후건을 분리하면 '~갑 → 정'으로 ㉣과 모순이 생긴다. 따라서 '~갑'은 성립할 수 없으므로 갑은 가담하였다.
갑이 가담하였다면 ㉡에 의해 을도 가담하였고, ㉢에 의해 병도 가담한 것이 된다. 그리고 ㉦의 대우에 의해 무는 가담하지 않았음을 알 수 있다. 따라서 가담하지 않은 사람은 무 한 사람뿐이다.

※ 귀류법 … 어떤 명제가 참임을 증명하려 할 때 그 명제의 결론을 부정함으로써 가정 또는 공리 등이 모순됨을 보여 간접적으로 그 결론이 성립한다는 것을 증명하는 방법이다.

21 ③

① 19일 수요일 오후 1시 울릉도 도착, 20일 목요일 독도 방문, 22일 토요일은 복귀하는 날인데 종아는 매주 금요일에 술을 마시므로 멀미로 인해 선박을 이용하지 못한다. 또한 금요일 오후 6시 호박엿 만들기 체험도 해야 한다.
② 20일 목요일 오후 1시 울릉도 도착, 독도는 화요일과 목요일만 출발하므로 불가능
③ 23일 일요일 오후 1시 울릉도 도착, 24일 월요일 호박엿 만들기 체험, 25일 화요일 독도 방문, 26일 수요일 포항 도착

④ 25일 화요일 오후 1시 울릉도 도착, 27일 목요일 독도 방문, 28일 금요일 호박엿 만들기 체험은 오후 6시인데, 복귀하는 선박은 오후 3시 출발이라 불가능
⑤ 26일 수요일 오후 1시 울릉도 도착, 27일 목요일 독도 방문, 28일 금요일 호박엿 만들기 체험, 매주 금요일은 술을 마시므로 다음날 선박을 이용하지 못하며, 29일은 파고가 3m를 넘어 선박이 운항하지 않아 불가능

22 ③
연가는 재직기간에 따라 3~21일로 휴가 일수가 달라지며, 수업휴가 역시 연가일수를 초과하는 출석수업 일수가 되므로 재직기간에 따라 휴가 일수가 달라진다. 장기재직 특별휴가 역시 재직기간에 따라 달리 적용된다.
① 언급된 2가지 휴가는 출산한 여성이 사용하는 휴가이다.
② 자녀 돌봄 휴가는 자녀가 고등학생인 경우까지 해당되므로 15세 이상 자녀가 있는 경우에도 자녀 돌봄 휴가를 사용할 수 있게 된다.
④ '직접 필요한 시간'이라고 규정되어 있으므로 고정된 시간이 없는 것이 된다.
⑤ 10~19년, 20~29년, 30년 이상 재직자가 10~20일의 휴가일수를 사용하게 되므로 최대 20일이 된다.

23 ③
T대리가 사용한 근무 외 시간의 기록은 16시간 + 9시간 + 5시간 = 30시간이 된다. 따라서 8시간이 연가 하루에 해당하므로 이를 8시간으로 나누면 '3일과 6시간'이 된다. 8시간 미만은 산입하지 않는다고 하였으므로 T대리는 연가를 3일 사용한 것이 된다.
④ 외출이 2시간 추가되면 총 32시간이 되어 4일의 연가를 사용한 것이 된다.

24 ④
제시된 내용은 김치에서 이상한 냄새가 나고 있는 상황이다.
④는 '김치 표면에 하얀 것(하얀 효모)이 생겼을 때'의 확인 사항이다.

25 ③
③은 매뉴얼로 확인할 수 없는 내용이다.

26 ④
광산물의 경우 총 교역액에서 수출액이 차지하는 비중은 39,456÷39,975×100=약 98.7%이나, 잡제품의 경우 187,132÷188,254×100=약 99.4%의 비중을 보이고 있으므로 총 교역액에서 수출액이 차지하는 비중이 가장 큰 품목은 잡제품이다.
① A국의 총 수출액은 1,136,374천 달러이며, 총 수입액은 1,206,744천 달러이다.
② B국은 1차 산업인 농림수산물 품목에서 A국으로의 수출이 매우 적은 반면, A국으로부터 수입하는 양이 매우 크므로 타당한 판단으로 볼 수 있다.
③ 기계류는 10개 품목 중 가장 적은 1,382천 달러의 수출입액 차이를 보이고 있다.
⑤ A국은 10개 품목 중 섬유류, 전자전기, 생활용품, 플라스틱/고무를 제외한 6개 품목에서 수입보다 수출을 더 많이 하고 있다.

27 ③
무역수지가 가장 큰 품목은 잡제품으로 무역수지 금액은 187,132-1,122=186,010천 달러에 달하고 있다.

28 ⑤
서울교통공사 설립 및 운영에 관한 조례 제19조(사업의 범위)
1. 시 도시철도의 건설·운영
2. 도시철도 건설·운영에 따른 도시계획사업
3. 「도시철도법」에 따른 도시철도부대사업
4. 1부터 3까지와 관련한 「택지개발촉진법」에 따른 택지개발사업
5. 1부터 3까지와 관련한 「도시개발법」에 따른 도시개발사업
6. 도시철도 관련 국내외 기관의 시스템 구축, 건설·운영 및 감리사업
7. 도시철도와 다른 교통수단의 연계수송을 위한 각종 시설의 건설·운영 및 기존 버스운송사업자의 노선과 중복되지 않는 버스운송사업(단, 마을버스운송사업 기준에 의함)
8. 「교통약자의 이동편의 증진법」에 따른 이동편의시설의 설치 및 유지관리사업
9. 「교통약자의 이동편의 증진법」에 따른 실태조사
10. 시각장애인 등 교통약자를 위한 시설의 개선과 확충
11. 그 밖에 시장이 인정하는 사업

29 ②

제시된 내용은 서울교통공사의 공사이미지 중 캐릭터에 대한 내용이다.

30 ⑤

① 운전제어와 관련된 장치의 기능, 제동장치 기능, 그 밖에 운전 시 사용하는 각종 계기판의 기능의 이상여부를 확인 후 출발하여야 한다.
② 철도차량의 운행 중에 휴대전화 등 전자기기를 사용하지 아니할 것. 다만, 철도사고 등 또는 철도차량의 기능장애가 발생하는 등 비상상황이 발생한 경우로서 철도운영자가 운행의 안전을 저해하지 아니하는 범위에서 사전에 사용을 허용한 경우에는 그러하지 아니하다.
③ 철도사고의 수습을 위하여 필요한 경우 수호는 전차선의 전기공급 차단 조치를 해야 한다.
④ 희재는 운행구간의 이상이 발생하면 수호에게 보고해야 한다.

31 ③

서울교통공사는 (6)개의 실과 5개의 본부, (44)개의 처로 이루어져있다.

32 ①

ⓒ 경영감사처, 기술감사처는 감사 소속이고, 정보보안처는 정보보안단 소속이다.
ⓒ 노사협력처, 급여복지처는 경영지원실 소속이고, 성과혁신처는 기획조정실 소속이다.
② 안전계획처와 안전지도처는 안전관리본부 소속이다.
ⓜ 영업계획처는 고객서비스본부 소속이고, 해외사업처는 전략사업실 소속이다.

33 ②

㉠ ROUND 함수는 숫자를 지정한 자릿수로 반올림한다. '=ROUND(2.145, 2)'는 소수점 2자리로 반올림하므로 결과 값은 2.15이다.
ⓒ =MAX(100, 200, 300) → 300
ⓒ =IF(5 > 4, "보통", "미달") → 보통
② AVERAGE 함수는 평균값을 구하고자 할 때 사용한다.

34 ③

㈎ 파일은 쉼표(,)가 아닌 마침표(.)를 이용하여 파일명과 확장자를 구분한다.
㈑ 파일/폴더의 이름에는 ₩, /, :, *, ?, ", 〈, 〉 등의 문자는 사용할 수 없으며, 255자 이내로 공백을 포함하여 작성할 수 있다.

35 ⑤

지정 범위에서 인수의 순위를 구하는 경우 'RANK' 함수를 사용한다. 이 경우, 수식은 '=RANK(인수, 범위, 결정 방법)'이 된다. 결정 방법은 0 또는 생략하면 내림차순, 0 이외의 값은 오름차순으로 표시하게 된다.

36 ③

주어진 표는 재무제표의 하나인 '손익계산서'이다. '특정한 시점'에서 그 기업의 자본 상황을 알 수 있는 자료는 대차대조표이며, 손익계산서는 '일정 기간 동안의 기업의 경영 성과를 한눈에 나타내는 재무 자료이다.
① 해당 기간의 최종 순이익은 '당기순이익'이다. 순이익이란 매출액에서 매출원가, 판매비, 관리비 등을 빼고 여기에 영업외 수익과 비용, 특별 이익과 손실을 가감한 후 법인세를 뺀 것이다. 그래서 '순이익'은 기업이 벌어들이는 모든 이익에서 기업이 쓰는 모든 비용과 모든 손실을 뺀 차액을 의미한다.
②⑤ 여비교통비는 직접비이며, 지급보험료는 간접비이다.
④ 상품 판매업체와 제조업체의 매출 원가는 다음과 같이 산출한다.
• 매출원가(판매업) = 기초상품 재고액 + 당기상품 매입액 − 기말상품 재고액
• 매출원가(제조업) = 기초제품 재고액 + 당기제품 제조원가 − 기말제품 재고액

37 ①

38 ④

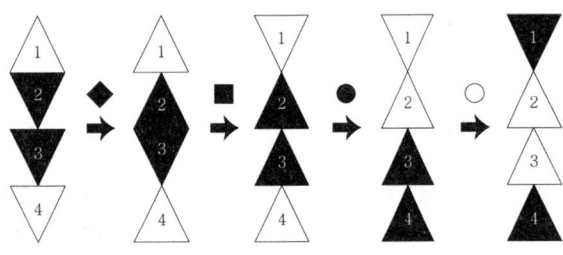

39 ③

바람직한 리더에게는 위험을 회피하기보다 계산된 위험을 취하는 진취적인 자세가 필요하다. 위험을 회피하는 것은 리더가 아닌 관리자의 모습으로, 조직을 이끌어 갈 수 있는 바람직한 방법이 되지 못한다. 리더에게 필요한 자질은 다음과 같다.
① 새로운 상황을 창조하며 오늘보다는 내일에 초점을 맞춘다.
⑤ 어떻게 할까보다는 무엇을 할까를 생각한다.
② 사람을 관리하기보다 사람의 마음에 불을 지핀다.
④ 유지보다는 혁신을 지향한다.

40 ①

성희롱 여부를 판단할 때는 피해자의 주관적인 사정을 고려하되 피해자와 비슷한 조건과 상황에 있는 사람이 피해자의 입장이라면 문제가 되는 성적 언동에 대해 어떻게 반응했을까를 함께 고려하여야 하며, 결과적으로 위협적이고 적대적인 환경을 형성해 업무 능률을 저하시키게 되는지를 검토한다. '성적 언동 및 요구'는 신체의 접촉이나 성적인 의사표현뿐만 아니라 성적 함의가 담긴 모든 언행과 요구를 말하며, 상대방이 이를 어떻게 받아들였는지가 매우 중요하다. 따라서 행위자의 의도와는 무관하며, 설사 행위자가 성적 의도를 가지고 한 행동이 아니었다고 하더라도 성희롱으로 인정될 수 있다.

📝 직무수행능력평가(전기일반)

1 ③

$$F(s) = \pounds[f(t)] = \pounds[3u(t) + 2e^{-t}] = \frac{3}{s} + \frac{2}{s+1} = \frac{5s+3}{s(s+1)}$$

2 ④

$$\nabla^2 V = \frac{\partial^2 xy^2z}{\partial x^2} + \frac{\partial^2 xy^2z}{\partial y^2} + \frac{\partial^2 xy^2z}{\partial z^2} = \frac{\partial y^2z}{\partial x} + \frac{\partial 2xyz}{\partial y} + \frac{\partial xy^2}{\partial z}$$

$$= 2xz = -\frac{\rho}{\epsilon_o}$$

$$\rho = -2xz\epsilon_o \, [C/m^3]$$

3 ②

중첩의 원리에 의해 $I = 10 + 2 + 3 = 15[A]$

4 ⑤

$$W = \frac{1}{2}CV^2 = \frac{1}{2} \times 8 \times 10^{-6} \times 400^2 = 0.64[J]$$

5 ②

$$B = \mu_0 \mu_R H = 4\pi \times 10^{-7} \times 1 \times 5,000 = 0.00628$$
$$= 6.28 \times 10^{-3} [Wb/m^2]$$

6 ④

변압기유는 절연 및 냉각 매체의 역할을 하므로 광유와 합성유가 있는데, 광유를 일반적으로 사용하고 있다.
※ 변압기유가 갖추어야 할 조건
  ㉠ 절연 내열이 높을 것
  ㉡ 점도가 낮을 것
  ㉢ 인화점이 높을 것
  ㉣ 응고점이 낮을 것
  ㉤ 다른 재질에 화학 작용을 일으키지 않을 것
  ㉥ 변하지 않을 것

7 ④

유도기전력 $e = N\dfrac{\Delta \Phi}{\Delta t} = 100 \times \dfrac{(0.5-0.3)}{\frac{1}{10}} = 100 \times \dfrac{0.2}{\frac{1}{10}} = 200[\text{V}]$

8 ③

부하전류 $= \dfrac{\text{직렬개수} \times \text{한 개의 전압}}{\dfrac{\text{직렬개수}}{\text{병렬개수}} \times \text{한 개의 내부저항} + \text{부하저항}}$

$= \dfrac{2 \times 2}{\dfrac{2}{2} \times 0.5 + 1.5} = 2[\text{A}]$

9 ④

$\omega = 2\pi f = 2\pi \times 60 = 120\pi [\text{rad/sec}]$

$I_m = \sqrt{2}\,I = \sqrt{2} \times 10 ≒ 14.1[\text{A}]$

∴ $i = I_m \sin\omega t$ 에서

$i = 14.1\sin 120\pi t\,[\text{A}]$

10 ③

$P = VI\cos\theta = P_a \cos\theta$

$P_a = \dfrac{P}{\cos\theta} = \dfrac{300}{0.6} = 500[\text{kVA}]$

$P_a = \sqrt{P^2 + P_r^{\,2}}$

무효전력 $P_r = \sqrt{P_a^{\,2} - P^2} = \sqrt{500^2 - 300^2} = 400[\text{Kvar}]$

11 ③

역률

$\cos\theta = \dfrac{P_1 + P_2}{2\sqrt{P_1^2 + P_2^2 - P_1 P_2}} = \dfrac{P_1 + P_2}{\sqrt{3}\,VI} = \dfrac{5.96 + 1.31}{\sqrt{3} \times 6} = 0.7$

∴ 70%

12 ⑤

$I_P = \dfrac{V_P}{Z} = \dfrac{V_l}{\sqrt{R^2 + X^2}} = \dfrac{200}{\sqrt{8^2 + 6^2}} = 20[\text{A}]$

$P = 3 I_P^2 R = 3 \times 20^2 \times 8 = 9{,}600[\text{W}] = 9.6[\text{kW}]$

13 ②

직류이므로 $s = 0$ 이므로 $Z(s) = \dfrac{20}{2} = 10$

$V = Z(s) \cdot I = 10 \times 20 = 200[\text{V}]$

14 ②

왜형률 $D = \dfrac{\sqrt{100^2 + 50^2}}{200} ≒ 0.56$

15 ④

div는 벡터를 연산해서 스칼라값을 구하는 미분법이다.

$\text{div}\,E = \left(\dfrac{\partial}{\partial x}i + \dfrac{\partial}{\partial y}j + \dfrac{\partial}{\partial z}k\right) \cdot (2x^3 i + 3yz j + x^2 yz^2 k)$

내적이므로 $= \dfrac{\partial 2x^3}{\partial x} + \dfrac{\partial 3yz}{\partial y} + \dfrac{\partial x^2 yz^2}{\partial z} = 6x^2 + 3z + 2x^2 yz$

16 ③

Heaviside 공식을 이용하면

$\dfrac{2s+3}{s^2 + 3s + 2} = \dfrac{2s+3}{(s+1)(s+2)} = \dfrac{A}{s+1} + \dfrac{B}{s+2}$

식에서 각각 A, B를 구하면

$A = \dfrac{2s+3}{s+2}\Big|_{s=-1} = 1$

$B = \dfrac{2s+3}{s+1}\Big|_{s=-2} = 1$

$\mathcal{L}^{-1} = \left[\dfrac{1}{s+1} + \dfrac{1}{s+2}\right] = e^{-t} + e^{-2t}$

17 ①

4단자 정수 A, B, C, D는

$\begin{vmatrix} A & B \\ C & D \end{vmatrix} = \begin{vmatrix} 1 & j600 \\ 0 & 1 \end{vmatrix} \begin{vmatrix} 1 & 0 \\ \dfrac{1}{-j300} & 1 \end{vmatrix} \begin{vmatrix} 1 & j600 \\ 0 & 1 \end{vmatrix} = \begin{vmatrix} -1 & 0 \\ \dfrac{1}{-j300} & -1 \end{vmatrix}$

따라서 $A = -1$, $B = 0$, $C = -\dfrac{1}{j300}$, $D = -1$ 이므로

영상 전달정수

$\theta = \log_e |\sqrt{AD} + \sqrt{BC}| = \log_e \left|\sqrt{(-1)\times(-1)} + \sqrt{\dfrac{0 \times 1}{-j300}}\right|$

$\log_e |1| = 0$

18 ③

4[Ω]에 흐르는 전류 $I_E = \dfrac{V}{R} = \dfrac{12}{4} = 3[A]$

합성전류 $I = \sqrt{I_R^2 + I_L^2}$

코일에 흐르는 전류 $I_L = \sqrt{I^2 - I_R^2} = \sqrt{5^2 - 3^2} = 4[A]$

$X_L = \dfrac{V}{I_L} = \dfrac{12}{4} = 3[\Omega]$

19 ⑤

먼저 콘덴서 C_2, C_3의 합성 용량을 구하면 $1+1=2[\mu F]$

C_1 양단의 전압

$V_1 = \dfrac{C_{23}}{C_1 + C_{23}} V = \dfrac{2\times 10^{-6}}{1\times 10^{-6} + 2\times 10^{-6}} \times 15 = 10[V]$

20 ②

Y결선의 저항을 △결선으로 바꾸면 3배의 저항으로 증가된다.

$R_\triangle = 3R_Y = 30[\Omega]$

21 ③

밀만의 정리를 이용하면

$V_{bc} = \dfrac{\sum I_s}{\sum Y} = \dfrac{6 + \dfrac{4}{2}}{\dfrac{1}{2} + \dfrac{1}{2}} = 8$

22 ③

맥스웰은 자계가 도체 내의 전류뿐만 아니라 전극 간의 유전체 또는 자유공간에서 전속밀도의 시간적 변화에 의해 발생한다고 가정하였다. 즉 전속밀도의 시간적 변화를 변위 전류라 한다.

$i_D = \dfrac{\partial D}{\partial t} [A m^2]$

23 ③

$n = \dfrac{Q}{e} = \dfrac{It}{e} = \dfrac{1\times 10^{-6} \times 1}{1.602 \times 10^{-19}} = 6.24 \times 10^{12}$

24 ⑤

$H = \dfrac{I}{2\pi r} = \dfrac{\pi}{2\pi \times 0.1} = 5[A/m]$

25 ③

무한장 직선 전류에 의한 자계의 세기는 암페어의 주회 적분의 법칙에 따라 $H = \dfrac{I}{2\pi r}$

26 ①

원형 전류 중심의 자계 $H = \dfrac{I}{2a}[AT/m]$

반원형인 경우 $H = \dfrac{I}{2a} \times \dfrac{1}{2} = \dfrac{I}{4a}[AT/m]$

27 ②

면에 수직한 원통을 가우스의 폐곡면을 취하여 가우스 정리에 의해 정리하면

$\iint E n dS = 2ES = \dfrac{\sigma S}{\epsilon_0}$

$E = \dfrac{\sigma}{2\epsilon_0}$

28 ③

$P_2 : P_{c2} = 1 : s$

$P_2 = 7,500 + 200 = 7,700[W]$

슬립 $s = \dfrac{P_{c2}}{P_2} = \dfrac{200}{7,700} \times 100 = 2.59 ≒ 2.6[\%]$

29 ①

환상코일에서 자체 인덕턴스 구하는 공식은

$L = \mu \dfrac{A}{l} N^2$

권수 N을 $\dfrac{1}{2}$로 줄였을 때 인덕턴스를 일정하게 하기 위해선 길이를 $\dfrac{1}{4}$배로 하면 된다.

30 ①

직류기의 전기자 반작용은 편자 작용이 되기 때문에 자로의 포화로 인한 총 자속의 감소(단자 전압의 저하)와 중성축의 이동 및 정류자편 간의 유기 전압 불균일 등이 일어난다. 전기자 반작용의 방지책으로 보상 권선이나 보극을 설치하는 방법이 있다.

31 ④

$a = \dfrac{V_1}{V_2} = \dfrac{6,300}{110} = 57.3$

$V_T = aV_2' = 57.3 \times 120 = 6,876 ≒ 6,900[V]$

32 ③

실횻값은 순시값의 $\dfrac{1}{\sqrt{2}}$ 배이므로 $\sin\omega t = \dfrac{1}{\sqrt{2}} = 45° = \dfrac{\pi}{4}[rad]$

33 ②

$f = 50[Hz]$, $s = 0.2$, $N = 600[rpm]$이므로

$N = (1-s)N_s[rpm]$

$N_s = \dfrac{N}{1-s} = \dfrac{600}{1-0.2} = 750[rpm]$

$P = \dfrac{120f}{N_s} = \dfrac{120 \times 50}{750} = 8극$

34 ③

$\epsilon = p\cos\phi + q\sin\phi = 3 \times 0.6 + 4 \times 0.8 = 5[\%]$

35 ⑤

전압강하율

$\%e = \dfrac{\sqrt{3}I(r\cos\phi + x\sin\theta)}{V_R}$

$= \dfrac{\sqrt{3} \times 100 \times (10 \times 0.8 + 15 \times 0.6)}{66,000} \times 100 = 4.46[\%]$

36 ④

직류송전방식은 교류송전방식에 비해 전압변성이 어렵고 전압변성을 하려면 교직변환장치가 필요하며 설비가 고가이다.

37 ④

정현파의 평균값은 $\dfrac{2I_m}{\pi}$ 인데, 반파정류이므로 평균전류는 $\dfrac{I_m}{\pi}$ 이다.

38 ③

$X_L = 2\pi fL = 2\pi \times 60 \times 100 \times 10^{-3} ≒ 37.7[\Omega]$

39 ④

배전선로의 전력손실

$P_c = 3I^2 r = \dfrac{\rho W^2 L}{AV^2 \cos^2\theta} \propto \dfrac{1}{V^2}$

여기서, ρ : 고유저항, W : 부하전력, L : 배전거리, A : 전선의 단면적, V : 수전전압, $\cos\theta$: 부하역률

40 ①

우리나라에서는 지형의 관계상 전력선과 통신선이 근접해서 건설되는 경우가 많다. 전력선이 통신선에 근접해 있을 경우에는 통신선에 전압 및 전류를 유도해서 여러 가지 통신장애를 주게 되며 유도장해는 다음과 같이 분류할 수 있다.

㉠ 정전 유도 : 전력선과 통신선과의 상호 정전용량에 의해 발생
㉡ 전자 유도 : 전력선과 통신선과의 상호 인덕턴스에 의해 발생
㉢ 고조파 유도 : 양자의 영향에 의하지만 상용 주파수보다 고조파의 유도에 의한 잡음장해로 발생

제2회 정답 및 해설

✎ 직업기초능력평가

1 ①
① 심포지움 → 심포지엄

2 ②
주어진 글의 첫 문단에서 화자는 일반적으로 원칙을 바꾸는 일을 나쁘다고 할 수는 없지만, 변절자를 합리화하는 데에 동의하지 않는다고 말한다. 두 번째 문단에서 '자기의 신념에 어긋날 때면 목숨을 걸어 항거하여 타협하지 않고 부정과 불의한 권력 앞에는 최저의 생활, 최악의 곤욕을 무릅쓸 각오'로 해야 하는 것이라고 했으므로 빈칸에는 '원칙과 신념을 굽히지 아니하고 끝까지 지켜 나가는 꿋꿋한 의지. 또는 그런 기개'를 뜻하는 지조가 적절하다.

3 ④
한국의 관광 관련 고용자 수는 50만 명으로 전체 2% 수준이다. 이를 세계 평균 수준인 8% 이상으로 끌어 올리려면 150만 여명 이상을 추가로 고용해야 한다. 백만 달러당 50명의 일자리가 추가로 창출되므로 150만 명 이상을 추가로 고용하려면 대략 300억 달러 이상이 필요하다.
① 약 1조 8,830억 달러 정도이다.
② 2017년 기준으로 지난해인 2016년도의 내용이므로 2015년의 종사자 규모는 알 수 없다. 2016년 기준으로는 전 세계 통신산업의 종사자는 자동차 산업의 종사자의 약 3배 정도이다.
③ 간접 고용까지 따지면 2억 5,500만 명이 관광과 관련된 일을 하고 있어, 전 세계적으로 근로자 12명 가운데 1명이 관광과 연계된 직업을 갖고 있는 셈이다. 추측해보면 2017년 전 세계 근로자 수는 20억 명을 넘는다.
⑤ 2010년부터 2030년 사이 이 지역으로 여행하는 관광객이 연평균 9.7% 성장하여 2030년 5억 6,500명이 동북아시아를 찾을 것으로 전망했으므로 2020년에 동북아시아를 찾는 관광객의 수는 연간 약 2억 8,000명을 넘을 수 없다.

4 ②
① 어떤 일을 하는 사람
② 힘이나 세력이 약한 사람
③ 많은 수의 사람
④ 자기 외의 사람
⑤ 이야기를 하는 사람

5 ⑤
⑤ 국내 통화량이 증가하여 유지될 경우 장기에는 자국의 물가도 높아져 장기의 환율은 상승한다.

6 ③
① 현재 신분당선이나 우이신설선, 인천지하철 2호선 등 무인운전 차량들도 KRTCS-1을 탑재하고 있다.
② KRTCS-1과 KRTCS-2는 모두 SIL Level 4 인증을 취득했다.
④ KRTCS-1이 지상 센서만으로 차량의 이동을 감지하고 컨트롤했다면, KRTCS-2는 LTE-R 무선통신을 도입해 열차가 어느 구간(폐색)에 위치하는지를 실시간으로 감지하고 좀 더 효율적으로 스케줄링할 수 있다는 장점이 있다.
⑤ 한국의 고속철도에 KRTCS-2 시스템이 적용되어 도시철도뿐만 아니라 일반/고속철도에서도 무인운전이 현실화될 것으로 기대된다.

7 ①
타고난 재능은 인정하지 않고 재능을 발휘한 노동의 부분에 대해서만 그 소득을 인정하게 된다면 특별하게 열심히 재능을 발휘할 유인을 찾기 어려워 결국 그 재능은 상당 부분 사장되고 말 것이다. 따라서 이러한 사회에서 ⊙과 같이 선천적 재능 경쟁이 치열해진다고 보는 의견은 글의 내용에 따른 논리적인 의견 제기로 볼 수 없다.

8 ②

필자가 언급하는 '능력'은 선천적인 것과 후천적인 것이 있다고 말하고 있으며, 후천적인 능력에 따른 결과에는 승복해야 하지만 선천적인 능력에 따른 결과에 대해서는 일정 부분 사회에 환원하는 것이 마땅하다는 것이 필자의 주장이다.
② 능력에 의한 경쟁 결과가 반드시 불평의 여지가 없이 공정하다고만은 볼 수 없다는 것이 필자의 견해라고 할 수 있다.

9 ④

평균 = $\frac{\text{자료 값의 합}}{\text{자료의 수}}$ 이므로

$A = \frac{x}{20} = 70 \rightarrow x = 1,400$

$B = \frac{y}{30} = 80 \rightarrow y = 2,400$

$C = \frac{z}{50} = 60 \rightarrow z = 3,000$

세 반의 평균은 $\frac{1,400 + 2,400 + 3,000}{20 + 30 + 50} = 68$점

10 ①

S→1→F 경로로 갈 경우에는 7명, S→3→2→F 경로로 갈 경우에는 11명이며, S→3→2→4→F 경로로 갈 경우에는 6명이므로, 최대 승객 수는 모두 더한 값인 24명이 된다.

11 ⑤

2025년 7월 甲의 월급은 기본급 300만 원에 다음의 수당을 합한 급액이 된다.
- 정근수당 : 10년 이상 근무한 직원의 정근수당은 기본급의 50%이므로 3,000,000 × 50% = 1,500,000원이다.
- 명절휴가비 : 해당 없다.
- 가계지원비 : 3,000,000 × 40% = 1,200,000원
- 정액급식비 : 130,000원
- 교통보조비 : 200,000원

따라서 3,000,000 + 1,500,000 + 1,200,000 + 130,000 + 200,000 = 6,030,000원이다.

12 ③

태양광, 바이오, 풍력, 석탄의 경우는 '늘려야 한다.'와 '줄여야 한다.'는 의견이 각각 절반 이상의 비중을 차지하는 에너지원이다.
① 줄여야 한다는 의견이 압도적으로 많은 것은 석탄의 경우뿐이다.
② 석탄의 경우는 제외된다.
④ 바이오는 풍력보다 늘려야 한다는 의견이 더 많지만 줄여야 한다는 의견은 더 적다.
⑤ LNG는 유지 > 늘림 > 줄임 > 모름 순서인 것에 비해 원자력은 유지 > 줄임 > 늘림 > 모름 순서로 나타났다.

13 ②

㉠ 습도가 70%일 때 연간소비전력량은 790으로 A가 가장 적다.
㉡ 60%와 70%를 많은 순서대로 나열하면 60%일 때 D-E-B-C-A, 70%일 때 E-D-B-C-A이다.
㉢ 40%일 때 E=660, 50%일 때 B=640이다.
㉣ 40%일 때의 값에 1.5배를 구하여 80%와 비교해 보면 E는 1.5배 이하가 된다.

A = 550 × 1.5 = 825   840
B = 560 × 1.5 = 840   890
C = 580 × 1.5 = 870   880
D = 600 × 1.5 = 900   950
E = 660 × 1.5 = 990   970

14 ③

2호선 유아수유실은 11개이고, 전체 유아수유실은 88개이다.
따라서 2호선의 유아수유실이 차지하는 비율은

$\frac{11}{88} \times 100 = 12.5\%$

15 ①

① 7호선의 유아수유실은 23개로 가장 많고, 1호선의 유아수유실은 2개로 가장 적다.

16 ①

ⓒ (가)의 경우 매년 물가가 5% 상승하면 두 번째 해부터 구매력은 점차 감소한다.
② 금융 기관에서는 단리 뿐 아니라 복리 이자율이 적용되는 상품 또한 판매하고 있다.

17 ⑤

사원과 근무부서를 표로 나타내면

배정부서	기획팀	영업팀	총무팀	홍보팀
처음 배정 부서	갑	을	병	정
2번째 배정 부서				
3번째 배정 부서				병

㉠ 규칙 1을 2번째 배정에 적용하고 규칙 2를 3번째 배정에 적용하면
기획팀↔총무팀 / 영업팀↔홍보팀이므로
갑↔병 / 을↔정
규칙 2까지 적용하면 다음과 같다.

배정부서	기획팀	영업팀	총무팀	홍보팀
처음 배정 부서	갑	을	병	정
2번째 배정 부서	병	정	갑	을
3번째 배정 부서			을	갑

㉡ 규칙 3을 먼저 적용하고 규칙 2를 적용하면

배정부서	기획팀	영업팀	총무팀	홍보팀
처음 배정 부서	갑	을	병	정
2번째 배정 부서	을	갑	병	정
3번째 배정 부서	을	갑	정	병

18 ①

㉠과 ㉢에 의해 A - D - C 순서이다.
㉥에 의해 나머지는 모두 C 뒤에 들어왔다는 것을 알 수 있다.
㉡과 ㉣에 의해 B - E - F 순서이다.
따라서 A - D - C - B - E - F 순서가 된다.

19 ③

- A가 선정되면 B도 선정된다. → A→B ⋯⋯⋯⋯ ⓐ
- B와 C가 모두 선정되는 것은 아니다.
  → ~(B∧C) = ~B∨~C ⋯⋯⋯⋯⋯⋯⋯ ⓑ
- B와 D 중 적어도 한 도시는 선정된다.
  → B∨D ⋯⋯⋯⋯⋯⋯⋯⋯⋯⋯⋯⋯⋯ ⓒ
- C가 선정되지 않으면 B도 선정되지 않는다.
  → ~C→~B ⋯⋯⋯⋯⋯⋯⋯⋯⋯⋯⋯⋯ ⓓ

ⓑ와 ⓓ를 통해 ~B는 확정
ⓐ와 ~B를 통해 ~A도 확정
ⓒ와 ~B를 통해 D도 확정
㉠ A와 B 가운데 적어도 한 도시는 선정되지 않는다. → 참
㉡ B도 선정되지 않고, C도 선정되지 않는다.
  → B는 선정되지 않지만 C는 알 수 없음
㉢ D는 선정된다. → 참

20 ②

제11조 제2항에 따르면 사용자가 제1항 단서의 사유가 없거나 소멸되었음에도 불구하고 2년을 초과하여 기간제 근로자로 사용하는 경우에는 그 기간제 근로자는 기간의 정함이 없는 근로계약을 체결한 근로자로 본다. 따라서 ②의 경우 기간제 근로자로 볼 수 없다.
① 2년을 초과하지 않는 범위이므로 기간제 근로자로 볼 수 있다.
③ 제11조 제1항 제3호에 따른 기간제 근로자로 볼 수 있다.
④ 제11조 제1항 제1호에 따른 기간제 근로자로 볼 수 있다.
⑤ 제11조 제1항 제2호에 따른 기간제 근로자로 볼 수 있다.

21 ④

④ 수소를 제조하는 시술에는 화석연료를 열분해·가스화 하는 방법과 원자력에너지를 이용하여 물을 열화학분해하는 방법, 재생에너지를 이용하여 물을 전기분해하는 방법, 그리고 유기성 폐기물에서 얻는 방법 등 네 가지 방법이 있다.

22 ①

각각의 수단들에 대한 보완적 평가방식을 적용했을 시의 평가점수는 아래와 같다.

비행기 : $(40 \times 9) + (30 \times 2) + (20 \times 4) = 500$
고속철도 : $(40 \times 8) + (30 \times 5) + (20 \times 5) = 570$
고속버스 : $(40 \times 2) + (30 \times 8) + (20 \times 6) = 440$
오토바이 : $(40 \times 1) + (30 \times 9) + (20 \times 2) = 350$
도보 : $(40 \times 1) + (30 \times 1) + (20 \times 1) = 90$

평가기준	중요도	이동수단들의 가치 값				
		비행기	고속철도	고속버스	오토바이	도보
속도감	40	9	8	2	1	1
경제성	30	2	5	8	9	1
승차감	20	4	5	6	2	1
평가점수		500	570	440	350	90

∴ 각 수단들 중 가장 높은 값인 고속철도가 5명의 목적지까지의 이동수단이 된다.

23 ⑤

위반행위가 둘 이상인 경우로서 그에 해당하는 각각의 처분기준이 다른 경우에는 그중 무거운 처분기준에 따르므로 부상자가 발생한 경우(효력 정지 6개월)가 1천만 원 이상 물적 피해가 발생한 경우(효력 정지 3개월)보다 무거운 처분이므로 효력 정지 6개월의 처분을 받게 된다.

24 ②

㉠ 甲이 총 3번의 대결을 하면서 각 대결에서 승리할 확률이 가장 높은 전략부터 순서대로 선택한다면, C전략 → B전략 → A전략으로 각각 1회씩 사용해야 한다. → 옳음
㉡ 甲이 총 5번의 대결을 하면서 각 대결에서 승리할 확률이 가장 높은 전략부터 순서대로 선택한다면, C전략 → B전략 → A전략 → A전략 → C전략으로 5번째 대결에서는 C전략을 사용해야 한다. → 틀림
㉢ 甲이 1개의 전략만을 사용하여 총 3번의 대결을 하면서 3번 모두 승리할 확률을 가장 높이려면, 3번의 승률을 모두 곱했을 때 가장 높은 A전략을 선택해야 한다. → 옳음
㉣ 甲이 1개의 전략만을 사용하여 총 2번의 대결을 하면서 2번 모두 패배할 확률을 가장 낮추려면, 2번 모두 패할 확률을 곱했을 때 가장 낮은 C전략을 선택해야 한다. → 틀림

25 ②

하급자를 상급자에게 먼저 소개해 주는 것이 일반적이며, 비임원을 임원에게 먼저 소개하여야 한다. 또한 정부 고관의 직급명은 퇴직한 경우라고 사용하는 것이 관례이다.

26 ③

조직도를 보면 6실 44처로 구성되어 있다.

27 ②

'결재권자는 업무의 내용에 따라 이를 위임하여 전결하게 할 수 있다'고 규정되어 있으나, 동시에 '이에 대한 세부사항은 따로 규정으로 정한다.'고 명시되어 있다. 따라서 여건에 따라 상황에 맞는 전결권자를 지정한다는 것은 규정에 부합하는 행위로 볼 수 없다.
③ 전결과 대결은 모두 실제 최종 결재를 하는 자의 원 결재란에 전결 또는 대결 표시를 하고 맨 오른쪽 결재란에 서명을 한다는 점에서 문서 양식상의 결재방식이 동일하다.

28 ③

결재 문서가 아니라도 처리과의 장이 중요하다고 인정하는 문서는 문서등록대장에 등록되어야 한다고 규정하고 있으므로 신 과장의 지침은 적절하다고 할 수 있다.
① 같은 날짜에 결재된 문서인 경우 조직 내부 원칙에 의해 문서별 우선순위 번호를 부여해야 한다.
② 중요성 여부와 관계없이 내부 결재 문서에는 모두 '내부결재' 표시를 하도록 규정하고 있다.
④ 보고서에는 별도의 보존기간 기재란이 없으므로 문서의 표지 왼쪽 위의 여백에 기재란을 마련하라고 규정되어 있으나, 기안 문서에는 문서 양식 자체에 보존기간을 기재하는 것이 일반적이므로 조 사원의 판단은 옳지 않다.
⑤ 최종 결재권을 위임받은 자가 본부장이므로 본부장이 결재를 한 것이 '전결'이 되며, 본부장 부재 시에 팀장이 대신 결재한 것은 '대결'이 된다.

29 ②

DCOUNT는 조건을 만족하는 개수를 구하는 함수로, [A2:F7] 영역에서 '2021'(2021년도 종사자 수)가 25보다 작고 '2025'(2025년도 종사자 수)가 19보다 큰 레코드의 수는 1이 된다. 조건 영역은 [A9:B10]이 되며, 조건이 같은 행에 입력되어 있으므로 AND 조건이 된다.

30 ④

시간대별 날씨에서 현재시간 15시에 31도를 나타내고 있다. 하지만, 자정이 되는 12시에는 26도로써 온도가 5도 정도 낮아져서 현재보다는 선선한 날씨가 된다는 것을 알 수 있다.

31 ③

A = 1, S = 1
A = 2, S = 1 + 2
A = 3, S = 1 + 2 + 3
…
A = 10, S = 1 + 2 + 3 + … + 10
∴ 출력되는 S의 값은 55이다.

32 ④

긴급한 일과 중요한 일이 상충될 경우, 팀장의 지시에 의해 중요한 일을 먼저 처리해야 한다. 따라서 시간관리 매트릭스 상의 Ⅰ → Ⅱ → Ⅲ → Ⅳ의 순으로 업무를 처리하여야 한다.
따라서 ④의 (B) – (F) – (G) – (L)이 가장 합리적인 시간 계획이라고 할 수 있다.

33 ④

길동이는 적어도 새로운 T 퓨전 음식점을 개업할 때 얻게 되는 이윤만큼 연봉을 받아야만 '맛나 음식점'에서 계속 일할 것이다. 새로운 음식점을 개업할 때 기대되는 이윤은 기대 매출액(3.5억 원) – 연간영업비용(8,000만 원 + 7,000만 원 + 6,000만 원) – 임대료(3,000만 원) – 보증금의 이자부담액(3억 원의 7.5%) = 8,750만 원이 된다. 따라서 최소한 8,750만 원의 연봉을 받아야 할 것으로 판단하는 것이 합리적이다.

34 ④

한 달 평균 이동전화 사용 시간을 x라 하면 다음과 같은 공식이 성립한다.
$15,000 + 180x > 18,000 + 120x$
$60x > 3,000$
$x > 50$
따라서 x는 50분 초과일 때부터 B요금제가 유리하다고 할 수 있다.

35 ③

ⓒ 최초 제품 생산 후 4분이 경과하면 두 번째 제품이 생산된다. A공정에서 E공정까지 첫 번째 완제품을 생산하는 데 소요되는 시간은 12분이다. C공정의 소요 시간이 2분 지연되어도 동시에 진행되는 B 공정과 D공정의 시간이 7분이므로, 총소요시간에는 변화가 없다.

36 ⑤

화재 주의사항에서 보면 "배터리가 새거나 냄새가 날 때는 즉시 사용을 중지하고 화기에서 멀리 두세요."라고 되어 있다. 냄새가 난다고 해서 핸드폰의 전원을 끄는 것이 아닌 사용의 중지를 권고하고 있으므로 ⑤번이 잘못 설명되었음을 알 수 있다.

37 ①

① 자기 계발 능력
② 조직 이해 능력
③ 대인 관계 능력
④ 정보 능력
⑤ 자원 관리 능력

38 ②

팀워크의 개념 설명을 근거로 좋은 팀워크에 해당하는 사례를 찾는 문제로 좋은 팀워크를 판단하려면 개념과 응집력의 차이를 정확히 숙지하여야 한다.
㉠ 협동 또는 교류보다는 경쟁을 모토로 삼는다는 것은 팀보다는 개인을 우선하는 것이므로 팀워크를 저해하는 측면이 있다.
㉡ 좋은 팀워크를 가진 팀이라도 의견충돌이나 갈등은 존재할 수 있지만 이런 상황이 지속되지 않고 해결된다. B팀의 경우 출시일자를 놓고 의견충돌이 있었지만 다음 회의 때 해결되는 모습을 보여주므로 좋은 팀워크 사례로 볼 수 있다.
㉢ C팀은 팀원 간에 친밀도는 높지만 업무처리가 비효율적이라 팀워크를 저해하는 요소를 지니고 있다.

39 ①
- ㉠ 전문가의식 : 자신의 일이 누구나 할 수 있는 것이 아니라 해당 분야의 지식과 교육을 밑바탕으로 성실히 수행해야만 가능한 것이라 믿고 수행하는 태도
- ㉡ 천직의식 : 자신의 일이 자신의 능력과 적성에 꼭 맞는다 여기고 그 일에 열성을 가지고 성실히 임하는 태도
- ㉢ 소명의식 : 자신이 맡은 일은 하늘에 의해 맡겨진 일이라고 생각하는 태도
- ㉣ 직분의식 : 자신이 하고 있는 일이 사회나 기업을 위해 중요한 역할을 하고 있다고 믿고 자신의 활동을 수행하는 태도

40 ⑤
① 근면에 대한 내용이다.
② 책임감에 대한 내용이다.
③ 경청에 대한 내용이다.
④ 솔선수범에 대한 내용이다.

✎ 직무수행능력평가(전기일반)

1 ③

영상전류 $I_0 = \frac{1}{3}(I_a + I_b + I_c)[A]$

정상전류 $I_1 = \frac{1}{3}(I_a + aI_b + a^2I_c)[A]$

역상전류 $I_2 = \frac{1}{3}(I_a + a^2I_b + aI_c)[A]$

따라서 위 식에서 각 상의 전류 I_a, I_b, I_c를 구하면,
$I_a = I_0 + I_1 + I_2$
$I_b = I_0 + a^2I_1 + aI_2$
$I_c = I_0 + aI_1 + a^2I_2$

2 ②

전기력선의 특성
㉠ 단위전하당 $\frac{1}{\epsilon_0}$개의 전기력선이 출입하므로 전체 전하량이 Q이면 전기력선의 수는 $\frac{Q}{\epsilon_0}$이다.
㉡ 전기력선의 밀도는 전기장의 세기와 같다.
㉢ 전기력은 양전하에서 음전하로 흐른다.
㉣ 전기력선의 방향과 등전위면을 수직으로 지나며 전위가 높은 곳으로부터 낮은 곳으로 향한다.
㉤ 도체표면에 수직으로 출입하며 도체내부에는 존재하지 않는다.

3 ③

$i = C\frac{dV}{dt}[A]$이므로 전류와 정전용량은 비례한다.
따라서 전류의 분배비율은 정전용량의 비율과 같으므로 2 : 3

4 ④

보극이 없는 직류기에서는 정류를 잘 되게 하기 위하여 브러시를 이동시켜야 하는데 발전기의 경우에는 회전 방향으로 브러시를 이동시키고, 전동기의 경우에는 회전 방향과 반대 방향으로 브러시를 이동시켜야 한다.

5 ③

$$F = \frac{2I_1 I_2 l}{r} \times 10^{-7}$$

$$I_1 I_2 = \frac{F \cdot r}{2 \times 10^{-7}} = \frac{18 \times 10^{-7} \times 1}{2 \times 10^{-7}} = 9$$

$$I_1 = I_2$$

$$I = \sqrt{9} = 3[A]$$

6 ①

$N_A = 100$회, $N_B = 400$회, $L_A = 4[H]$

상호 인덕턴스 $M = \frac{N_B}{N_A} L_A = \frac{400}{100} \times 4 = 16[H]$

7 ①

권수비 $= \frac{V_1}{V_2} = \frac{N_1}{N_2}$

$$V_2 = \frac{N_2}{N_1} V_1 = \frac{50}{400} \times 100 = 12.5[V]$$

8 ②

$$I_1 = \frac{V}{r_{v1}} = \frac{300}{30,000} = 1 \times 10^{-2}[A]$$

$$I_2 = \frac{V}{r_{v2}} = \frac{150}{18,000} = \frac{25}{3} \times 10^{-3}[A]$$

$$V_m = I_2(r_{v1} + r_{v2}) = \frac{25}{3} \times 10^{-3} \times (30,000 + 18,000)$$

$$\fallingdotseq 400[V]$$

9 ⑤

$$Y = \frac{1}{R + j\omega L} + j\omega C = \frac{R - j\omega L}{(R + j\omega L)(R - j\omega L)} + j\omega C$$

$$= \frac{R - j\omega L}{R^2 + (\omega L)^2} + j\omega C = \frac{R}{R^2 + (\omega L)^2} + j\omega \left(C - \frac{L}{R^2 + (\omega L)^2} \right)$$

공진회로이므로 허수부가 0

$$C = \frac{L}{R^2 + (\omega L)^2}, \quad R^2 + (\omega L)^2 = \frac{L}{C}$$

$$Y = \frac{R}{R^2 + (\omega L)^2} = \frac{RC}{L}$$

따라서 임피던스는 $Z = \frac{1}{Y} = \frac{L}{RC}[\Omega]$

10 ④

$$I = \frac{V}{Z} = \frac{120}{\sqrt{4^2 + 3^2}} = \frac{120}{5} = 24[A]$$

무효전력 $P_r = I^2 X = 24^2 \times 3 = 1,728[\text{Var}]$

피상전력 $P_a = I^2 Z = 24^2 \times 5 = 2,880[\text{VA}]$

11 ②

△저항을 Y로 변환을 하면

$$R_a = \frac{20 \times 20}{20 + 20 + 60} = 4[\Omega]$$

$R_b = R_c = \frac{20 \times 60}{20 + 20 + 60} = 12[\Omega]$이므로 각 선전류를 같게 하려면 저항의 크기를 같도록 한다.

따라서 $R = 8[\Omega]$

12 ②

$R^2 = \frac{L}{C}$이므로, $C = \frac{L}{R^2} = \frac{10 \times 10^{-3}}{100^2} = 1[\mu F]$

13 ⑤

$R = \sqrt{\frac{L}{C}}$ 에서 $L = CR^2 = 1 \times 10^{-6} \times 20^2 = 4 \times 10^{-4}[H]$

14 ①

$$P = \frac{30 \times 40}{2} + \frac{40 \times 30}{2} = 600 + 600 = 1,200[W]$$

$$P_a = VI = \sqrt{\frac{30^2 + 40^2}{2}} \times \sqrt{\frac{40^2 + 30^2}{2}} \fallingdotseq 1,250$$

역률 $\cos\theta = \frac{P}{P_a} = \frac{1,200}{1,250} \fallingdotseq 0.96$

15 ④

$$F(s) = \pounds[f(t)] = \pounds[10t^3] = \frac{10 \times 3!}{s^{3+1}} = \frac{60}{s^4}$$

16 ②

역률 $\cos\theta = \dfrac{\text{유효전력}}{\text{피상전력}}$ 이므로 전압과 전류의 위상차의 여현값이다.

17 ③

$P = \dfrac{1}{2}(V_{m1}I_{m1}\cos\theta_1 + V_{m2}I_{m2}\cos\theta_2 + \cdots)$

$P = \dfrac{1}{2}(50 \times 4 \times \cos 30°) = 86.6[\text{W}]$

18 ⑤

$A \times B = \begin{vmatrix} i & j & k \\ 2 & 2 & 4 \\ 4 & -2 & 6 \end{vmatrix} = i\begin{vmatrix} 2 & 4 \\ -2 & 6 \end{vmatrix} + j\begin{vmatrix} 4 & 2 \\ 6 & 4 \end{vmatrix} + k\begin{vmatrix} 2 & 2 \\ 4 & -2 \end{vmatrix}$

$= (12+8)i + (16-12)j + (-4-8)k$

$= 20i + 4j - 12k$

19 ③

전지의 기전력을 E, 내부저항을 r이라 하면

기전력 $E = I(r+R)$이므로 $E = 3 \times 3 = 9[\text{V}]$

$R_0 = \dfrac{0.5 \times 3}{3} + 1.5 = 2.0[\Omega]$

부하전류 $I = \dfrac{E}{R_0} = \dfrac{9}{2} = 4.5[\text{A}]$

20 ②

파형률 = $\dfrac{\text{실효치}}{\text{평균치}}$, 파고율 = $\dfrac{\text{최대치}}{\text{실효치}}$

종별	실효치 전파	실효치 반파	평균치 전파	평균치 반파	파형률	파고율
구형파	최대치	$\dfrac{\text{최대치}}{\sqrt{2}}$	최대치	$\dfrac{\text{최대치}}{2}$	1	1
정현파	$\dfrac{\text{최대치}}{\sqrt{2}}$	$\dfrac{\text{최대치}}{\sqrt{2}}$	$\dfrac{\text{최대치}\times 2}{\pi}$	$\dfrac{\text{최대치}}{\pi}$	1.11	1.414
삼각파	$\dfrac{\text{최대치}}{\sqrt{3}}$	$\dfrac{\text{최대치}}{\sqrt{6}}$	$\dfrac{\text{최대치}}{2}$	$\dfrac{\text{최대치}}{4}$	1.155	1.732
제형파	$\dfrac{\sqrt{5}}{3} \times \text{최대치}$		$\dfrac{2}{3} \times \text{최대치}$		1.118	1.34

21 ②

최대 전류의 조건은 공진 때, 즉 $X_L = X_C$인 때이므로

$\omega L = \dfrac{1}{\omega C}$, $\omega L - \dfrac{1}{\omega C} = 0$

22 ②

전기력선은 도체 내부에 존재하지 않는다.

23 ②

$x = \epsilon_0(\epsilon_s - 1) = \epsilon_0 \times (4-1) = 3\epsilon_0[\text{F/m}]$

24 ②

두 전극 간에 공기만 존재할 때의 정전용량 $C_0 = \dfrac{\epsilon_0 S}{d}[\text{F}]$

두 전극 간의 일부에 비유전율 ϵ_s를 삽입한 후에 있어서 비유전율 ϵ_s가 채워지지 않은 부분의 정전용량을 C_1이라 하면

$C_1 = \dfrac{\epsilon_0 \cdot \dfrac{1}{2}S}{d} = \dfrac{1}{2}C_0[\text{F}]$

비유전율 ϵ_s가 채워진 부분의 정전용량을 C_2라 하면

$C_2 = \dfrac{\epsilon_0 \epsilon_s \cdot \dfrac{1}{2}S}{d} = \dfrac{1}{2}\epsilon_s C_0[\text{F}]$

따라서 합성 정전용량은 두 콘덴서의 병렬 연결과 같으므로

$C = C_1 + C_2 = \dfrac{1}{2}C_0 + \dfrac{1}{2}\epsilon_s C_0 = \dfrac{(1+\epsilon_s)}{2}C_0[\text{F}]$

25 ②

$W = \dfrac{1}{2}LI^2[J]$에서 $4 = \dfrac{1}{2} \times L \times 20^2$에서

$L = 0.02[H] = 20[mH]$

26 ③

가우스 정리에 의해 $\displaystyle\int_s E ds = \dfrac{\lambda}{\epsilon_0}$, $E \times 2\pi r \times 1 = \dfrac{\lambda}{\epsilon_0}$

선전하에 의한 전계 $E = \dfrac{\lambda}{2\pi\epsilon_0 r}[\text{V/m}]$

27 ②

무한장 직선 전류에 의한 자계
$$H = \frac{I}{2\pi d} = \frac{I}{2\pi \times 0.1} = 100[\text{A/m}]$$
전류 $I = 100 \times 2\pi \times 0.1 = 20\pi[\text{A}]$
0.1[m] 떨어진 점의 자계
$$H = \frac{I}{2\pi d} = \frac{I}{2\pi \times 0.1} = 100[\text{A/m}]$$
전류 $I = 100 \times 2\pi \times 0.1 = 20\pi[\text{A}]$
그러므로 0.4[m] 떨어진 점의 자계
$$H = \frac{I}{2\pi d} = \frac{20\pi}{2\pi \times 0.4} = 25[\text{A/m}]$$

28 ②

동일 주파수인 2개의 사인파 교류를 더하면 최대치와 위상은 다르지만 같은 주파수의 사인파 교류가 된다.
$\omega = 2\pi f$에서 $f = \dfrac{\omega}{2\pi}[\text{Hz}]$이다.

29 ⑤

$$I = \frac{V}{Z} = \frac{80}{3+j4} = \frac{80(3-j4)}{(3+j4)(3-j4)} = \frac{240-j320}{9+16}$$
$$= \frac{240-j320}{25} = 9.6 - j12.8[\text{A}]$$

30 ④

게이트 개방 상태에서 사이리스터가 도통되고 있을 때, 그 상태를 유지하기 위한 최소의 순전류를 유지전류라 하고, 턴온되려고 할 경우에는 이 이상의 순전류가 필요하며, 확실히 턴온되기 위해서 필요한 최소의 순전류를 래칭 전류라 한다.

31 ②

제동 권선의 효과
㉠ 난조 방지
㉡ 불평형 부하시의 전류 전압 파형 개선
㉢ 송전선의 불평형 단락시 이상 전압 방지
㉣ 기동하는 경우 유도 전동기의 농형 권선으로서 기동 토크를 발생

32 ①

'전압을 인가하여 충전된 다음'이라는 말에서 Q가 일정하다는 힌트를 얻는 것이 중요하다.
※ 에너지 관계식
$W = \dfrac{1}{2}QV = \dfrac{1}{2}CV^2 = \dfrac{1}{2}\dfrac{Q^2}{C}[\text{J}]$에서 전압이 일정한 경우에는 $W = \dfrac{1}{2}CV^2[\text{J}]$의 식을 적용하고, 전기량이 일정한 경우에는 $W = \dfrac{1}{2}\dfrac{Q^2}{C}[\text{J}]$의 식을 적용한다.
따라서 정전용량을 5배한 경우 정전에너지는 $\dfrac{1}{5}$로 감소한다.

33 ②

$V = 300[\text{V}]$, $I_a = 50[\text{A}]$, $R_a = 0.2[\Omega]$이므로
$V = E + I_a R_a [\text{V}]$
$R = \dfrac{V-E}{I_a} = \dfrac{300-0}{50 \times 1.2} = 5[\Omega]$
$R_{st} = R - R_a = 5 - 0.2 = 4.8[\Omega]$

34 ④

무부하 시험은 무부하 전류와 전력을 측정하여 여자 어드미턴스와 철손을 알 수 있다.

35 ⑤

변류기 2차측을 개방하면 1차 부하전류에 의해 제5고조파가 발생하여 이상전압이 발생한다. 제5고조파로 인한 2차측 절연보호를 위하여 변류기 개방시 2차측을 단락시켜야 한다.

36 ①

병렬 리액터는 송전선로에 리액터를 병렬로 설치하여 선로에 지상 무효전력을 공급하여 페란티 현상을 방지한다.

37 ④

리클로저는 배전선로에서 부하 측에 고장이 발생하면 배전선로는 자동으로 ON/OFF를 4회까지 동작하는 차단기이다.

38 ②

평균치는 파형의 면적을 구하여 $\frac{T}{2}$로 나누면 된다.

면적 $A = \frac{1}{2} \times 10 \times \frac{T}{4} \times 2 = 2.5T$

평균치 $V_a = \frac{2.5T}{\frac{T}{2}} = 5$

39 ③

선로에 직렬콘덴서를 삽입하여 선로 리액턴스를 보상한다. 지상전류가 흐르는 송전선로에 직렬로 콘덴서를 삽입하면 $X = X_L - X_C$이므로 송전선로의 유도성 리액턴스는 감소한다. 즉, 송전선로의 직렬 리액턴스를 보상시켜 선로의 전압강하를 감소시킨다.

40 ④

가공 송전선로와 지중 송전선로의 비교

구분	가공 송전선로	지중 송전선로
계통구성	• 수지상 방식 • 연계 방식 • 예비선 절체방식	• 환상 방식 • 망상 방식 • 예비선 절체방식
공급능력	동일 루트에 4회선 이상 곤란하여 전력공급에 한계	• 동일 루트에 다회선이 가능 • 도심지역에 적합
건설비	지중설비에 비해 저렴	건설 비용 고가
건설기간	단기간 소요	장기간 소요
외부영향	전력선 접촉이나 기상조건에 따라 정전 빈도가 높음	외부 기상 여건 등의 영향이 거의 없음
고장형태	수목 접촉 등 순간 및 영구사고 발생	외상사고, 접속 개소 시공 불량에 의한 영구 사고 발생
고장복구	고장점 발견과 복구 용이	고장점 발견이 어렵고 복구가 어려움
유지보수	설비의 지상 노출로 보수 업무가 많음	설비의 단순 고도화로 보수 업무가 비교적 적음
유도장해	유도장해 발생	차폐 케이블 사용으로 유도장해 경감
송전용량	발생열의 냉각이 수월해 송전용량이 높음	발생열의 구조적 냉각장해로 가공전선에 비해 낮음
안전도	충전부의 노출로 적정 이격거리 확보	충전부의 절연으로 안전성 확보
설비보안	지상 노출로 설비 보안 유지 곤란	지하시설로 설비 보안 유지 용이
환경미화	도심 환경 저해 요인	쾌적한 도심 환경 조성
신규수용	신규 수요에 신속 대처 가능	설비 구성상 신규수용 대응 탄력성 결여
이미지	• 전통적 전력설비 • 위험설비	• 전력설비의 현대화 • 설비 안전성 이미지 제고

제3회 정답 및 해설

✎ 직업기초능력평가

1 ④
① 각별이 → 각별히
② 곤난 → 곤란
③ 발뒷꿈치 → 발뒤꿈치
⑤ 반드시 → 반듯이

2 ④
④ 혼인이나 제사 따위의 관혼상제 같은 어떤 의식을 치르다.
① 사람이 어떤 장소에서 생활을 하면서 시간이 지나가는 상태가 되게 하다.
② 서로 사귀어 오다.
③ 과거에 어떤 직책을 맡아 일하다.
⑤ 계절, 절기, 방학, 휴가 따위의 일정한 시간을 보내다.

3 ②
'일절'과 '일체'는 구별해서 써야 할 말이다. '일절'은 부인하거나 금지할 때 쓰는 말이고, '일체'는 전부를 나타내는 말이다.

4 ①
배경지식이 전혀 없던 상태에서는 X선 사진을 관찰하여도 아무 것도 찾을 수 없었으나 이론과 실습 등을 통하여 배경지식을 갖추고 난 후에는 X선 사진을 관찰하여 생리적 변화, 만성질환의 병리적 변화, 급성질환의 증세 등의 현상을 알게 되었다는 것을 보면 관찰은 배경지식에 의존한다고 할 수 있다.

5 ③

6 ④
④ 다섯 번째 카드에서 교통약자석에 대한 인식 부족으로 교통약자석이 제 기능을 못하고 있다는 지적은 있지만, 그에 따른 문제점들을 원인에 따라 분류하고 있지는 않다.
① 첫 번째 카드
② 세 번째 카드
③ 네 번째 카드
⑤ 여섯 번째 카드

7 ②
② 카드 뉴스는 신문 기사와 달리 글과 함께 그림을 비중 있게 제시하여 의미 전달을 효과적으로 하고 있다.
① 통계 정보는 (나)에서만 활용되었다.
③ 표제와 부제의 방식으로 제시한 것은 (나)이다.
④ 비유적이고 함축적인 표현들은 (가), (나) 모두에서 사용되지 않았다.
⑤ 신문 기사는 표정이나 몸짓 같은 비언어적 요소를 활용할 수 없다.

8 ②
전체 응시자의 평균을 x라 하면 합격자의 평균은 $x+25$
불합격자의 평균은 전체 인원 30명의 총점 $30x$에서 합격자 20명의 총점 $\{20\times(x+25)\}$를 빼준 값을 10으로 나눈 값이다.
즉, $\dfrac{30x-20\times(x+25)}{10} = x-50$
커트라인은 전체 응시자의 평균보다 5점이 낮고, 불합격자 평균 점수의 2배보다 2점이 낮으므로
$x-5 = 2(x-50)-2$
$x = 97$
응시자의 평균이 97이므로 커트라인은 $97-5 = 92$점

9 ②

조건 (가)에서 R석의 티켓의 수를 a, S석의 티켓의 수를 b, A석의 티켓의 수를 c라 놓으면
$a+b+c=1,500$ …… ㉠
조건 (나)에서 R석, S석, A석 티켓의 가격은 각각 10만 원, 5만 원, 2만 원이므로
$10a+5b+2c=6,000$ …… ㉡
A석의 티켓의 수는 R석과 S석 티켓의 수의 합과 같으므로
$a+b=c$ …… ㉢
세 방정식 ㉠, ㉡, ㉢을 연립하여 풀면
㉠, ㉢에서 $2c=1,500$ 이므로 $c=750$
㉠, ㉡에서 연립방정식
$\begin{cases} a+b=750 \\ 2a+b=900 \end{cases}$
을 풀면 $a=150$, $b=600$ 이다.
따라서 구하는 S석의 티켓의 수는 600장이다.

10 ④

'거리 = 속력 × 시간'을 이용하여 체류시간을 감안한 총 소요시간을 다음과 같이 정리해 볼 수 있다. 시간은 왕복이므로 2번 계산한다.

활동	이동 수단	거리	속력 (시속)	목적지 체류 시간	총 소요시간
당구장	전철	12km	120km	3시간	3시간 + 0.1시간 × 2 = 3시간 12분
한강공원 라이딩	자전거	30km	15km	–	2시간 × 2 = 4시간
파워워킹	도보	5.4km	3km	–	1.8시간 × 2 = 3시간 36분
북카페 방문	자가용	15km	50km	2시간	2시간 + 0.3시간 × 2 = 2시간 36분
강아지와 산책	도보	3km	3km	1시간	1시간 + 1시간 × 2 = 3시간

따라서 북카페를 방문하고 돌아오는 것이 2시간 36분으로 가장 짧은 소요시간이 걸린다.

11 ④

① 81,000 + (54,000 × 3) = 243,000원
② 81,000 + 54,000 + 25,000 = 160,000원
③ 60,000 + (15,000 × 3) + (10,000 × 2) = 125,000원
④ 75,000 + (35,000 × 3) + 70,000 = 250,000원
⑤ 211,000원

12 ⑤

조건을 잘 보면 병의 가방에 담긴 물품 가격의 합이 44,000원
병의 가방에는 B, D, E가 들어 있고 E의 가격은 16,000원
그럼 B와 D의 가격의 합(㉠+㉢) 44,000 - 16,000 = 28,000원 이 되어야 한다.
①은 답이 될 수 없다.
가방에 담긴 물품 가격의 합이 높은 사람부터 순서대로 나열하면 갑 > 을 > 병 순이므로
을은 A와 C를 가지고 있는데 A는 24,000원, 병 44,000원보다 많아야 하므로 C의 가격(㉡)은 적어도 44,000 - 24,000 = 20,000원 이상이 되어야 한다.
②③④는 답이 될 수 없다.

13 ③

③ 2025년 G계열사의 영업이익률은 8.7%로 2014년 E계열사의 영업이익률 2.9%의 2배가 넘는다.
① B계열사의 2025년 영업이익률은 나머지 계열사의 영업이익률의 합보다 적다.
② 2014년도에 가장 높은 영업이익률을 낸 계열사는 F, 2025년에 가장 높은 영업이익률을 낸 계열사는 B이다.
④ 2014년 대비 2025년의 영업이익률이 증가한 계열사는 B, C, E, G 4곳이다.
⑤ 2014년과 2025년 모두 영업이익률이 10%을 넘은 계열사는 A, B 2곳이다.

14 ①

주어진 그래프를 통해 다음과 같은 연도별 지역별 무역수지 규모를 정리할 수 있다.

(단위 : 10억 불)

구분	2023	2024	2025
미국	27.7	25.3	20.1
중국	47.3	37.8	44.6
일본	−20.1	−23.0	−28.1
EU	−7.9	−3.9	−3.8
동남아	54.2	57.3	75.5
중동	−38.0	−27.8	−49.9

따라서 무역수지 악화가 지속적으로 심해진 무역 상대국(지역)은 일본뿐인 것을 알 수 있다.
② 매년 무역수지 흑자를 나타낸 무역 상대국(지역)은 미국, 중국, 동남아 3개국(지역)이다.
③ 무역수지 흑자가 매년 감소한 무역 상대국(지역)은 미국뿐이다.
④ 무역수지가 흑자에서 적자 또는 적자에서 흑자로 돌아선 무역 상대국(지역)은 없음을 알 수 있다.
⑤ 매년 무역수지 적자규모가 가장 큰 무역 상대국(지역)은 중동이다.

15 ④

2025년 동남아 수출액은 1,490억 불이므로 전년대비 20% 증가하였다면 2026년 동남아 수출액은 1,788억 불이고, 2025년 EU 수입액은 560억 불이므로 전년대비 20% 감소하였다면 448억 불이다. 따라서 2026년 동남아 수출액과 EU 수입액의 차이는 1,788 − 448 = 1,340억 불이다.

16 ④

조건 1에서 출발역은 청량리이고, 문제에서 도착역은 인천역으로 명시되어 있고 환승 없이 1호선만을 활용한다고 되어 있으므로 청량리~서울역(1,250원), 서울역~구로역(200원 추가), 구로역~인천역(300원 추가)를 모두 더한 값이 수인이와 혜인이의 목적지까지의 편도 운임이 된다. 그러므로 두 사람 당 각각 운임을 계산하면, 1,250 + 200 + 300 = 1,750원(1인당)이 된다. 역의 수는 청량리역~인천역까지 모두 더하면 38개 역이 된다.

17 ③

아르바이트 일수가 갑은 3일, 병은 2일임을 알 수 있다.
무는 갑이나 병이 아르바이트를 하는 날 항상 함께 한다고 했으므로 5일 내내 아르바이트를 하게 된다.
을과 정은 일, 월, 화, 목 4일간 아르바이트를 하게 된다.
① 수요일에는 2명, 나머지 요일에는 4명으로 인원수는 확정된다.
② 갑은 3일, 을은 4일, 병은 2일, 무는 5일 이므로 갑과 을, 병과 정의 아르바이트 일수를 합한 값이 7로 같다.
③ 병에 따라 갑이 아르바이트를 하는 요일이 달라지므로 아르바이트 하는 요일이 확정되는 사람은 세 명이다.
④ 일별 인원수는 4명 또는 2명으로 모두 짝수이다.
⑤ 일요일에는 갑, 을, 정, 무 네 명으로 어느 경우에도 같다.

18 ⑤

블랙은 이 열이 실제로 온도계에 변화를 주지 않기 때문에 이를 '잠열(潛熱)'이라 불렀다.
→ ㉠ A의 온도계로는 잠열을 직접 측정할 수 없었다. − 참
  눈이 녹는점에 있음에도 불구하고 많은 양의 뜨거운 물은 눈을 조금밖에 녹이지 못했다. 이는 잠열 때문이다.
→ ㉡ 얼음이 녹는점에 이르러도 완전히 녹지 않는 것은 잠열 때문이다. − 참
  A에서는 얼음이 녹으면서 생긴 물과 녹고 있는 얼음의 온도가 녹는점에서 일정하게 유지되었는데 이 상태는 얼음이 완전히 녹을 때까지 지속되었다.
→ ㉢ A의 얼음이 완전히 물로 바뀔 때까지, A의 얼음물 온도는 일정하게 유지된다. − 참

19 ⑤

① 김유진 : 3억 5천만 원 × 0.9% = 315만 원
② 이영희 : 12억 원 × 0.9% = 1,080만 원
③ 심현우 : 1,170만 원 + (32억 8천만 원 − 15억 원) × 0.6% = 2,238만 원
④ 이동훈 : 18억 1천만 원 × 0.9% = 1,629만 원
⑤ 김원근 : 2,670만 원 + (3억 원 × 0.5%) = 2,820만 원

20 ④

총 노선의 길이를 연비로 나누어 리터 당 연료비를 곱하면 원하는 답을 다음과 같이 구할 수 있다.

교통편 1 : 500 ÷ 4.2 × 1,000 = 약 119,048원
교통편 2 : 500 ÷ 4.8 × 1,200 = 125,000원
교통편 3 : 500 ÷ 6.2 × 1,500 = 약 120,968원
교통편 4 : 500 ÷ 5.6 × 1,600 = 약 142,857원

따라서 교통비가 가장 적게 드는 교통편은 '교통편 1'이며, 가장 많이 드는 교통편은 '교통편 4'가 된다.

21 ④

각 교통편별로 속도와 정차 역, 정차 시간을 감안하여 최종 목적지인 I 지점까지의 총 소요 시간을 구하여 정리해 보면 다음 표와 같다.

구분	평균속도 (km/h)	운행 시간 (h)	정차 시간(분)	총 소요 시간
교통편 1	60	500 ÷ 60 = 약 8.3	7 × 15 = 105	8.3 + 1.8 = 10.1시간
교통편 2	80	500 ÷ 80 = 약 6.3	4 × 15 = 60	6.3 + 1 = 7.3시간
교통편 3	120	500 ÷ 120 = 약 4.2	3 × 15 = 45	4.2 + 0.8 = 5시간
교통편 4	160	500 ÷ 160 = 약 3.1	2 × 15 = 30	3.1 + 0.5 = 3.6시간

따라서 교통편 1과 교통편 4의 시간 차이는 6.5시간이므로 6시간 30분의 차이가 나는 것을 알 수 있다.

22 ②

② 외부환경요인 분석은 언론매체, 개인 정보망 등을 통하여 입수한 상식적인 세상의 변화 내용을 시작으로 당사자에게 미치는 영향을 순서대로, 점차 구체화하는 것이다.
⑤ 내부환경과 외부환경을 구분하는 기준은 '나', '나의 사업', '나의 회사' 등 환경 분석 주체에 직접적인 관련성이 있는지 여부가 된다. 대내외적인 환경을 분석하기 위하여 이를 적절하게 구분하는 것이 매우 중요한 요소가 된다.

23 ②

② 저렴한 제품을 공급하는 것은 자사의 강점(S)이며, 이를 통해 외부의 위협요인인 대형 마트와의 경쟁(T)에 대응하는 것은 ST 전략이 된다.
① 직원 확보 문제 해결과 매출 감소에 대응하는 인건비 절감 등의 효과를 거둘 수 있어 약점과 위협요인을 최소화하는 WT 전략이 된다.
③ 자사의 강점과 외부환경의 기회 요인을 이용한 SO 전략이 된다.
④ 자사의 기회요인인 매장 앞 공간을 이용해 지역 주민 이동 시 쉼터를 이용할 수 있도록 활용하는 것은 매출 증대에 기여할 수 있으므로 WO 전략이 된다.
⑤ 고객 유치 노하우는 자사의 강점을 이용한 것이며, 이를 통해 편의점 이용률을 제고하는 것은 위협요인을 제거하는 것이 되므로 ST 전략이 된다.

24 ②

제시된 글에서는 조직문화의 기능 중 특히 조직 성과와의 연관성을 언급하고 있기도 하다. 강력하고 독특한 조직문화는 기업이 성과를 창출하는 데에 중요한 요소이며, 종업원들의 행동을 방향 짓는 강력한 지렛대의 역할을 한다고도 볼 수 있다. 그러나 이러한 조직문화가 조직원들의 단합을 이끌어 이직률을 일정 정도 낮출 수는 있으나, 외부 조직원을 흡인할 수 있는 동기로 작용한다고 보기는 어렵다. 오히려 강력한 조직문화가 형성되어 있을 경우, 외부와의 융합이 어려울 수 있으며, 타 조직과의 단절을 통하여 '그들만의 세계'로 인식될 수 있다. 따라서 조직문화를 통한 외부 조직원의 흡인은 조직문화를 통해 기대할 수 있는 기능으로 볼 수는 없다.

25 ④

경영전략을 수립하고 각종 경영정보를 수집/분석하는 업무를 하는 기획팀에서 요구되는 자질은 재무/회계/경제/경영 지식, 창의력, 분석력, 전략적 사고 등이다.

26 ⑤

감사실장, 이사회의장, 비서실장, 미래 전략실장, A부사장은 모두 사장과 직접적인 업무 라인으로 연결되어 있으므로 직속 결재권자가 사장이 된다.

27 ④

백만 불 이상 예산이 집행되는 사안이므로 최종 결재권자인 사장을 대동하여 출장을 계획하는 것은 적절한 행위로 볼 수 있다.

① 사장 부재 시 차상급 직위자는 부사장이다.
② 출장 시 본부장은 사장, 직원은 본부장에게 각각 결재를 득하면 된다.
③ 결재권자의 부재 시, 차상급 직위자의 전결로 처리하되 반드시 결재권자의 업무 복귀 후 후결로 보완한다는 규정이 있다.
⑤ 직원의 해외 출장 결재권자는 본부장이다. 따라서 F팀 직원은 해외 출장을 위해 C본부장에게 최종 결재를 득하면 된다.

28 ①

(가)에서 '=MID(B4, 8, 1)'은 주민등록번호에서 8번째에 있는 1개의 문자를 추출하는 수식이다.
(나)에서 OR함수는 두 가지 중 한 가지 조건이라도 '참'이면 결과 값이 '참'이며, AND함수는 모든 조건이 '참'이어야 출력 값이 '참'이므로 (나)의 결과 값은 '합격'으로 출력된다.

29 ④

MIN 함수에서 최소값을 반환한 후, IF 함수에서 "이상 없음" 문자열이 출력된다. B3의 내용이 1로 바뀌면 출력은 "부족"이 된다.
㉠ 반복문은 사용되고 있지 않다.
㉢ 현재 입력으로 출력되는 결과물은 "이상 없음"이다.

30 ⑤

A사는 높은 가격으로 인한 거래선 유치의 어려움으로 인해 결국 시장점유율이 하락할 것이며, B사는 지속적인 적자 누적으로 제품 생산을 계속할수록 적자폭도 커지게 되는 상황을 맞이하게 될 것이다. 따라서 개발 책정 비용과 실제 발생하는 비용을 동일하게 유지하는 것이 기업에게 가장 바람직한 모습이라고 할 수 있다.

31 ①

기업이 예산 투입을 하는 과정에 있어 비용을 적게 들이는 것이 반드시 좋은 것은 아니다. 기업에서 제품을 개발한다고 할 때, 개발 책정 비용을 실제보다 높게 책정하면 경쟁력을 잃어버리게 되고, 반대로 낮게 책정하면 개발 자체가 이익을 주는 것이 아니라 오히려 적자가 나는 경우가 발생할 수 있다. 그로 인해 책정 비용과 실제 비용의 차이를 줄이고, 비슷한 상태가 가장 이상적인 상태라고 할 수 있다. 또한, 아무리 예산을 정확하게 수립하였다 하더라도 활동이나 사업을 진행하는 과정에서 계획에 따라 적절히 관리하지 않으면 아무런 효과가 없다. 즉 아무리 좋은 계획도 실천하지 않으면 되지 않듯이 예산 또한 적절한 관리가 필요하다. 이는 좁게는 개인의 생활비나 용돈관리에서부터 크게는 사업, 기업 등의 예산관리가 모두 마찬가지이며, 실행과정에서 적절히 예산을 통제해주는 것이 필수적이라고 할 수 있다.

32 ①

구매 제한가격에 따라 다 업체에서는 C 물품을 구매할 수 없다. 나머지 가, 나, 라 업체의 소모품 구매 가격을 정리하면 다음과 같다.

구분	구매 가격
가 업체	(12,400 × 2) + (1,600 × 3) + (2,400 × 2) + (1,400 × 2) + (11,000 × 2) = 59,200원
나 업체	(12,200 × 2) + (1,600 × 3) + (2,450 × 2) + (1,400 × 2) + (11,200 × 2) = 59,300원
라 업체	(12,500 × 2) + (1,500 × 3) + (2,400 × 2) + (1,300 × 2) + (11,300 × 2) = 59,500원

따라서 가장 저렴한 가격에 소모품을 구입할 수 있는 곳은 가 업체로 구매 가격은 59,200원이다.

33 ④

④ 잉크패드는 사용자가 직접 교체할 수 없고 고객지원센터의 전문가만 교체할 수 있다.

34 ②

단계 1은 문제 분석 단계이다.
단계 2는 순서도 작성 단계이다.
단계 3은 코딩·입력 및 번역 단계이다.
단계 4는 모의 실행 단계이므로 '논리적 오류를 발견할 수 있다.

35 ①

제품 매뉴얼 : 사용자를 위해 제품의 특징이나 기능 설명, 사용 방법과 고장 조치방법, 유지 보수 및 A/S, 폐기까지 제품에 관련된 모든 서비스에 대해 소비자가 알아야 할 모든 정보를 제공하는 것을 의미한다.

36 ⑤

A 의원은 서번트 리더십의 중요성을 강조하고 있다. 이러한 서번트 리더십은 인간 존중을 바탕으로 다른 구성원들이 업무 수행에 있어 자신의 잠재력을 최대한 발휘할 수 있도록 도와 주는 리더십을 의미한다. ①번은 감성 리더십, ②번은 카리스마 리더십, ③번은 거래적 리더십, ④번은 셀프 리더십을 각각 설명한 것이다.

37 ②

C는 주제와 상관없는 사항을 거론하며 상대를 깎아 내리는 발언을 하고 있으므로 C가 토의를 위한 기본적인 태도를 제대로 갖추지 못한 사람이라고 볼 수 있다.

38 ②

② 협력을 장려하는 환경을 조성하기 위해서는 팀원들이 침묵을 지키는 것을 존중하여야 한다.

39 ⑤

명함은 손아랫사람이 먼저 건네야 한다. 더불어서 지위 또는 직책 등이 낮은 사람이 먼저 명함을 건넨다.
※ 명함 교환 시의 기본 매너
  ㉠ 명함은 항상 넉넉히 준비한다.
  ㉡ 명함은 자리에 앉기 전에 교환한다.
  ㉢ 상대에게 명함을 건네면서 소속과 이름을 밝힌다.
  ㉣ 상대로부터 받은 명함은 그 자리에서 확인하며, 한자 등의 다소 읽기 어려운 글자는 정중히 물어서 회사명과 이름을 틀리지 않아야 한다.
  ㉤ 상대로부터 명함을 받은 후에 곧바로 지갑에 넣지 말고, 미팅이나 또는 회의 시에 테이블 오른 쪽에 꺼내놓고 이름 및 직함을 부르면서 대화한다.
  ㉥ 상대 앞에서 명함에 낙서하는 것은 곧 상대의 얼굴에 낙서하는 것과 같음을 의미하며, 더불어서 명함을 손가락 사이에 끼고 돌리는 등의 손장난을 하는 것은 상대방을 무시하는 것과 같다.
  ㉦ 명함은 스스로의 것과 상대방 것을 구분해서 넣어둔다. 만약의 경우 급한 순간에 타인의 명함을 상대에게 줄 수도 있기 때문이다.
  ㉧ 상대로부터 받은 명함을 절대 그냥 두고 오는 일이 없도록 해야 한다.

40 ②

엘리베이터에서는 버튼 대각선 방향의 뒤 쪽이 상석이 된다.
※ 엘리베이터 상석의 위치

* 번호는 상석 순위

✎ 직무수행능력평가(전기일반)

1 ④
① 비례요소
② 적분요소
③ 미분요소
④ 1차 지연요소

2 ②
쿨롱의 법칙
$F = 9 \times 10^9 \dfrac{Q^2}{r^2} = 9 \times 10^{-3}[N]$에서 $Q^2 = 10^{-12}r^2$이므로
$Q = 10^{-6}r = 10^{-6}[C]$

3 ④
$K^2 = \dfrac{L}{C} = \dfrac{3 \times 10^{-3}}{1.5 \times 10^{-6}} = 2{,}000$
(b)회로의 $1.5[\mu F]$는 (a)회로의 $3[mH]$의 역회로이므로,
$L = K^2 C = 2{,}000 \times 0.8 \times 10^{-6} = 1.6[mH]$

4 ①
에너지관계식
$W = \dfrac{1}{2}\epsilon E^2 [J/m^3]$이므로
축적되는 에너지
$W' = \dfrac{1}{2}\epsilon E^2 \times 체적[J] = \dfrac{1}{2}\epsilon E^2 \times 면적 \times 거리$
$= \dfrac{1}{2}\epsilon \times 1^2 \times 1 \times 1 = \dfrac{1}{2}\epsilon [J]$

5 ①
반지름이 a인 도체구에 전하 Q를 줄 때 무한대와 도체 사이의 전위차, 즉 도체구의 전위 V는 다음과 같다.
$V = \dfrac{Q}{4\pi\epsilon_0 a}[V]$이므로
$C = \dfrac{Q}{V} = \dfrac{Q}{\dfrac{Q}{4\pi\epsilon_0 a}} = 4\pi\epsilon_0 a$

6 ④
$M = \sqrt{L_1 L_2}$는 이상적인 결합으로 자속의 누설이 없이 전부 쇄교한다는 의미이다.
$V = M\dfrac{di}{dt}[V]$에서 1초 동안 1[A] 변화는 M[V]의 유기되는 전압을 만든다.

7 ②
$L = \dfrac{\Delta t}{\Delta I}V = \dfrac{0.05 \times 2.4}{2} = 0.06[H]$

8 ④
중첩의 정리를 이용해서 구하면
왼쪽의 전압원만 있는 경우 오른쪽 전압원은 단락시킨다.
따라서 $I_1 = \dfrac{10}{5 + \dfrac{10 \times 10}{10 + 10}} = 1[A]$이고, $I_{3a} = \dfrac{1}{2} = 0.5[A]$
오른쪽의 전압원만 있는 경우 왼쪽의 전압원은 단락시킨다.
따라서 $I_2 = \dfrac{10}{10 + \dfrac{5 \times 10}{5 + 10}} = 0.75[A]$,
$I_{3b} = \dfrac{5}{5 + 10} \times 0.75 = 0.25[A]$
$I_3 = I_{3a} + I_{3b} = 0.5 + 0.25 = 0.75[A]$

9 ①
$Z = \dfrac{RX_L}{\sqrt{R^2 + X_L^2}} = \dfrac{4 \times 3}{\sqrt{4^2 + 3^2}} = 2.4[\Omega]$

10 ②
$R = \omega L$일 경우 최대전력 전달조건이므로
$R = \omega L = 2\pi \times 30 \times 40 \times 10^{-3} = 7.5[\Omega]$
$I = \dfrac{V}{Z} = \dfrac{V}{\sqrt{R^2 + (\omega L)^2}} = \dfrac{V}{\sqrt{2}R}$
$P = I^2 R = \left(\dfrac{V}{\sqrt{2}R}\right)^2 \times R = \dfrac{V^2}{2R} = \dfrac{120^2}{2 \times 7.5} = 960[W]$

11 ①

$P = I^2 R = 12^2 \times 5 = 720[\text{W}]$

$P_r = I^2 X_C = 12^2 \times 6 = 864[\text{Var}]$

$\therefore 720 + j864[\text{VA}]$

12 ①

변압기 1대가 분담할 피상전력을 P_a, 부하의 피상전력을 $P_a{'}$ 이라 하면 $\sqrt{3} P_a = P_a{'}$

$\therefore P_a = \dfrac{P_a{'}}{\sqrt{3}} = \dfrac{P}{\sqrt{3} \cos\theta} = \dfrac{20}{\sqrt{3} \times 0.8} = 14.4[\text{kVA}]$

13 ③

$2[\mu\text{F}]$와 $3[\mu\text{F}]$를 합성하면 $C = \dfrac{2 \times 3}{2+3} = 1.2[\mu\text{F}]$

직렬회로에서 C와 V는 반비례하므로

C가 1 : 1.2이면 V는 1.2 : 1 즉 6 : 5

따라서 $V_1 = \dfrac{60}{11} \times 6 = 32.72[\text{V}]$

14 ②

상순이 기본파와 동일한 것은 3상이므로 $(3n+1)$고조파로 제7고조파, 제13고조파, …… 등이다.

15 ③

$f(t) = \cos t - \cos 2t$

$\mathcal{L}[\cos t - \cos 2t] = \dfrac{s}{s^2+1} - \dfrac{s}{s^2+4} = \dfrac{3s}{(s^2+1)(s^2+4)}$

16 ④

$v = v_1 + v_2 = 20 \angle 0° + 50 \angle (90° - 30°)$

$= 20 + 50(\cos 60° + j \sin 60°)$

$= 20 + 50(0.5 + j 0.5\sqrt{3}) = 45 + j 25\sqrt{3}$

$|v| = \sqrt{45^2 + (25\sqrt{3})^2} = \sqrt{3,900}$

17 ④

전달함수 $G = \dfrac{e_o}{e_i} = \dfrac{I(s) \cdot sL}{I(s)(R+sL)} = \dfrac{\frac{sL}{R}}{\frac{sL}{R}+1} = \dfrac{Ts}{Ts+1}$

18 ③

$\cos 90° = 0$이므로

$A \cdot B = |A||B|\cos\theta = 0$

$A \cdot B = (ix + j2) \cdot (i3 - j3 - k) = 3x - 6 = 0$

$x = 2$

19 ③

$P = 3I^2 R$에서 $R = \dfrac{P}{3I^2} = \dfrac{4 \times 10^3}{3 \times 10^2} = \dfrac{40}{3}[\text{A}]$

20 ④

2전력계법의 유효전력 $P = W_1 + W_2 = 500 + 300 = 800[\text{W}]$

21 ①

각 분기에 흐르는 전류를 각각 I_1, 가운데 $4[\Omega]$에 흐르는 전류를 I_2, 오른쪽을 I_3라고 하여 키르히호프의 법칙으로 구하면 된다.

키르히호프 제1법칙 : $I_1 + I_2 + I_3 = 0$

키르히호프 제2법칙 : $4I_1 - 4I_3 = 6$

키르히호프 제2법칙 : $4I_3 - 2I_2 = -4$

이를 연립하여 계산하면

$I_1 = 0.625[\text{A}]$, $I_2 = 0.25[\text{A}]$, $I_3 = -0.875[\text{A}]$

22 ④

$$H = \frac{NI}{l} = nI = \text{단위길이당 권수} \times \text{전류}[\text{AT/m}]$$
$$B = \mu H = \mu nI \, [\text{wb/m}^2]$$
$$I = \frac{B}{\mu n} = \frac{B}{\mu_o \mu_r n} = \frac{0.1}{4\pi \times 10^{-7} \times 1000 \times 100}$$
$$= 0.8[\text{A}]$$

23 ④

$$R_m = \frac{l}{\mu S} = \frac{l}{\mu_0 \mu_s S} = \frac{0.8}{4\pi \times 10^{-7} \times 20 \times 0.5}$$
$$= 6.37 \times 10^4 \, [\text{AT/Wb}]$$

24 ③

$a = 10[\text{cm}] = 0.1[\text{m}], \quad d = 1[\text{m}],$
$Q = e = -1.602 \times 10^{-19}[\text{C}]$이므로
$$Q' = -\frac{a}{d}Q = -\frac{0.1}{1} \times -1.602 \times 10^{-19} = 1.602 \times 10^{-20}[\text{C}]$$

25 ③

열차의 차축이 수직 분력을 절단할 때의 기전력
$$e = vBl = \frac{60 \times 10^3}{3,000} \times 0.15 \times 10^{-4} \times 1.5 = 3.75 \times 10^{-4}[\text{V}]$$

26 ④

복도체를 사용하면 동일한 단면적의 단도체에 비하여 인덕턴스는 20% 정도 감소하고 정전용량은 20% 정도 증가하므로 송전용량이 증가한다.

27 ③

평행판의 정전용량 $C = \frac{\epsilon_0 \epsilon_s S}{d}[\text{F}]$

28 ④

직권 전동기와 토크는 $T \propto I^2$에 비례하므로
$$T = 10 \times \left(\frac{80}{100}\right)^2 = 6.4[\text{kg} \cdot \text{m}]$$

29 ②

$$\theta = \log(\sqrt{AD} + \sqrt{BC}) = \log\left(\sqrt{\frac{5}{3} \times \frac{5}{3}} + \sqrt{800 \times \frac{1}{450}}\right)$$
$$= \log 3$$

30 ③

변압기의 철심에는 투자율과 저항률이 크고 히스테리시스손이 작은 규소 강판을 사용한다. 규소의 함유량은 4~4.5% 정도이고, 현재 변압기에 사용되고 있는 철판의 두께는 0.3mm 또는 0.35mm 두 종류가 있다.

31 ④

단상 직권 정류자 전동기는 교류 및 직류 양용이므로 만능 전동기라고도 불린다. 보상 권선을 갖지 않는 단상 직권 전동기는 가정용 미싱, 영사기, 소형 공구 등의 75W 이하의 소용량 전동기로 사용되고, 그 이상의 용량인 것은 보상 권선을 소유한 단상 직권 전동기가 사용된다.

32 ③

$F = QE$에서
$$E = \frac{F}{Q} = \frac{2.4 \times 10^{-3}}{3 \times 10^{-8}} = 80,000 = 8 \times 10^4[\text{V/m}]$$

33 ③

균압선의 목적은 병렬 운전을 안정하게 하기 위하여 설치하는 것으로 일반적으로 직권 및 복권 발전기에서는 직권 계자 권선에 흐르는 전류에 의하여 병렬 운전이 불안정하게 되므로 균압선을 설치하여 직권 계자 권선에 흐르는 전류를 균등하게 분류하도록 한다.

34 ②

동기 리액턴스가 커지면 전압 변동률이 커지고 단락비가 감소한다. 또한 동기화력은 동기 리액턴스에 반비례하므로 작아진다.

35 ②

3상 선로에서 각 상전압의 지표상 높이가 같고 상호간의 선간 거리도 같게 배치하지 않으면 각 선의 인덕턴스와 정전용량 등은 불평형이 되며, 불평형 선로에 평형전압을 가하더라도 수전단의 파형은 평형을 유지하기 힘들다. 송전선로를 설계시 선로정수를 각 상마다 동일하게 만들기란 쉬운 일이 아니나, 선로정수를 최대한 평형하게 만들기 위하여 실제의 송전 선로에서는 전체 길이를 세 구간으로 나누거나 혹은 세 배수의 구간으로 등분하고, 등분된 장소에 개폐소 혹은 연가용 철탑을 두어 송전선의 위치를 바꾸도록 하며, 이를 전 구간에 적용하여 송전선의 위치가 완전히 일순하도록 하고 있다. 이렇게 송전선을 꼬아 위치를 바꾸는 것을 연가(Transposition)라고 하며, 연가를 실시함으로써 선로정수를 평형시켜 유도장해를 방지한다.

36 ③

점검시에는 차단기로 부하회로를 끊고 난 다음 단로기를 열어야 하며 점검 후에는 단로기를 넣은 후 차단기를 넣어야 한다.

37 ①

$Q = CV[C]$이므로 동일한 양의 전하를 충전한다면 정전용량이 8배로 증가한 것이므로 전압은 1/8로 낮추면 된다.

38 ④

길이 $l = 2\pi a_m M$에서 $a_m = \dfrac{l}{2\pi M}$, $a_n = \dfrac{l}{2\pi N}$

원형 코일에 의한 자계 $B = \dfrac{I}{2a}$[AT/m]이고, 코일의 권수가 n이라면 $H = \dfrac{nI}{2a}$[AT/m]

그러므로 $\dfrac{H_M}{H_N} = \dfrac{\frac{MI}{2a_m}}{\frac{NI}{2a_n}} = \dfrac{\frac{MI}{2 \times \frac{l}{2\pi M}}}{\frac{NI}{2 \times \frac{l}{2\pi N}}} = \left(\dfrac{M}{N}\right)^2$

39 ④

거리계전기(distance realy) … 전압과 전류의 비가 일정치 이하인 경우에 동작하는 계전기이다. 실제로 전압과 전류의 비는 전기적인 거리, 즉 임피던스를 나타내므로 거리계전기라는 명칭을 사용하며 송전선의 경우는 선로의 길이가 전기적인 길이에 비례하므로 이 계전기를 사용 용이하게 보호할 수 있게 된다. 거리계전기에는 동작특성에 따라 임피던스형, 모우(MHO)형, 리액턴스형, 오옴(OHM)형, 오프셋모우(off set mho)형 등이 있다.

㉠ 임피던스(impedance)형 거리계전기 : 계전기 설치점에서 측정된 전압과 전류의 절대치 크기만의 비가 일정치 이하일 때 동작하는 거리계전기로 방향특성을 갖지 못하며 임피던스의 절대치 크기에 따라 동작한다.

㉡ 모우(MHO)형 거리계전기 : 방향특성을 갖는 거리계전기로 모우(MHO)라는 명칭의 의미는 동작원리에서 볼 때 임피던스(단위 : ohm)의 역수 즉 어드미턴스(admittance, 단위 : mho)의 일정 각도에 대한 성분의 크기가 일정치 이상인 경우 동작하는 계전기이다.

㉢ 리액턴스(reactance)형 거리계전기 : 측정된 임피던스 중 리액턴스 성분의 크기가 일정치 이하일 때 동작하는 거리계전기로 방향성을 갖지 못하나 저항분의 크기와는 무관하여 사고점의 arc 저항으로 인한 거리측정 오차가 없는 계전기이다.

㉣ 오옴(OHM)형 거리계전기 : 모우-(MHO)형 거리계전기와는 반대로 측정된 임피던스의 일정 각도에 대한 성분의 크기가 일정치 이하로 된 경우 동작하는 계전기를 말한다.

㉤ 오프셋모우(off set MHO)형 거리계전기 : 모우(MHO)형 거리계전기의 동작특성은 원점을 지나는 원으로 표시되나 약간씩 전후방향으로 off set된 원특성을 갖는 거리계전기를 말하며 주로 후방으로 off set된 것을 많이 사용한다.

40 ②

$H = \dfrac{I}{2\pi r}$에서 $3 = \dfrac{I}{2\pi \times 5 \times 10^{-2}}$

$I = 2\pi \times 5 \times 10^{-2} \times 3 = 0.942$[A]

서울교통공사
필기시험 모의고사

제4회~제5회

- 정답 및 해설 -

제4회 정답 및 해설

✎ 직업기초능력평가

1 ①
① 침강(沈降): 밑으로 가라앉음
② 침식(侵蝕): 외부의 영향으로 세력이나 범위 따위가 점점 줄어듦
③ 침체(沈滯): 어떤 현상이나 사물이 진전하지 못하고 제자리에 머무름
④ 침범(侵犯): 남의 영토나 권리, 재산, 신분 따위를 침노하여 범하거나 해를 끼침
⑤ 침해(侵害): 침범하여 해를 끼침

2 ②
제시된 글은 첫 문장에서 유행성 감기가 퍼지는 속도는 인간의 여행 속도에 비례한다는 내용을 언급하고, 과거와 오늘날의 그 속도 차이에 대해 비교하고 있다. 글 후반부에서 현대식 속도가 유행성 감기를 예측할 수 없게 만들었고, 따라서 통제수단도 더 빨라져야 한다고 언급하므로, 답은 ②이다.

3 ①
배경지식이 전혀 없던 상태에서는 X선 사진을 관찰하여도 아무 것도 찾을 수 없었으나 이론과 실습 등을 통하여 배경지식을 갖추고 난 후에는 X선 사진을 관찰하여 생리적 변화, 만성질환의 병리적 변화, 급성질환의 증세 등의 현상을 알게 되었다는 것을 보면 관찰은 배경지식에 의존한다고 할 수 있다.

4 ④
④ 계란 알레르기가 있는 고객이므로 제품에 계란이 사용되었거나, 제조과정에서 조금이라도 계란이 들어갔을 우려가 있다면 안내해 주는 것이 바람직하다. 이 제품은 원재료에 계란이 들어가지는 않지만, 계란 등을 이용한 제품과 같은 제조시설에서 제조하였으므로 제조과정에서 계란 성분이 들어갔을 우려가 있다. 따라서 이 점에 대해 안내해야 한다.

5 ③
정보사회에 있어서 인공지능(AI)과 통계의 역학관계를 주제로 한, 맥락 파악형 문제이다. 상기 자료는 여러 가지 기술적 관점에서 달리 보일 수 있지만, 그 용어의 구분이 모호하고 중첩됨을 말하고 있다. 다시 말하면, 글쓴이의 제시 질문에 관련하여, '인공지능 시대에 통계는 그 역할이 뒤떨어지지 않는다.'임을 알 수 있다. 따라서 이와 같은 맥락적 관점에서 본다면 다른 네 사람과 거리가 먼 발언을 한 사람은 ③번 정 대리이다.

6 ②
산재보험의 소멸은 명확한 서류나 행정상의 절차를 완료한 시점이 아닌 사업이 사실상 폐지 또는 종료된 시점에 이루어진 것으로 판단하며, 법인의 해산 등기 완료, 폐업신고 또는 보험관계소멸신고 등과는 관계없다.
① 마지막 부분에 고용보험 해지에 대한 특이사항이 기재되어 있다.
③ '직권소멸'은 적절한 판단에 의해 근로복지공단이 취할 수 있는 소멸 형태이다.

7 ①
'채'는 의존 명사로 '이미 있는 상태 그대로 있다는 뜻을 나타내는 말'이다. '체'는 의존 명사로 '그럴듯하게 꾸미는 거짓 태도나 모양'을 의미한다. '-째'는 접사로 '그대로, 또는 전부'를 의미한다. 따라서 '껍질째'는 '껍질'이라는 명사에 '-째'라는 접사가 붙어 '껍질 그대로 또는 전부'라는 의미가 되므로 바르게 쓰였다.
② '앉아 있는 상태 그대로 있다.'라는 의미로 쓰인 것이므로 의존 명사 '채'가 쓰여 '앉은 채로'라고 써야 한다.
③ '똑똑한 척 꾸미는 거짓 태도나 모양이라는 의미로 쓰인 것이므로 의존 명사 '체'가 쓰여 '똑똑한 체'라고 써야 한다.
④ '살아 있는 상태 그대로'라는 의미로 쓰인 것이므로 의존 명사 '채'가 쓰여 '산 채'라고 써야 한다.
⑤ '죽은 척 꾸미는 거짓 태도나 모양'을 의미하는 것이므로 의존 명사 '체'가 쓰여 '죽은 체를 했다'라고 써야 한다.

8 ①

① 재배면적은 고추가 2024년 대비 2025년에 감소하였고, 참깨는 증가하였음을 확인할 수 있다.
② 고추는 두 가지 모두 지속 감소, 참깨는 두 가지 모두 지속 증가하였다.
③ 고추는 123.5천 톤에서 55.7천 톤으로, 참깨는 19.5천 톤에서 14.3천 톤으로 감소하였다.
④ 고추는 대체적으로 감소세라고 볼 수 있으나, 참깨는 증감을 반복하고 있는 추세이므로 적절한 설명이라고 볼 수 있다.
⑤ 예를 들어 2023년 고추의 경우 재배면적은 감소하였으나, 생산량은 오히려 증가한 것을 확인할 수 있다.

9 ②

한 시간 동안 A의 효율 : $\frac{1}{6}$

한 시간 동안 B의 효율 : $\frac{1}{4}$

한 시간 동안 C의 효율 : $\frac{1}{3}$

$\left(\frac{1}{6}+\frac{1}{4}+\frac{1}{3}\right) \times x = 1$

$\frac{9}{12}x = 1$

$\therefore x = \frac{4}{3}$

$60 \times \frac{4}{3} = 80$(분), 즉 1시간 20분이 걸린다.

10 ④

1인 수급자는 전체 부부가구 수급자의 약 17%에 해당하며, 전체 기초연금 수급자인 4,581,406명에 대해서는 약 8.3%에 해당한다.
① 기초연금 수급자 대비 국민연금 동시 수급자의 비율은 2017년이 719,030 ÷ 3,630,147 × 100 = 19.8%이며, 2024년이 1,541,216 ÷ 4,581,406 × 100 = 33.6%이다.
② 4,581,406 ÷ 6,987,489 × 100 = 65.6%이므로 올바른 설명이다.
③ 전체 수급자는 4,581,406명이며, 이 중 2,351,026명이 단독가구 수급자이므로 전체의 약 51.3%에 해당한다.
⑤ 2017년부터 2025년까지 65세 이상 노인인구는 꾸준히 증가하고 있다.

11 ①

㈎ 남성은 2021년에 전년과 동일하였고 이후 줄곧 증가하였으나, 여성은 2022년부터 감소세에서 증가세로 반전했음을 알 수 있다. (O)
㈏ 69.0% → 68.9% → 68.4% → 67.5% → 67.0% → 66.8%로 매년 감소하였다. (O)
㈐ 2024년은 21.2 ÷ 64.3 × 100 = 33.0%이나, 2025년은 22.6 ÷ 68.1 × 100 = 33.2%로 남성의 비중이 가장 높은 해이다. (X)
㈑ 2024년의 증가율은 (64.3 − 60.4) ÷ 60.4 × 100 = 약 6.5%이며, 2025년의 증가율은 (68.1 − 64.3) ÷ 64.3 × 100 = 약 5.9%이다. (O)

12 ③

• 2026년 남성 우울증 환자 수: 22.6 × 1.1 = 24.86만 명
• 2026년 여성 우울증 환자 수: 45.5 × 0.9 = 40.95만 명
따라서 2026년 전체 우울증 환자 수는 24.86 + 40.95 = 65.81만 명이다.

13 ⑤

① 팀 선수 평균 연봉 = $\frac{총\ 연봉}{선수\ 인원수}$

A : $\frac{15}{5} = 3$

B : $\frac{25}{10} = 2.5$

C : $\frac{24}{8} = 3$

D : $\frac{30}{6} = 5$

E : $\frac{24}{6} = 4$

② C팀 2024년 선수 인원수 $\frac{8}{1.333} = 6$명, 2025년 선수 인원수 8명

D팀 2024년 선수 인원수 $\frac{6}{1.5} = 4$명, 2025년 선수 인원수 6명

C, D팀은 모두 전년대비 2명씩 증가하였다.

③ A팀의 2024년 총 연봉은 $\frac{15}{1.5} = 10$억 원, 2024년 선수 인원수는 $\frac{5}{1.25} = 4$명

2024년 팀 선수 평균 연봉은 $\frac{10}{4}=2.5$억 원

2025년 팀 선수 평균 연봉은 3억 원

④ 2024년 선수 인원수를 구해보면 A-4명, B-5명, C-6명, D-4명, E-5명

전년대비 증가한 선수 인원수는 A-1명, B-5명, C-2명, D-2명, E-1명

2024년 총 연봉을 구해보면 A-10억, B-10억, C-20억, D-25억, E-16억

전년대비 증가한 총 연봉은 A-5억, B-15억, C-4억, D-5억, E-8억

⑤ 2024년 총 연봉은 A팀이 10억 원, E팀이 16억 원으로 E팀이 더 많다.

14 ①

㉠ '거리 = 속도 × 시간'이므로,
- 정문에서 후문까지 가는 속도 : 20m/초 = 1,200m/분
- 정문에서 후문까지 가는데 걸리는 시간 : 5분
- 정문에서 후문까지의 거리 : $1200 \times 5 = 6,000$m

㉡ 5회 왕복 시간이 70분이므로,
- 정문에서 후문으로 가는데 소요한 시간 : 5회 × 5분 = 25분
- 후문에서 정문으로 가는데 소요한 시간 : 5회 × x분
- 쉬는 시간 : 10분
- 5회 왕복 시간 : $25 + 5x + 10$분 = 70분

∴ 후문에서 정문으로 가는데 걸린 시간 $x = 7$분

15 ③

㉠ "옆에 범인이 있다."고 진술한 경우를 ○, "옆에 범인이 없다."고 진술한 경우를 ×라고 하면

1	2	3	4	5	6	7	8	9
○	×	×	○	×	○	○	○	×
							시민	

- 9번이 범인이라고 가정하면

9번은 '옆에 범임이 없다.'고 진술하였으므로 8번과 1번 중에 범인이 있어야 한다. 그러나 8번이 시민이므로 1번이 범인이 된다. 1번은 "옆에 범인이 있다."라고 진술하였으므로 2번과 9번에 범인이 없어야 한다. 그러나 9번이 범인이므로 모순이 되어 9번은 범인일 수 없다.

- 9번이 시민이라고 가정하면

9번은 "옆에 범인이 없다."라고 진술하였으므로 1번도 시민이 된다. 1번은 "옆에 범인이 있다."라고 진술하였으므로 2번은 범인이 된다. 2번은 "옆에 범인이 없다."라고 진술하였으므로 3번도 범인이 된다. 8번은 시민인데 "옆에 범인이 있다."라고 진술하였으므로 9번은 시민이므로 7번은 범인이 된다. 그러므로 범인은 2, 3, 7번이고 나머지는 모두 시민이 된다.

㉡ 모두가 "옆에 범인이 있다."라고 진술하면 시민 2명, 범인 1명의 순으로 반복해서 배치되므로 옳은 설명이다.

㉢ 다음과 같은 경우가 있음으로 틀린 설명이다.

1	2	3	4	5	6	7	8	9
○	○	○	○	○	○	○	×	○
범인	시민	시민	범인	시민	범인	시민	시민	시민

16 ⑤

1. [이야기 내용] 마지막 문장에서 3사람 외에 다른 사람은 없었다고 하였으므로, 미용실에는 여자 미용사 1명, 여성 손님 1명, 남성 손님 1명이 있었다. → ○

2. 세 번째 문장에서 '커트 비용으로 여자 미용사는 ~'이라고 언급하고 있으므로 이 미용실의 미용사는 여성이다. → ○

3. 두 번째 문장에서 '여성에 대한 커트가 끝나자, 기다리던 남성도 머리를 커트하였다'라고 하였으므로 여자 미용사는 남성의 머리를 커트하였다. → ○

4. '커트 비용으로 여자 미용사는 남성으로부터 모두 10,000원을 받았다.' 이 문장만으로 '돈을 낸' 사람이 머리를 커트한 남자 손님이라고 단정할 수는 없다. 여자 손님이 낸 돈을 남자 손님이 미용사에게 건네주었을 수도 있다. → ×

5. [이야기 내용]만으로는 이 미용실의 일인당 커트 비용을 알 수 없다. → ×

6. 두 번째 문장에서 '여성에 대한 커트가 끝나자, 기다리던 남성도 머리를 커트하였다'라고 하였으므로 머리를 커트한 사람은 모두 2명이다. → ○

17 ⑤

㉠ 70명이 기권하면 기권표가 전체의 3분의 1 이상이 되므로 안건은 부결된다.

㉡ 104명이 반대하면 기권표가 없다고 가정할 경우 106명이 찬성을 한 것이고, 기권표를 제외해도 찬성표가 50%를 넘기 때문에 안건이 반드시 부결된다고 볼 수는 없다.

㉢ 141명이 찬성하면 나머지 69명이 기권 또는 반대를 하더라도 반드시 안건은 가결된다.

㉣ 안건이 가결될 수 있는 최소 찬성표를 구하면 69명이 기권하고 그 나머지에서 찬성이 50%를 넘는 것을 의미하므로 210 − 69 = 141명, 여기서 50%를 넘어야 하므로 71명 그러므로 최소 찬성표는 71표가 된다.

18 ⑤

⑤ 어머니와 본인, 배우자, 아이 셋을 합하면 戊의 가족은 모두 6명이다. 6인 가구의 월평균소득기준은 5,144,224원 이하로, 월평균소득이 480만 원이 되지 않는 戊는 국민임대주택 예비입주자로 신청할 수 있다.

① 세대 분리되어 있는 배우자도 세대구성원에 포함되므로 주택을 소유한 아내가 있는 甲은 국민임대주택 예비입주자로 신청할 수 없다.

② 본인과 배우자, 배우자의 부모님을 합하면 乙의 가족은 모두 4명이다. 4인 가구 월평균소득기준은 4,315,641원 이하로, 월평균소득이 500만 원을 넘는 乙은 국민임대주택 예비입주자로 신청할 수 없다.

③ 신청자인 丙의 배우자의 직계비속인 아들이 전 남편으로부터 아파트 분양권을 물려받아 소유하고 있으므로 丙은 국민임대주택 예비입주자로 신청할 수 없다.

④ 3천만 원짜리 자동차를 소유하고 있는 丁은 자동차에서 자산보유 기준을 충족하지 못하므로 국민임대주택 예비입주자로 신청할 수 없다.

19 ②

② 출입문을 개방하는 것은 비상코크를 작동함으로써 가능하다. 비상코크는 객차 내 의자 양 옆 아래쪽에 있다.

20 ④

50세인 최 부장은 기본점수가 100점 이었으나 성수기 2박 이용으로 40점(1박 당 20점)이 차감되어 60점의 기본점수가 남아 있으나 20대인 엄 대리는 미사용으로 기본점수 70점이 남아 있으므로 점수 상으로는 선정 가능성이 더 높다고 할 수 있다.

① 신청은 2개월 전부터 가능하므로 내년 이용 콘도를 지금 예약할 수는 없다.

② 신혼여행 근로자는 최우선 순위로 콘도를 이용할 수 있다.

③ 선정 결과는 유선 통보가 아니며 콘도 이용권을 이메일로 발송하게 된다.

⑤ 이용자 직계존비속 사망에 의한 취소의 경우이므로 벌점 부과 예외사항에 해당된다.

21 ④

모두 월 소득이 243만 원 이하이므로 기본점수가 부여되며, 다음과 같이 순위가 선정된다.

우선, 신혼여행을 위해 이용하고자 하는 B씨가 1순위가 된다. 다음으로 주말과 성수기 선정 박수가 적은 신청자가 우선순위가 되므로 주말과 성수기 이용 실적이 없는 D씨가 2순위가 된다. A씨는 기본점수 80점, 3일 전 취소이므로 20점(주말 2박) 차감을 감안하면 60점의 점수를 보유하고 있으며, C씨는 기본점수 90점, 성수기 사용 40점(1박 당 20점) 차감을 감안하면 50점의 점수를 보유하게 된다. 따라서 최종순위는 B씨 – D씨 – A씨 – C씨가 된다.

22 ①

100만 원을 초과하는 금액을 법인카드로 결제할 경우, 대표이사를 최종결재권자로 하는 법인카드신청서를 작성해야 한다. 따라서 문서의 제목은 법인카드신청서가 되며, 대표이사가 최종결재권자이므로 결재란에 '전결' 또는 상향대각선 등 별다른 표기 없이 작성하면 된다.

23 ⑤

50만 원 이하의 출장비신청서가 필요한 경우이므로 전결규정에 의해 본부장을 최종 결재권자로 하는 출장비신청서가 필요하다. 따라서 본부장 결재란에는 '전결'이라고 표시하고 최종 결재권자란에 본부장이 결재를 하게 된다.

24 ③

㉠ [O] 전동차 분야의 2024년 소계액은 1,488억 원, 2025년 소계액은 1,672억 원으로 모든 분야 중 가장 큰 금액이다.
㉡ [O] 2024년 공기질 개선 측정기구에 대한 투자액은 0원이므로 2025년에 새롭게 투자한 항목이라는 것을 알 수 있다.
㉢ [×] 노후 전선로 및 노후 전력설비를 개량하는 데 투자한 금액의 합은 2024년에 423억 원으로, 노후시설 개선 전체 투자금액 1,076억 원의 약 39%를 차지한다. 2025년 역시 두 내역의 금액 합은 461억 원으로, 노후시설 개선 투자금액의 48% 비중이다. 따라서 두 해 모두 노후 전선로 및 노후 전력설비를 개량 비용은 노후시설 개선 분야의 투자 금액 중 절반에 못 미친다.
㉣ [O] 도표 중 증감란을 보면, 세부 내역 모두에서 감소(△) 표시가 없는 분야는 '공기질'과 '디지털 기반 안전시스템(SCM)'임을 알 수 있다.

25 ②

② 해당 내용은 조직도를 통해 타당하게 유추하기 어렵다. 철도안전법상 관제자격증명의 신체검사는 서울교통공사의 종합관제단이 아니라 국토교통부장관이 실시한다.

26 ⑤

⑤ 데이터는 논리적 및 전사적으로 통합된 공동의 저장소에 수집·저장·제공되어야 한다. 또한 정보 수요자의 정보 활용 공통기반을 구축하고, 운영 및 유지하여야 한다.

27 ⑤

차트는 '가로 막대형'이며, 부서명은 '오름차순', 순위 [E4]셀 함수식은 '=RANK(D4,$D$4:$D$8,0)'이므로 ㉠, ㉡, ㉢ 모두 맞다.

28 ③

특정 값을 일시적으로 필터링하는 기능인 필터 기능을 사용하여 '승차'값만 확인하는 것이 가장 적절하다.

29 ③

① '승차/하차'를 나타내는 '구분' 열이 삭제되었다.
② [B2:I6]의 셀은 각 지하철역별 승차 인원수와 하차 인원수를 더한 값을 표현하고 있다.
④ [J2:J6]은 스파크라인을 이용하여 셀 안에 차트를 삽입하였다.
⑤ [B7:I7]은 average 함수를 이용하여 시간대별 평균 이용자수를 나타낸 값이다.

30 ②

제시된 항목 중 직접비는 직원 급여, 출장비, 설비비, 자재대금으로 총액 4,000만 원이며, 간접비는 사무실 임대료, 수도/전기세, 광고료, 비품, 직원 통신비로 총액 1,025만 원이다. 따라서 출장비가 280만 원이 되면 직접비 총액이 4,080만 원이 되므로 여전히 간접비는 직접비의 25%가 넘게 된다.
① 30만 원이 절약되므로 간접비는 직접비의 25% 이하가 된다.
③ 간접비가 35만 원 절약되므로 팀장의 지시 사항에 어긋나지 않게 된다.
④ 간접비 총액이 1,000만원 밑으로 내려가므로 팀장의 지시 사항에 어긋나지 않게 된다.
⑤ 직접비가 220만 원 상승하므로 팀장의 지시 사항에 어긋나지 않게 된다.

31 ④

일반적 질병으로 60일 병가를 모두 사용하였고, 부상으로 인한 지각·조퇴·외출 누계 허용 시간인 8시간을 1시간 넘겼으므로 규정 내의 병가 사용이라고 볼 수 없다.
① 공무상 질병으로 인한 병가는 180일 이내이며, 조퇴 누계 시간이 8시간 미만이므로 규정 내에서 사용하였다.
② 일반적 질병으로 60일 범위 내에서 사용한 병가이므로 규정 내에서 사용하였다.
③ 정직일수는 병가일수에서 공제하여야 하므로 60일(정직 30일 + 공무상 병가 30일)의 공무상 병가이며, 지각 누계 시간이 8시간 미만이므로 규정 내에서 사용하였다.
⑤ 진단서 없이 6일간의 기한 내 병가 사용이며 지각·조퇴·외출 누계 시간이 각각 6시간으로 규정 내에서 사용하였다.

32 ④

◐, ◉을 차례로 눌러서 다음과 같이 변화되었음을 알 수 있다.

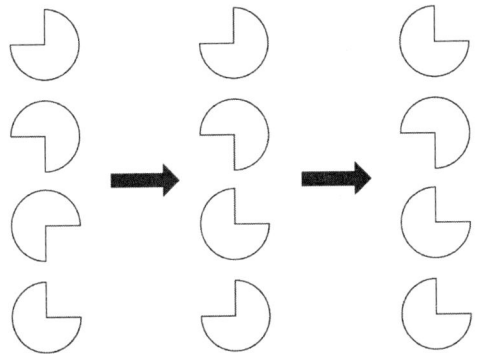

33 ②

4차 산업발전이 제공하는 스피드와 만족과 더불어서 C2C(Customer to Customer)는 인터넷을 통한 직거래 또는 물물교환, 경매 등에서 특히 많이 활용되는 전자상거래 방식이다. C 쇼핑이 제공하는 서비스는 "수수료를 받지 않고 개인 간 물품거래를 제공하는 스마트폰 애플리케이션 '오늘 마켓'을 서비스 한다"라는 구절을 보면 알 수 있다.

34 ①

크로스도크(Cross Dock) 방식을 사용할 경우 대내 운송품은 유통센터에 하역되고 목적지별로 정렬되고 이어 트럭에 다시 실리는 과정을 거치게 된다. 재화는 실제로 전혀 창고에 들어가지 않으며 단지 도크를 거쳐 이동할 뿐이며, 이로 인해 최소 재고를 유지하고, 유통비용을 줄일 수 있다.

35 ④

④ 김 대리는 현대 일본을 상대로 하는 무역회사에 다니고 있으므로 고급 일본어를 수강하겠다는 것은 현재 직무를 고려한 자기개발이다.

36 ⑤

㉤은 '언행일치'와 관련한 내용으로 행동과 말을 일치시키는 것이 대인관계 향상에 매우 중요함을 보여주고 있다.

37 ④

박스 안의 고객은 전문가처럼 보이고 싶어하는 고객의 유형에 해당한다. 이러한 유형의 고객에게는 정면 도전을 피하고 고객이 주장하는 내용의 문제점을 스스로 느낄 수 있도록 대안이나 개선에 대한 방안을 유도해 내도록 해야 한다. 또한, 대화 중에 반론을 하거나 자존심을 건드리는 행위를 하지 않도록 주의하며 자신의 전문성을 강조하지 말고 문제 해결에 초점을 맞추어 고객의 무리한 요망사항에 대체할 수 있는 사실을 언급한다.

38 ②

② '내가'라는 자아의식의 과잉은 팀워크를 저해하는 대표적인 요인이 될 수 있다. 팀워크는 팀 구성원이 공동의 목적을 달성하기 위해 상호 관계성을 가지고 서로 협력하여 일을 해나가는 것인 만큼 자아의식이 강하거나 자기중심적인 이기주의는 반드시 지양해야 할 요소가 된다.

39 ④

가. 악수를 하는 동안에는 상대에게 집중하는 의미로 반드시 눈을 맞추고 미소를 짓는다.
다. 처음 만나는 사람과의 악수라도 손끝만을 잡는 행위는 상대방을 존중한다는 마음을 전달하지 못하는 행위이다.
바. 정부 고관을 지낸 사람을 소개할 경우 퇴직한 사람이라도 직급명은 그대로 사용해 주는 것이 일반적인 예절로 인식된다.

40 ③

제시된 상황은 대표적으로 직업윤리와 개인윤리가 충돌하는 상황이라고 할 수 있다. 직무에 따르는 업무적 책임 사항은 반드시 근무일에만 적용된다고 판단하는 것은 올바르지 않으며, 불가피한 경우 휴일에도 직무상 수행 업무가 발생할 수 있음을 감안하는 것이 바람직한 직업윤리의식일 것이다. 따라서 이러한 경우 직업윤리를 우선시하는 것이 바람직하다. 선택지 ④와 같은 경우는 대안을 찾는 경우로서, 책임을 다하는 태도라고 할 수 없다.

✎ 직무수행능력평가(전기일반)

1 ②

$$C(S) = G(S)R(S) = \frac{S}{S+\frac{1}{RC}} \times \frac{1}{S} = \frac{1}{S+\frac{1}{RC}}$$

$$C(t) = \pounds^{-1}[C(S)] = e^{-\frac{1}{RC}t}$$

지수적으로 감소하는 그래프가 나타난다.

2 ⑤

선전하에 의한 전계는 $E = \frac{\lambda}{2\pi\epsilon r}[V/m]$로서 거리 r에 반비례하지만, 전위는 무한대이다.

$E = -gradV[V/m]$

$$V = -\int_{\infty}^{r} E \cdot dr = \int_{r}^{\infty} \frac{\rho}{2\pi\epsilon_o r} dr = \frac{\rho}{2\pi\epsilon_o}[\ln r]_r^{\infty} = \infty$$

3 ③

$$C_0 = \frac{C_1 C_2}{C_1 + C_2} + C_x$$

$$C_x = C_0 - \frac{C_1 C_2}{C_1 + C_2} = 3.4 - \frac{2 \times 3}{2+3} = 2.2[\mu F]$$

4 ①

$E = \frac{V}{d}$, $C = \frac{\epsilon A}{d}$

$$E = \frac{V \cdot C}{\epsilon_0 \epsilon_R A} = \frac{10 \times 10 \times 10^{-6}}{8.855 \times 10^{-12} \times 10 \times 100 \times 10^{-4}} \fallingdotseq 1.13 \times 10^8 [V/m]$$

5 ④

동심구의 전위 $V = \frac{Q}{4\pi\epsilon_0}\left(\frac{1}{a} - \frac{1}{b} + \frac{1}{c}\right)[V]$

전위계수 $P = \frac{V}{Q} = \frac{1}{4\pi\epsilon_0}\left(\frac{1}{a} - \frac{1}{b} + \frac{1}{c}\right)$

6 ①

합성 인덕턴스가 큰 것이 가극성, 작은 것이 감극성이다.
따라서,
가극성의 경우 $L = L_1 + L_2 + 2M = 20[\text{mH}]$
감극성의 경우 $L' = L_1 + L_2 - 2M = 8[\text{mH}]$
두 식을 차감하면 $4M = 12[\text{mH}]$, $M = 3[\text{mH}]$

7 ⑤

$B = \mu H = \mu_0 \mu_R H = 4\pi \times 10^{-7} \times 1 \times 10^5 = 0.1256 [\text{Wb/m}^2]$
$V = Blv\sin\theta = 0.1256 \times 40 \times 10^{-2} \times 25 \times 1 ≒ 1.26[V]$

8 ③

$R_{윗줄} = \dfrac{30 \times 60}{30 + 60} + 20 = 40[\Omega]$, $R_{아랫줄} = 40[\Omega]$이므로 전체 합성 저항은 $20[\Omega]$

전전류는 $I = \dfrac{E}{R} = \dfrac{120}{20} = 6[A]$

$R_{윗줄}$에 흐르는 전류 $3[A]$, $R_{아랫줄}$에 흐르는 전류 $3[A]$

따라서 $30[\Omega]$에 흐르는 전류는 $I_{30} = \dfrac{60}{30 + 60} \times 3 = 2[A]$

9 ③

회로의 전류 $I = \dfrac{V_C}{X_C} = \dfrac{45}{3} = 15[A]$

$V = ZI = \sqrt{R^2 + (X_L - X_C)^2} \cdot I$
$= \sqrt{4^2 + (6-3)^2} \times 15 = 75[V]$

10 ②

$l \gg l_g$이므로 자기 저항은 $1 + \dfrac{\mu l_g}{\mu_0 l} = 1 + \mu_s \dfrac{l_g}{l}$ 배이므로

$\dfrac{R'}{R} = 1 + \dfrac{\mu l_g}{\mu_0 l} = 1 + \mu_s \dfrac{l_g}{l} = 1 + 1,000 \times \dfrac{1 \times 10^{-3}}{1} = 1 + 1 = 2$배

11 ③

피상전력을 P_a, 무효전력을 P_r이라면
$P_a = \sqrt{3} \, VI = \sqrt{3} \times 200 \times 8.6 ≒ 2,980 [\text{VA}]$
$P_r = P_a \sin\theta$에서
$\sin\theta = \dfrac{P_r}{P_a} = \dfrac{1,788}{2,980} = 0.6$
$\therefore \cos\theta = \sqrt{1 - \sin^2\theta} = \sqrt{1 - 0.6^2} = 0.8$

12 ①

$\begin{bmatrix} A & B \\ C & D \end{bmatrix} = \begin{bmatrix} 1 + \dfrac{Z_1}{Z_2} & Z_1 \\ \dfrac{1}{Z_2} & 1 \end{bmatrix}$

$\therefore r = \cosh^{-1} \dfrac{A + D}{2} = \cosh^{-1} \dfrac{1 + \dfrac{Z_1}{Z_2} + 1}{2}$
$= \cosh^{-1} \left(1 + \dfrac{Z_1}{2Z_2}\right)$

13 ④

$\begin{bmatrix} I_1 \\ I_2 \end{bmatrix} = \begin{bmatrix} Y_{11} & Y_{12} \\ Y_{21} & Y_{22} \end{bmatrix} \begin{bmatrix} V_1 \\ V_2 \end{bmatrix} = \begin{bmatrix} \dfrac{1}{6} & -\dfrac{1}{12} \\ -\dfrac{1}{12} & \dfrac{1}{6} \end{bmatrix} \begin{bmatrix} 36 \\ 24 \end{bmatrix} = \begin{bmatrix} 4 \\ 1 \end{bmatrix}$

14 ③

직렬요소는 커패시턴스로 $C_1 = \dfrac{1}{4\pi f_c K} = \dfrac{1}{4\pi f_c R}$

병렬요소는 인덕턴스 $L_2 = \dfrac{K}{4\pi f_c} = \dfrac{R}{4\pi f_c}$

15 ②

RL 직렬회로이므로 $i = \dfrac{V}{R}\left(1 - \epsilon^{-\frac{R}{L}t}\right)[A]$이다.

16 ①

$$v = 220\sqrt{2}\sin\left(\omega t + \frac{\pi}{4}\right) = 220(\cos 45° + j\sin 45°)$$
$$= 110\sqrt{2} + j110\sqrt{2}$$
$$i = 5\sqrt{2}\sin\left(\omega t + \frac{\pi}{3}\right) = 10(\cos 60° + j\sin 60°) = 5 - j5\sqrt{2}$$
$$Z = \frac{v}{i} = \frac{110\sqrt{2} + j110\sqrt{2}}{5 - j5\sqrt{2}}$$
$$= \frac{110\sqrt{2} + j110\sqrt{2}}{5 - j5\sqrt{2}} \times \frac{5 + j5\sqrt{2}}{5 + j5\sqrt{2}}$$
$$= \frac{(110\sqrt{2} + j110\sqrt{2}) \times (5 + j5\sqrt{2})}{5^2 + (5\sqrt{2})^2} = 42.5 - j11.4$$

17 ②

가우스의 선속정리는 면적분을 체적적분으로 변환하는 식이다.
면에서 수직으로 발산되는 전계의 크기는 체적에서 발산되는 적분의 크기와 같다.

$$\int_s E \cdot n\,ds = \int_v div E\,dv$$

18 ②

직렬회로에서 Q가 일정하므로
$$Q = Q_1 = Q_2$$
$$V = V_1 + V_2 = \frac{Q}{C_1} + \frac{Q}{C_2} = Q\left(\frac{1}{C_1} + \frac{1}{C_2}\right)$$
따라서 $C = \dfrac{1}{\frac{1}{C_1} + \frac{1}{C_2}} = \dfrac{C_1 C_2}{C_1 + C_2}$

19 ④

△결선을 Y결선으로 바꾸었을 때 각 상당 저항
$$R = 3r + \frac{3r}{3} = 4r\,[\Omega]$$
선전류 $I_l = \dfrac{\frac{V}{\sqrt{3}}}{R} = \dfrac{\frac{V}{\sqrt{3}}}{4r} = \dfrac{200\sqrt{3}}{4 \times 2 \times \sqrt{3}} = 25\,[A]$

20 ⑤

능동소자는 수동소자에 에너지를 공급할 수 있는 능력을 갖춘 소자를 말한다. 능동소자는 양의 값을 갖는다.

21 ④

특성 방정식 $LCS^2 + RCS + 1 = 0$인 S값을 구하여 제곱근에 나타난 특성을 파악하여야 한다.
$R^2 - \dfrac{4L}{C}$값을 기준으로 하여 이 값이 음(-)수가 되어야 감쇠진동(부족제동) 조건에 만족할 수 있다.
$$R < 2\sqrt{\frac{L}{C}}$$

22 ②

자기 회로의 단면적을 $S[\text{m}^2]$, 길이를 $l[\text{m}]$, 투자율을 μ라 하면
자기 저항 $R_m = \dfrac{l}{\mu S} = \dfrac{l}{\mu_0 \mu_s S}\,[\text{AT/Wb}]$

23 ⑤

$$I = \frac{V}{R} = \frac{120}{20}\sin\omega t = 6\sin\omega t\,[A]$$
$$P = VI = 120\sin\omega t \times 6\sin\omega t = 720\sin^2\omega t\,[W]$$

24 ②

$W = \dfrac{1}{2}CV^2$에서 C에 대해 정리하면
$$C = \frac{2W}{V^2} = \frac{2 \times 100}{100^2} = 0.02\,[F]$$

25 ⑤

$$H = \frac{NI}{2\pi r} = \frac{NI}{l} = \frac{200 \times 0.5}{40 \times 10^{-2}} = 250\,[\text{AT/m}]$$

26 ②

평등 자속밀도 $B[\text{Wb/m}^2]$, 길이 $l[\text{m}]$에 직선 전류 $I[A]$가 흐를 때 도체가 받는 힘의 크기 F는 다음과 같다.
$$F = BlI\sin\theta\,[\text{N/m}]$$

27 ②

변위 전류밀도 $i_d = \frac{\partial D}{\partial t} = \epsilon \frac{\partial E}{\partial t} \propto \epsilon [\text{A/m}^2]$

$D = \epsilon E$로서 유전체에 비례한다.

28 ③

$$H = H_1 + H_2$$
$$= \frac{6.33 \times 10^4 \times 3 \times 10^{-3}}{3^2} + \frac{6.33 \times 10^4 \times 6 \times 10^{-3}}{3^2}$$
$$= 21.1 + 42.2 = 63.3 [\text{AT/m}]$$

29 ①

동기 전동기에서 전기자 전류의 위상은 공급 전압에 대한 위상을 말하므로 전기자 반작용을 살펴보면 공급 전압은 유기기전력과 반대 방향이 되어 발전기의 경우와 반대가 된다.
㉠ 전기자 전류와 공급 전압이 동상일 경우 : 자화 작용
㉡ 전기자 전류가 공급 전압보다 앞설 경우 : 감자 작용
㉢ 전기자 전류가 공급 전압보다 뒤질 경우 : 증자 작용

30 ④

동기 발전기의 병렬 운전 중 한 쪽의 여자전류를 증가시키면 발전기의 역률은 나빠지고 다른 한 쪽 발전기의 역률은 좋아진다.

31 ②

$P = 5[\text{kW}]$, $V = 100[\text{V}]$, $I_a = 50[\text{A}]$, $V_f = 50[\text{V}]$, $I_f = 5[\text{A}]$, $R_a = 0.2[\Omega]$, $e_b = 2[\text{V}]$이므로

$R_f = \frac{V_f}{I_f} = \frac{50}{5} = 10[\Omega]$

$I = I_a = \frac{P}{V} = \frac{5 \times 10^3}{100} = 50[\text{A}]$

$V_0 = E = V + I_a R_a + e_b = 100 + (50 \times 0.2) + 2 = 112[\text{V}]$

32 ②

$M = k\sqrt{L_1 L_2} [\text{H}]$
누설자속이 없을 경우 $k = 1$이므로
상호 인덕턴스 $M = \sqrt{L_1 L_2} = \sqrt{50 \times 200} = 100[\text{mH}]$

33 ⑤

변압기의 병렬 운전 조건
㉠ 각 변압기의 극성이 같을 것
㉡ 각 변압기의 권수비가 같을 것
㉢ 각 변압기의 1차, 2차 정격전압이 같을 것
㉣ 각 변압기의 백분율 임피던스 강하가 같을 것
㉤ 3상 변압기의 경우 상회전 방향과 각 변위가 같을 것
※ 변압기를 이상적으로 병렬 운전하기 위한 조건
　㉠ 무부하에서 순환전류가 흐르지 않을 것
　㉡ 부하전류가 용량에 비례해서 각 변압기에 흐를 것
　㉢ 각 변압기의 부하전류가 같은 위상이 될 것

34 ②

회생 제동 … 유도 전동기를 전원에 연결한 상태에서 유도 발전기로 동작시켜 발생 전력을 전원으로 반환하면서 제동을 하는 방법이다. 기계적 제동과 같은 큰 발열이 없고 마모도 적으며 또한 전력 회수에도 유리하다. 특히 권선형에 많이 사용한다.

35 ②

$L = \frac{\mu A N^2}{l}$
$= \frac{4\pi \times 10^{-7} \times 1,500 \times 30 \times 10^{-4} \times 425^2}{50 \times 10^{-2}} = 2[\text{H}]$

$W = \frac{1}{2}LI^2 = \frac{1}{2} \times 2 \times 0.5^2 = 0.25[\text{J}]$

36 ③

송전선로 철탑에 역섬락을 방지하는 가장 유효한 방법은 탑각 접지저항을 작게 하는 것이다.

37 ②

부하와 병렬로 전력용 콘덴서를 설치하여 역률을 개선하므로 전기요금의 절감, 설비 이용률의 증가, 전력손실의 저감, 전압 강하를 감소시킬 수 있다. 그러나 선로절연비용과는 관계가 없다.

38 ③

① 부하율 = $\dfrac{\text{평균전력}}{\text{최대 수용전력}} \times 100\%$

② 수용률 = $\dfrac{\text{최대 수용전력}}{\text{설비용량}} \times 100\%$

③ 부등률 = $\dfrac{\text{개개의 최대 수용전력의 합}}{\text{합성 최대 수용전력}}$

⑤ 왜형률 = $\dfrac{\text{전고조파의 실횻값}}{\text{기본파의 실횻값}}$

39 ③

페란티 현상 … 수전단전압이 송전단전압보다 높아지는 현상으로 경부하와 무부하시에 충전전류의 영향이 커져 선로에 90° 가까운 앞선 전류가 흐르면서 발생한다. 단위 길이당 정전용량이 클수록, 송전길이가 길수록 심해진다.

40 ②

애자의 열화 원인

㉠ 급격한 온도변화에 의해 열팽창계수가 다른 자기, 시멘트 및 철 등의 각부에 응력이 가해지고 균열이 발생
㉡ 시멘트의 경화와 팽창에 의한 응력
㉢ 상시전압과 이상전압에 의한 전기적 응력
㉣ 염해, 진해에 의한 누설전류, 코로나 방전, 섬락 등에 의한 국부과열
㉤ 기계적 응력
㉥ 제조상의 결함

제5회 정답 및 해설

직업기초능력평가

1 ④

④ '발굴'은 세상에 널리 알려지지 않거나 뛰어난 것을 찾아 밝혀낸다는 의미로, 發(필 발)掘(팔 굴)로 쓴다.

2 ④

④ '제공(提供)'은 '갖다 주어 이바지함'의 의미로 '자료 제공', '정보 제공' 등의 형태로 쓰인다. 홈페이지에 게시된 콘텐츠나 홈페이지에서 지원하고 있는 서비스를 모두 포괄할 수 있는 맥락에서 보기 중 빈칸에 들어가기 가장 적절한 단어는 '제공'이다.
① 공급 : 요구나 필요에 따라 물품 따위를 제공함
② 공고 : 국가 기관이나 공공 단체에서 일정한 사항을 일반 대중에게 광고, 게시, 또는 다른 공개적 방법으로 널리 알림
③ 공표 : 여러 사람에게 널리 드러내어 알림
⑤ 생산 : 인간이 생활하는 데 필요한 각종 물건을 만들어 냄

3 ⑤

⑤ 형태가 일정한 물체의 회전 운동 에너지는 회전 속도의 제곱에 정비례하므로 물체의 회전 속도가 2배가 되면 회전 운동 에너지는 4배가 된다.

4 ④

① 돌림힘의 크기는 회전축에서 힘을 가하는 점까지의 거리와 가해 준 힘의 크기의 곱으로 표현된다. 따라서 갑의 돌림힘의 크기는 1m × 300N = 300N · m이고, 을의 돌림힘의 크기는 2m × 200N = 400N · m이다. 따라서 갑의 돌림힘의 크기가 을의 돌림힘의 크기보다 작다.
② 두 돌림힘의 방향이 서로 반대이므로 알짜 돌림힘의 방향은 더 큰 돌림힘의 방향과 같다. 따라서 알짜 돌림힘의 방향의 을의 돌림힘의 방향과 같다.
③ 두 돌림힘의 방향이 반대이지만, 돌림힘의 크기가 다르므로 알짜 돌림힘은 0이 아니고, 돌림힘의 평형도 유지되지 않는다.
⑤ 두 돌림힘의 방향이 서로 반대이면 알짜 돌림힘의 크기는 두 돌림힘의 크기의 차가 된다. 따라서 알짜 돌림힘의 크기는 400 - 300 = 100N · m이다.

5 ②

제시된 제7조~제12조까지의 내용은 각 조항별로 각각 인원보안 업무 취급 부서, 비밀취급인가 대상자, 비밀취급인가 절차, 비밀취급인가대장, 비밀취급인가의 제한 조건, 비밀취급인가의 해제 등에 대하여 언급하고 있다.
② 비밀의 등급이나 비밀에 해당하는 문서, 정보 등 취급인가 사항에 해당되는 비밀의 구체적인 내용에 대해서는 언급되어 있지 않다.

6 ③

1천만 원 이상의 과태료가 내려지게 되면 공표 조치의 대상이 되나, 모든 공표 조치 대상자들이 과태료를 1천만 원 이상 납부해야 하는 것은 아니다. 과태료 금액에 의한 공표 대상자 이외에도 공표 대상에 포함될 경우가 있으므로 반드시 1천만 원 이상의 과태료가 공표 대상자에게 부과된다고 볼 수는 없다.
① 행정처분의 종류를 처분 강도에 따라 구분하였으며, 이에 따라 가장 무거운 조치가 공표인 것으로 판단할 수 있다.

7 ②

- 첫 날 매출 : $3,000 \times 10 = 30,000$
- 둘째 날 매출 : $2,500 \times 10 = 25,000$
- 셋째 날 매출 : $2,000 \times 10 = 20,000$
- 넷째 날 매출 : $1,500 \times 10 = 15,000$
- 다섯째 날 매출 : $1,000 \times 10 = 10,000$

따라서 해당 제품은 5일 동안 판매되었다.

8 ⑤

⑤ E에 들어갈 값은 37.9 + 4.3 = 42.2이다.

9 ③

재정력지수가 1.000 이상이면 지방교부세를 지원받지 않는다. 따라서 3년간 지방교부세를 지원받은 적이 없는 지방자치단체는 서울, 경기 두 곳이다.

10 ②

인사이동에 따라 A지점에서 근무지를 다른 곳으로 이동한 직원 수는 모두 32 + 44 + 28 = 104명이다. 또한 A지점으로 근무지를 이동해 온 직원 수는 모두 16 + 22 + 31 = 69명이 된다. 따라서 69 - 104 = -35명이 이동한 것이므로 인사이동 후 A지점의 근무 직원 수는 425 - 35 = 390명이 된다.
같은 방식으로 D지점의 직원 이동에 따른 증감 수는 83 - 70 = 13명이 된다. 따라서 인사이동 후 D지점의 근무 직원 수는 375 + 13 = 388명이 된다.

11 ④

④ 범수 = 30 + 4 × 7 = 58
① 용식 = 5 + 5 × 10 = 55
② 재원 = 25 + 2 × 10 = 45
③ 효봉 = 20 + 4 × 7 = 48
⑤ 지수 = 35 + 6 × 2 = 47

12 ①

A : 20,000,000 + 10(2,000 × 1,700) = 54,000,000원
D : 35,000,000 + 10(1,000 × 1,700) = 52,000,000원
따라서 A자동차의 필요경비가 D자동차의 필요경비보다 많다.

13 ③

지방도로의 주행거리에서 가장 높은 수단과 가장 낮은 수단과의 주행거리 차이는 승용차의 주행거리에서 화물차의 주행거리를 뺀 값으로 (61,466 - 2,387 = 59,079km)이다.

14 ④

④ 대학로점 손님은 마카롱을 먹지 않은 경우에도 알레르기가 발생했고, 강남점 손님은 마카롱을 먹고도 알레르기가 발생하지 않았다. 따라서 대학로점, 홍대점, 강남점의 사례만을 고려하면 마카롱이 알레르기 원인이라고 볼 수 없다.

15 ①

㉠ 갑과 을 모두 경제 문제를 틀린 경우
갑과 을의 답이 갈리는 경우만 생각하면 되므로 2, 4, 6, 7번만 생각하면 된다.
갑은 나머지 문제를 틀리게 되면 80점을 받을 수 없다. 을은 2, 4, 6, 7을 모두 맞췄다면 모두 10점짜리라고 하더라도 최대 점수는 60점이 되므로 갑과 을 모두 경제 문제를 틀린 경우는 있을 수 없다.

㉡ 갑만 경제 문제를 틀렸다면 나머지는 다 맞춰야 한다.
- 2, 4, 6, 7번 중 하나가 경제일 경우 갑은 정답이 되고 을은 3개가 틀리게 된다. 3개를 틀려서 70점을 받으려면 각 배점은 10점짜리이어야 하므로 예술 문제를 맞춘 게 된다.
- 2, 4, 6, 7번 중 하나가 경제가 아닌 경우 을은 4문제를 틀린 게 되므로 70점을 받을 수 없다. 그러므로 갑이 경제 문제를 틀렸다면 갑과 을은 모두 예술 문제를 맞춘 것이 된다.

㉢ 갑이 역사 문제 두 문제를 틀렸다면
- 2, 4, 6, 7번 문항에서 모두 틀린 경우 을은 2, 4, 6, 7번에서 2문제만 틀리고 나머지는 정답이 되므로 을은 두 문제를 틀리고 30점을 잃었으므로 경제 또는 예술에서 1문제, 역사에서 1문제를 틀린 게 된다.
- 2, 4, 6, 7번 문항에서 1문제만 틀린 경우 을은 역사 1문제를 틀리고, 2, 4, 6, 7번에서 3문제를 틀리게 된다. 그러면 70점이 안되므로 불가능하다.
- 2, 4, 6, 7번 문항에서 틀린 게 없는 경우 을은 역사 2문제를 틀리고, 2, 4, 6, 7번에서도 틀리게 되므로 40점이 된다.

16 ④

甲 국장은 전체적인 근로자의 주당 근로시간 자료 중 정규직과 비정규직의 근로시간이 사업장 규모에 따라 어떻게 다른지를 비교하고자 하는 것을 알 수 있다. 따라서 국가별, 연도별 구분 자료보다는 ④와 같은 자료가 요청에 부합하는 적절한 자료가 된다.

17 ④

㉠ a를 '을'팀이 맡는 경우 : 4개의 프로젝트를 맡은 팀이 2팀이라는 조건에 어긋난다. 따라서 a를 '을'팀이 맡을 수 없다.

갑	c, d, e	0 → 3개
을	a, b	1 → 3개
병		2 → 3개
정		2 → 3개
무		3 → 4개

㉡ f를 '갑'팀이 맡는 경우 : a, b를 '병'팀 혹은 '정'팀이 맡게 되는데 4개의 프로젝트를 맡은 팀이 2팀이라는 조건에 어긋난다. 따라서 f를 '갑'팀이 맡을 수 없다.

갑	f	0 → 1개
을	c, d, e	1 → 4개
병	a, b	2 → 4개
정		2 → 3개
무		3 → 4개

㉢ a, b를 '갑'팀이 맡는 경우 기존에 수행하던 프로젝트를 포함해서 2개의 프로젝트를 맡게 된다.

갑	a, b	0 → 2개
을	c, d, e	1 → 4개
병		2 → 3개
정		2 → 3개
무		3 → 4개

18 ④

①④ 거짓이나 그 밖의 부정한 방법으로 승인을 받은 경우에는 그 승인을 취소하여야 한다.
② 철도운영자는 안전관리체계의 변경승인을 받지 아니한 경우 6개월 이내의 기간을 정하여 업무의 제한이나 정지를 명할 수 있다.
③ 안전관리체계를 지속적으로 유지하지 아니하여 중대한 지장을 초래한 경우 국토교통부장관은 그 승인을 취소하거나 6개월 이내의 기간을 정하여 업무의 제한이나 정지를 명할 수 있다.
⑤ 안전관리체계의 유지 조항에 따른 시정조치명령을 이행하지 않은 경우 정당한 사유가 없을 시에만 처분 대상이 된다.

19 ⑤

제38조의9(인증정비조직의 준수사항) 제5호에서 '철도차량정비가 완료되지 않은 철도차량은 운행할 수 없도록 관리할 것'이라고 명시되어 있다.

20 ④

④ 예능 프로그램 2회 방송의 총 소요 시간은 1시간 20분으로 1시간짜리 뉴스와의 방송 순서는 총 방송 편성시간에 아무런 영향을 주지 않는다.
① 채널1은 3개의 프로그램이 방송되었는데 뉴스 프로그램을 반드시 포함해야 하므로, 기획물이 방송되었다면 뉴스, 기획물, 시사정치의 3개 프로그램이 방송되었다.
② 기획물, 예능, 영화 이야기에 뉴스를 더한 방송시간은 총 3시간 40분이 된다. 채널2는 시사정치와 지역 홍보물 방송이 없고 나머지 모든 프로그램은 1시간 단위로만 방송하므로 정확히 12시에 프로그램이 끝나고 새로 시작하는 편성 방법은 없다.
③ 9시에 끝난 시사정치 프로그램에 바로 이어진 뉴스가 끝나면 10시가 된다. 기획물의 방송시간은 1시간 30분이므로, 채널3에서 영화 이야기가 방송되었다면 정확히 12시에 기획물이나 영화 이야기 중 하나가 끝나게 된다.
⑤ 채널5에서는 1시간 30분짜리 기획물이 연속 2편 편성되었으므로 총 3시간이고, 1시간짜리 뉴스와, 20분짜리 지역 홍보물이 방송되고 정확히 12시에 어떤 프로그램이 끝나기 위해서는 40분짜리 예능이 방송되어야 한다.

21 ④

④ 채널2에서 영화 이야기 프로그램 편성을 취소하면 3시간 10분의 방송 소요시간만 남게 되므로 정각 12시에 프로그램을 마칠 수 없다.

① 기획물 1시간 30분 + 뉴스 1시간 + 시사정치 2시간 30분 = 5시간으로 정각 12시에 마칠 수 있다.

② 뉴스 1시간 + 기획물 1시간 30분 + 예능 40분 + 영화 이야기 30분 + 지역 홍보물 20분 = 4시간이므로 1시간짜리 다른 프로그램을 추가하면 정각 12시에 마칠 수 있다.

③ 시사정치 2시간 + 뉴스 1시간 + 기획물 1시간 30분 + 영화 이야기 30분 = 5시간으로 정각 12시에 마칠 수 있다.

⑤ 기획물 1시간 30분 × 2회 + 뉴스 1시간 + 영화 이야기 30분 × 2회 = 5시간으로 정각 12시에 마칠 수 있다.

22 ③

③ 정밀안전검사는 설치 후 15년이 도래하거나 결함 원인이 불명확한 경우, 중대한 사고가 발생하거나 또는 그 밖에 행정안전부장관이 정한 경우에 실시한다. 에스컬레이터에 쓰레기가 끼이는 단순한 사고가 발생하여 수리한 경우에는 수시검사를 시행하는 것이 적절하다.

23 ⑤

⑤ 쇼핑카트나 유모차, 자전거 등을 가지고 층간 이동을 쉽게 할 수 있도록 승강기를 설치하는 경우에는 계단형의 디딤판을 동력으로 오르내리게 한 에스컬레이터보다 평면의 디딤판을 동력으로 이동시키게 한 무빙워크가 더 적합하다.

24 ④

④ 조직 B와 같은 조직도를 가진 조직은 사업이나 제품별로 단위 조직화되는 경우가 많아 사업조직별 내부 경쟁을 통해 긍정적인 발전을 도모할 수 있다.

25 ④

OJT는 각 부서의 장이 주관하여 업무에 관련된 계획 및 집행의 책임을 지는 부서 내 교육훈련이므로 다수의 인원을 한 번에 교육시키기에는 부족하다.

26 ④

제시된 상황에서 오류 문자는 'TLENGO'이고, 오류 발생 위치는 'MEONRTD'이다. 두 문자에 사용된 알파벳을 비교했을 때 일치하는 알파벳은 T, E, N, O 4개이다. 판단 기준에 따라 '3 < 일치하는 알파벳의 개수'에 해당하므로 Final code는 Nugre이다.

27 ④

제시된 상황에서 오류 문자는 'ROGNATQ'이고, 오류 발생 위치는 'GOLLIAT'이다. 두 문자에 사용된 알파벳을 비교했을 때 일치하는 알파벳은 O, G, A, T 4개이다. 판단 기준에 따라 '3 < 일치하는 알파벳의 개수'에 해당하므로 Final code는 Nugre이다.

28 ②

입고연월일 250422 + 입고시간 P0414 + 경상북도 목장2 05J + 염소 치즈 5B
따라서 코드는 '250422P041405J5B'가 된다.

29 ④

경북 지역의 지역코드는 05이다. 보기에 제시된 제품코드의 지역코드가 모두 05이므로 모두 경북 지역에서 생산된 제품이라 폐기 대상이다. 다만 털 제품을 제외한다고 하였으므로 제품 종류가 산양 털(6C)인 ④는 폐기 대상이 아니다.

30 ③

③ 인공지능 전기·전자공학 연구 개발업 : dvAI70121

31 ④

④ ○○그룹에게 있어 A자원의 실익은 100만 원이고 B자원의 실익은 150만 원이므로 더 큰 실제의 이익을 주는 자원은 B자원이다.

32 ②

전체 예산은
9,994 + 49,179 + 91 + 669 + 7 + 60 = 60,000(백만 원)이다.
이 중 철도차량교체 예산의 비중은
9,994 ÷ 60,000 = 16.65666...이므로 16.7%이다.

33 ②

(가) 지방의 아파트가 2.5억 원일 경우 수도권의 아파트는 3억 원이므로 전세가는 각각 1.875억 원과 2.22억 원이 되어 차이가 2천만 원을 넘게 된다.
(나) 연립주택은 수도권이 매매가 대비 전세가가 65%로 더 낮고, 단독주택은 지방이 46%로 더 낮다.
(다) '종합'의 수치는 각각 세 가지 유형 주택의 전세가 지수의 단순 평균값이 아니다. 지역별 주택유형의 실제 수량에 근거한 수치이므로 해당 지역의 주택유형 분포 비율에 따라 평균값과 다르게 나타난다.
(라) 지방의 연립주택이 2억 원일 경우 수도권의 연립주택은 2.4억 원이므로 전세가는 각각 1.38억 원과 1.56억 원이 되어 차이가 2천만 원을 넘지 않게 된다.

34 ⑤

실외기 설치 시 주의사항에서는 실외기에서 토출되는 바람, 공기 순환, 보수 점검을 위한 공간, 지반의 강도, 배관의 길이 등을 감안한 위치 선정을 언급하고 있다. 따라서 보기 ⑤의 '배관 내 충진된 냉매를 고려한 배관 길이'가 실외기 설치 장소의 주요 감안 요건이 된다.

35 ②

보행자에게 토출구에서 나오는 바람이 닿지 않도록 하는 것은 설치 시 주의해야 할 사항이나, 토출구를 안쪽으로 돌려 설치하는 것은 뜨거운 공기가 내부로 유입될 수 있어 올바른 설치 방법으로 볼 수 없다.

36 ③

① 실무형　② 주도형　③ 순응형
④ 수동형　⑤ 소외형

※ 팔로워십 유형

㉠ 소외형
- 개성이 강한 사람으로 조직에 대해 독립적이고 비판적인 의견을 내어 놓지만 역할 수행에 있어서는 소극적인 유형
- 리더의 노력을 비판하면서도 스스로는 노력을 하지 않거나 불만스런 침묵으로 일관하는 유형으로 전체 팔로워의 약 15~20%를 차지
- 소외는 충족되지 않는 기대나 신뢰의 결여에서 비롯
- 본래 모범적인 팔로워였으나 부당한 대우나 리더와의 갈등 등으로 인해 변했을 가능성이 높음
- 모범적인 팔로워가 되기 위해서는 독립적, 비판적 사고는 유지하면서 부정적인 면을 극복하고 긍정적 인식을 회복하여 적극적으로 참여하는 사람이 되어야 함

㉡ 수동형
- 의존적이고 비판적이지 않으면서 열심히 참여도 하지 않는 유형
- 책임감이 결여되어 있고 솔선수범 하지 않으며 지시하지 않으면 주어진 임무를 수행하지 않는 유형으로 전체 팔로워의 약 5~10%의 소수를 차지
- 맡겨진 일 이상은 절대 하지 않음
- 리더가 모든 일을 통제하고 팔로워에게 규정을 지키도록 위협적인 수단을 사용할 때 많이 생기는 유형
- 모범적인 팔로워가 되기 위해서는 부하의 진정한 의미를 다시 배워야 하며, 자신을 희생하고 모든 일에 적극적으로 참여하는 방법을 익혀야 함

㉢ 순응형
- 독립적 비판적인 사고는 부족하지만 열심히 자신의 역할을 수행하는 유형
- 역할에는 불편해 하지 않지만 리더의 명령과 판단에 지나치게 의존하는 '예스맨' 유형으로 전체 팔로워의 약 20~30%를 차지
- 순종을 조장하는 사회적 풍토나 전체적인 리더 하에서 많이 나타나는 유형
- 모범적인 팔로워가 되기 위해서는 독립적이고 비판적인 사고를 높이는 자기 자신의 견해에 대해 자신감을 기르고, 조직이 자신의 견해를 필요로 함을 깨우쳐야 함

ⓒ 실무형
- 별로 비판적이지 않으며 리더의 가치와 판단에 의문을 품기도 하지만 적극적으로 대립하지도 않는 유형
- 시키는 일은 잘 수행하지만 모험을 보이지도 않는 유형으로 전체 팔로워의 약 25~30%를 차지
- 실무형 팔로워는 성격 탓도 있지만 사회나 조직이 불안한 상황에서 많이 나타남
- 모범적인 팔로워가 되기 위해서는 먼저 목표를 정하고 사람들의 신뢰를 회복해야 하며 자기보다는 다른 사람의 목표달성을 돕는 것에서부터 시작해야 함

ⓓ 주도형
- 스스로 생각하고 알아서 행동할 줄 알며 독립심이 강하고 헌신적이며 독창적이고 건설적인 비판도 하는 유형으로 리더의 힘을 강화시킴
- 자신의 재능을 조직을 위해서 유감없이 발휘하는 유형으로 전체 팔로워의 약 5~10%를 차지
- 솔선수범하고 주인의식이 있으며, 집단과 리더를 도와주고, 자신이 맡은 일보다 훨씬 많은 일을 하려고 함
- 다른 사람들도 배우고 따를 수 있는 역할과 가치관이 있음
- 적극적인 성향은 경험이나 능력에 기인하며, 동일 조직이나 다른 조직의 사람들과 상호 작용할 기회가 증대되어 사고와 행동성향이 훨씬 더 발전할 수 있음

37 ③

甲이 안전관리 수준평가에서 우수운영자 지정을 받기 위해서는 평가 기준에 맞게 행동해야 한다. ③은 안전관리 수준평가와 동떨어진 행동이므로 옳지 않다.

※ 철도운영자등에 대한 안전관리 수준평가의 대상 및 기준 등〈철도안전법 시행규칙 제8조〉
① 법 제9조의3제1항에 따른 철도운영자등의 안전관리 수준에 대한 평가의 대상 및 기준은 다음 각 호와 같다. 다만, 철도시설관리자에 대해서 안전관리 수준평가를 하는 경우 제2호를 제외하고 실시할 수 있다.
  1. 사고 분야
     가. 철도교통사고 건수
     나. 철도안전사고 건수
     다. 운행장애 건수
     라. 사상자 수
  2. 철도안전투자 분야 : 철도안전투자의 예산 규모 및 집행 실적
  3. 안전관리 분야
     가. 안전성숙도 수준
     나. 정기검사 이행실적
  4. 그 밖에 안전관리 수준평가에 필요한 사항으로서 국토교통부장관이 정해 고시하는 사항
② 국토교통부장관은 매년 3월말까지 안전관리 수준평가를 실시한다.
③ 안전관리 수준평가는 서면평가의 방법으로 실시한다. 다만, 국토교통부장관이 필요하다고 인정하는 경우에는 현장평가를 실시할 수 있다.

38 ⑤

단기 일자리를 제공하는 임시 고용형태는 육아와 일, 학업과 일을 병행하거나 정규직을 찾지 못한 사람 등이 주축이 되는 경우가 많으며, 제대로 운용할 경우 적절한 직업으로 거듭날 수도 있는 방식이다. 따라서 이런 임시 고용형태 자체를 무조건 비판하고 부정하는 것은 적절하지 않다.

39 ⑤

⑤ 타인에 의한 외부적인 동기부여가 효율적이라고 생각한다.

40 ③

철도안전법 제20조 제1항에 따르면 운전면허의 철도차량 운전상의 위험과 장해를 일으킬 수 있는 약물 또는 알코올 중독자로서 대통령령으로 정하는 사람은 운전면허를 받을 수 없다. 형이 철도차량을 운전하는 것은 법에 위반되는 행위이고 운전상의 위험과 장해를 일으킬 수 있기 때문에 형에게 스스로 알릴 것을 권한 후 형이 알리지 않을 시에는 직접 회사에 알려야 한다.

✎ 직무수행능력평가(전기일반)

1 ③

$$\begin{bmatrix} A & B \\ C & D \end{bmatrix} = \begin{bmatrix} 1 & j600 \\ 0 & 1 \end{bmatrix} \begin{bmatrix} 1 & 0 \\ j\frac{1}{300} & 1 \end{bmatrix} \begin{bmatrix} 1 & j600 \\ 0 & 1 \end{bmatrix}$$

$$= \begin{bmatrix} -1 & 0 \\ j\frac{1}{300} & -1 \end{bmatrix}$$

$\therefore \theta = \cosh^{-1}\sqrt{AD} = \cosh^{-1}1 = 0$

2 ⑤

$E = \dfrac{Q}{4\pi\epsilon r^2} = \dfrac{1}{4\pi\epsilon} \times \dfrac{Q_1 Q_2}{r^2} = 9 \times 10^9 \times \dfrac{Q^2}{r^2}$ (동일한 두 전하이므로)

$F = QE$에서 $F = 0.9[N]$이다.

$Q = \dfrac{F}{E}$이므로

$Q^2 = \dfrac{0.9}{\dfrac{9 \times 10^9}{r^2}} = \dfrac{0.9 \times r^2}{9 \times 10^9} = \dfrac{0.9 \times (30 \times 10^{-2})^2}{9 \times 10^9} = 9 \times 10^{-12}$

$Q = \sqrt{9 \times 10^{-12}} = 3 \times 10^{-6}[C]$

3 ④

정전용량 $C = \epsilon \dfrac{S}{d}[F]$, 단위면적당 정전용량은

$\dfrac{\epsilon}{d} = \dfrac{\epsilon_o \epsilon_r}{d} [F/m^2]$이므로 유전율에 비례한다.

4 ②

두 도체가 대전된 경우

$V_1 = P_{11}Q_1 + P_{12}Q_2 = P_{11}Q - P_{12}Q$

$V_2 = P_{21}Q_1 + P_{22}Q_2 = P_{21}Q - P_{22}Q$

따라서 전위차는

$V = V_1 - V_2 = P_{11}Q - P_{12}Q - P_{21}Q + P_{22}Q = (P_{11} - 2P_{12} + P_{22})Q$

그러므로 정전용량은 $C = \dfrac{Q}{V} = \dfrac{1}{P_{11} - 2P_{12} + P_{22}}$

5 ②

환상 코일의 자기 인덕턴스 $L=\dfrac{\mu SN^2}{l}$[H]이므로 권수를 $\dfrac{1}{2}$로 하면 L은 $\left(\dfrac{1}{2}\right)^2=\dfrac{1}{4}$배가 되므로 S를 4배 또는 l을 $\dfrac{1}{4}$배로 하면 L은 일정하게 된다.

6 ①

$$L=\dfrac{N\Phi}{I}$$

$$I=\dfrac{N\Phi}{L}=\dfrac{5\times 0.01}{1\times 10^{-3}}=50[A]$$

7 ⑤

$v=\lambda\cdot f=3\times 10^8$[m/sec]이므로

$$f=\dfrac{3\times 10^8}{\lambda}=\dfrac{3\times 10^8}{60}=5\times 10^6[Hz]=5[MHz]$$

8 ④

전부하로 운전하고 있는 3상 유도 전동기의 전원 개폐기에 있어 1선의 퓨즈가 용단되면 단상 전동기가 되어 같은 방향의 토크를 얻을 수 있다. 그러므로 최대 토크는 50% 전후가 되며, 최대 토크 발생시 슬립은 0으로 가까워진다. 또한 최대 토크 부근에서 1차 전류가 증가한다.
만일 정지하는 경우에는 과대 전류가 흘러 나머지 퓨즈가 용단되거나 또는 차단기가 동작하게 된다.
회전을 계속하는 경우에는 슬립이 2배 정도 증가하고 회전수가 감소하며, 1차 전류가 2배 가까이 증가하여 열손실이 증가하고 계속 운전을 하게 되면 결국 과열로 소손된다.

9 ③

$Z=\sqrt{R^2+X_C^2}=\sqrt{8^2+6^2}=10[\Omega]$

$V=IZ=10\times 10=100[V]$

10 ③

R-L-C 직렬 회로의 임피던스는
$Z=\sqrt{R^2+(X_L-X_C)^2}$ 이므로
$Z=\sqrt{6^2+(12-4)^2}=10[\Omega]$이므로
$I=\dfrac{V}{Z}=\dfrac{220}{10}=22[A]$

역률 $\cos\theta=\dfrac{R}{Z}=\dfrac{6}{10}=0.6$

11 ②

$$P_\Delta=3I^2R=3\left(\dfrac{V}{R}\right)^2 R=3\cdot\dfrac{V^2}{R}$$

Y 결선시 상전의 $\dfrac{1}{\sqrt{3}}$ 이므로

$$P_Y=3\cdot\dfrac{\left(\dfrac{V}{\sqrt{3}}\right)^2}{R}=\dfrac{V^2}{R}$$

$$\therefore P_Y=\dfrac{1}{3}P_\Delta$$

12 ①

$Z=\sqrt{14^2+48^2}=50$

$I_l=\dfrac{V_P}{Z}=\dfrac{200}{50}=4[A]$

$P=3I^2R=3\times 4^2\times 14=224\times 3=672[W]$

13 ②

Z_1, Z_2는 역관계에 있으므로 $Z_1 Z_2=K^2$이며 K는 공칭 임피던스이다.

$\theta=\cosh^{-1}\sqrt{AD}$, $A=1+\dfrac{Z_1}{Z_2}$, $D=1$이므로

$$AD=1+\dfrac{\dfrac{Z_1}{2}}{2Z_2}=\left(1+\dfrac{Z_1}{4Z_2}\right)\times 1=1+\dfrac{Z_1}{4Z_2}$$

$$\therefore \cosh^{-1}\sqrt{1+\dfrac{Z_1}{4Z_2}}$$

14 ①

x축으로 3, y축으로 4이므로 A점에서 P점까지의 거리는 5가 된다. 따라서 전계의 세기는

$$E = 9 \times 10^9 \frac{Q}{r^2} = 9 \times 10^9 \times \frac{4 \times 10^{-9}}{5^2} = \frac{36}{25}[V/m]$$

15 ③

$$T = CR = 2 \times 10^{-6} \times 500 \times 10^3 = 1[\text{sec}]$$

16 ③

△결선에서의 선전류는 $\sqrt{3} \times$상전류이므로

$$\begin{aligned}I_l &= \sqrt{3} \times I_P = \sqrt{3} \times \frac{V_P}{Z_P}\\&= \sqrt{3} \times \frac{V_P}{\sqrt{R^2 + X^2}} = \sqrt{3} \times \frac{200}{\sqrt{6^2 + 8^2}}\\&= 20\sqrt{3}\,[A]\end{aligned}$$

17 ③

정상전류 $i(\infty) = \dfrac{V}{R} = \dfrac{70}{10+10} = 3.5[A]$

18 ④

$\mathcal{L}[t^n] = \dfrac{n!}{s^{n+1}}$에서

$$F(s) = A \times \frac{2!}{s^{2+1}} = A \times \frac{2 \times 1}{s^3} = \frac{2A}{s^3}$$

19 ①

저항 $R = \dfrac{P}{I^2} = \dfrac{1,800}{30^2} = 2[\Omega]$

임피던스 $Z = \dfrac{V}{I} = \dfrac{100}{30} = 33.3[\Omega]$

리액턴스 $X_L = \sqrt{Z^2 - R^2} = \sqrt{3.33^2 - 2^2} = 2.67[\Omega]$

역률을 100[%]로 하기 위한 무효전력

$P_Q = I^2 X_L = 30^2 \times 2.67 = 2,400[\text{Var}]$

$X_C = \dfrac{V^2}{P_Q} = \dfrac{100^2}{2,400} = 4.17[\Omega]$

20 ④

3상 4선식에서 중성선을 제거하여 3상 3선식으로 만드는 경우에는 중성선에 전류가 흐르지 않는다는 조건을 만족해야 한다. 즉, $I_a + I_b + I_c = 0$이 되어야 한다.

21 ④

합성 임피던스 $Z = \sqrt{24^2 + 7^2} = 25[\Omega]$

선전류 $I = \dfrac{\frac{100}{\sqrt{3}}}{25} = 2.31[A]$

그러므로 소비전력

$P = 3I^2 R = 3 \times 2.31^2 \times 24 = 384.2[W]$

22 ①

$$F = 6.33 \times 10^4 \times \frac{m_1 m_2}{r^2}$$

$$\begin{aligned}r^2 &= \frac{6.33 \times 10^4 \times m_1 m_2}{F}\\&= \frac{6.33 \times 10^4 \times 1.6 \times 10^{-4} \times 2 \times 10^{-3}}{12.66} = 0.0016 = 16 \times 10^{-4}\end{aligned}$$

$$\begin{aligned}r &= \sqrt{16 \times 10^{-4}}\\&= 4 \times 10^{-2}[m]\\&= 4[cm]\end{aligned}$$

23 ②

전계는 도체 표면에서 직교하므로 수직 성분만 존재하며 수평 성분은 0이다.

법선 성분 $E_n = |E| = \sqrt{3^2 + 6^2 + 2^2} = \sqrt{49} = 7$

접선 성분 $E_t = 0$

24 ④

지상의 높이 $r[m]$와 같은 깊이의 선전하 밀도 $-\rho[C/m]$인 영상 전하를 고려하여 선전하 간의 작용력 f를 구하면 다음과 같다.

$$f = -\rho E = -\rho \cdot \frac{\rho}{2\pi \epsilon_0 (2r)} = -\frac{\rho^2}{4\pi \epsilon_0 r}[N/m]$$

25 ①

자극의 세기 $m = \dfrac{F}{H} = \dfrac{5 \times 10^3}{500} = 10[\text{Wb}]$

26 ②

$C = \dfrac{\epsilon A}{d} = \dfrac{\text{유전율} \times \text{단면적}}{\text{극판 사이의 거리}}$

$C \propto \dfrac{1}{d}$ 이므로 거리가 2배가 되면 정전용량 C는 $\dfrac{1}{2}$로 감소한다.

27 ②

$W = \dfrac{1}{2}CV^2$을 전압 구하는 식으로 정리하면

$V = \sqrt{\dfrac{2W}{C}} = \sqrt{\dfrac{2 \times 200}{5}} = 8.9 \fallingdotseq 9[\text{V}]$

28 ①

유기기전력 $E = V + I_a r_a = I_f r_f + I_a r_a = (3 \times 40) + (3 \times 2)$
$= 126[\text{V}]$

29 ①

$R_0 = \dfrac{(r+r) \times (r+r)}{(r+r)+(r+r)} = \dfrac{4r^2}{4r} = r\ [\Omega]$

$I = \dfrac{V}{R} = \dfrac{E}{r}$

30 ③

자기장의 세기

$H = \dfrac{1}{4\pi\mu_0} \times \dfrac{m}{r^2} = 6.33 \times 10^4 \times \dfrac{m}{r^2}\ [\text{AT/m}]$

31 ②

직류기에서는 고상권, 폐로권, 이층권이 사용된다.
환상권, 개로권, 단층권은 현재 거의 사용하지 않는다.

32 ①

토크 측정

㉠ 전기 동력계 : 대형 직류 전동기의 토크를 측정

㉡ 와전류 제동기와 프로니 브레이크법 : 소형 직류 전동기의 토크를 측정

33 ①

유도 전동기는 자기 회로에 공극이 있기 때문에 자화 전류가 커져 정격전류의 20~50%에 이른다. 무부하전류는 무효전류인 자화전류 이외에 철손, 마찰손, 풍손을 공급하는 유효전류도 포함된다. 그러나 그 값이 매우 작기 때문에 무부하전류≒자화전류로 보아도 된다. 그러므로 무부하전류는 역률이 아주 나쁜 전류가 된다. 그러나 2차측에 부하가 증가하면 이것이 유효전류의 증가로 되기 때문에 1차측에서 본 역률은 점점 개선되게 된다.

34 ②

등가 선간거리 $D_m = \sqrt[3]{D_1 D_2 D_3}$
$= \sqrt[3]{1 \times 2 \times 4} = 2[\text{m}]$

35 ④

물의 분출속도
$V = \sqrt{2gH} = \sqrt{2 \times 9.8 \times 300} = 77[\text{m/s}]$

36 ②

안정도를 증진시키는 방법

㉠ 직렬 리액턴스를 작게 한다.

㉡ 선로에 복도체를 사용하거나 병행 회선수를 늘린다.

㉢ 선로에 직렬콘덴서를 설치한다.

㉣ 단락비를 크게 한다.

㉤ 속응여자방식을 채택한다.

㉥ 고장구간을 신속히 차단시키고 재폐로 방식을 채택한다.

37 ④

과전압 계전방식은 계통전압이 정정치보다 상승하였을 때 동작되는 계전방식이다.

38 ③

결합계수(k) … 누설자속에 의한 상호 인덕턴스의 감소비율로 나타낸다($0 < k \leq 1$).

누설자속의 상호 인덕턴스 $M = k\sqrt{L_1 L_2}$

결합계수 $k = \dfrac{M}{\sqrt{L_1 L_2}}$

39 ③

최대 부하를 P라 하면 부하율은 다음과 같다.

$\dfrac{P}{\sqrt{3} \times 5} = 1.1$

$P = 1.1 \times 5\sqrt{3} = 9.5 [\text{kVA}]$

40 ②

표피효과 … 전선에 전류가 흐를 때 전선 중심부일수록 그 전류가 만드는 자속과 쇄교하여 인덕턴스가 커지기 때문에 중심부보다 도체 표면에 많은 전류가 흐르는 현상을 말한다. 직류는 모두 같은 전류밀도로 흐르지만 주파수가 있는 교류는 도체 표면의 전류밀도가 커진다. 전선의 단면적, 주파수, 도전율, 투자율이 클수록 표피효과는 증대한다.